财政部规划教材
全国财政职业教育教学指导委员会推荐教材

财税一体会计综合实训

（手工、电算化通用）

龚渝　张链　主　编
王淼　潘誉　副主编

中国财经出版传媒集团
中国财政经济出版社

图书在版编目（CIP）数据

财税一体会计综合实训：手工、电算化通用／龚渝，张链主编．--北京：中国财政经济出版社，2020.3

财政部规划教材　全国财政职业教育教学指导委员会推荐教材

ISBN 978－7－5095－9707－1

Ⅰ.①财…　Ⅱ.①龚…②张…　Ⅲ.①会计学－中等专业学校－教材　Ⅳ.①F230

中国版本图书馆CIP数据核字（2020）第038053号

责任编辑：樊　闽　　　　责任校对：唐　堂

封面设计：孙俪铭

本书二维码

内容更新　考试咨讯

中国财政经济出版社

出版

URL：http：//www.cfeph.cn

E－mail：cfeph＠cfeph.cn

社址：北京市海淀区阜成路甲28号　邮政编码：100142

营销中心电话：010－88191537

北京鑫海金澳胶印有限公司印刷　各地新华书店经销

787×1092毫米　16开　26.25印张　643 000字

2020年4月第1版　2020年4月北京第1次印刷

定价：65.00元

ISBN 978－7－5095－9707－1

（图书出现印装问题，本社负责调换）

本社质量投诉电话：010－88190744

打击盗版举报热线：010－88191661　QQ：2242791300

前　言

随着职业院校课程改革的不断深入，在以就业为导向，以学生为主体，着眼于学生职业生涯发展，注重职业素养培养的职业教育理念推动下，我们编写了《财税一体会计综合实训》教材。

本教材是一本针对职业院校会计专业的学生，以2017年《小企业会计准则》为理论依据，以2019年最新税制为基础，体现以工作流程为导向，实现财税一体化的综合实训教材。

本书以适应社会需求为目标，以提高学生的技术应用能力为主线，强化学生实操动手能力，培养掌握现代化管理手段的复合型、应用型、技能型人才。在教材的编写过程中，注重贴近岗位实际，以工作流程和工作内容为导向，精心设计各任务的实训操作业务，注重解决实践问题，注重学生职业能力的培养。

本书模拟小型工业企业、商业企业、服务企业等实际工作中的典型业务，涵盖一般纳税人和小规模纳税人。强化培养学习的纳税申报能力、核心会计应用能力，不仅能够提高学生的基本操作技能，还能够使学生的业务综合处理能力得到提高。全书分为小型制造业、商贸企业、服务企业三个财税实训项目，每个项目又划分为会计实务和纳税申报两个财税任务，公司经济业务以原始凭证呈现，给学生以真实企业的业务场景；本书的编排采用化繁为简、简单明了的形式，有利于学生的自主、互助学习。

本书由重庆市立信职业教育中心龚渝、张链老师担任主编，王森、潘誉老师担任副主编，在葛秀峰、肖清清、熊颖、龙丽娟等编委的支持下，群策群力，终于完稿。由于编写经验不足，原始凭证内容繁多，错误或考虑不周在所难免，敬请专家和读者批评指正，以便进一步修订完善。

编者

2020年1月

目　录

项目一

财税一体会计综合实训概述

一、财税一体会计综合实训目的和主要内容

（一）实训的目的

近几年，随着财税体制改革和会计准则修订，以及社会对会计复合型人才的需求，中职会计专业教学内容和方式发生巨大变化，传统的纯业务的会计实训教学模式已经无法满足当前专业教学需要，财税融合成为中高职会计专业教学的一大趋势。本书通过引入多样化的企业真实案例，让学生掌握不同行业企业、不同类型企业，在不同时间节点下的主要财税工作任务，让学生全方位、多视角掌握企业财税工作要点。

（二）本书的主要内容

本书包含制造业、商业和服务业三个实训项目，每个实训项目主体内容可分为三部分。

第一部分是“公司基本情况”，包括三个公司的经营范围、公司会计政策和核算方法、公司结构、人员信息、客户信息、期初余额等信息，同时给出了会计信息化实施的设置参考，实训实施时可以选择手工方式或者电算化方式进行。

第二部分是“财务处理”，包括制造业、商业、服务业三个公司的经济业务分别以不同的原始凭证方式呈现，结合理论知识和三个行业企业的特点，几乎涵盖了实际企业所有典型工作任务。另外，原始凭证呈现时没有文字描述，实训过程中需要学生学会根据原始凭证分析经济业务的来龙去脉，必要时可参考第四部分的业务说明。

第三部分是“纳税申报”，主要包括增值税、附加税和所得税三个方面。增值税方面三个行业涵盖了一般纳税人、小规模纳税人，一般纳税人又分为“当期缴纳”和“当期留抵”的不同填报方式；所得税方面涉及“当期预缴”“当期不预缴”“年终汇算清缴”的不同申报方式，比较全面、系统地涵盖了中小企业的主要纳税申报业务。

（三）本书的创新点

随着社会发展和中高职会计课程改革的推进，为了与中小型企业会计岗位深度对接，更

好地培养学生的会计实践能力和会计综合能力，特编写本书，其创新点有：

1. 本教材采用财税一体，既实现了与中小型企业会计岗位的对接，又满足了打破学科体系的中职会计改革方向，体现了财务与税务融合的教学思想，有利于培养学生的财税综合运用能力。

2. 本教材包含工业企业、商业企业、服务企业三个行业，涵盖了中小型企业的主要类型，涉及面广泛，有利于培养学生的会计知识迁移能力和运用能力。

3. 本教材体现了2019年4月以后的最新税制，紧跟时代，贴合实际。涵盖了增值税、企业所得税、城建税、教育费附加等中小型企业申报的主要税种。

4. 本实训教材包含了一般纳税人和小规模纳税人不同税况下的纳税申报填报方法，内容齐全、完整，有利于培养学生对纳税申报的理解能力，有利于培养财税一体的综合性人才。

5. 本实训教材涵盖了中小型企业典型工作任务，仿真性高，有利于培养学生的会计实务能力。

6. 本实训教材可以电算化和手工账共用，适用性广泛。

7. 本实训教材体现了理实一体化，按照不同行业采用项目教学，同一行业又按照3个模块（财务、纳税、电算化）进行编排，结构新颖，体系严密，利于教学。

（四）本书的读者对象

本书体系完整，内容全面，涵盖面广，并与最新的会计、税收法规保持了同步，适用于中职会计专业和高职会计专业学生的“会计综合实训”课程。也可以作为初入职场的会计新人，企业会计从业人员，会计、审计、税务等中介机构从业者的培训教材。

（五）本书的教学方式

本书为综合实训课程，主要采用项目教学法、模块教学法。

二、财税一体会计综合实训的步骤

（一）实训准备阶段

实验准备阶段主要包括手工会计资料准备、会计电算化软件操作技能准备和熟悉企业资料三个方面。

1. 手工会计实训资料准备。在进行手工实训之前需要准备好凭证、账簿等相关资料，为建账做好准备。

2. 会计电算化软件操作技能准备。在进行会计电算化综合实训之前，学生必须具备基本的会计电算化软件操作，针对中小型企业，基本熟悉企业建账、基础设置、总账、工资、固定资产等模块的相关软件操作能力。

3. 熟悉企业资料。主要熟悉仿真公司的基本情况、主要会计政策、主要税费、会计核算形式、公司会计信息化资料、期初资料、经济业务及有关说明事项。

（二）模拟实训阶段

财税一体综合实训的具体实验步骤如下：

1. 公司建账。根据公司建账信息，根据相应的会计制度进行建账。

2. 认识原始凭证，分析原始凭证所蕴含的经济意义，编制记账凭证。如果资料中涉及自制原始凭证内容不全的，必须填写完整后方能编制记账凭证。

3. 成本计算。分析相关的账簿信息，采用相应的方法，计算产品的成本，填制完成相应的成本计算表。

4. 出纳签字，审核、记账、对账、结账。

5. 编制会计报表。编制各个公司的“利润表”“资产负债表”。

6. 纳税申报。根据完成的财务资料，按要求分析、计算填列增值税申报表、附加税申报表和所得税申报表。

（三）实训准备总结阶段

要求实训者对财税一体会计综合实训过程进行小结和评价，总结经验，找出不足，写出心得。

三、财税一体会计综合实训业务说明

（一）重庆兴俊有限责任公司业务说明

【业务1】收到现金
【业务2】申请汇票
【业务3】预借差旅费
【业务4】购买材料
【业务5】收到汇票多余退款
【业务6】贴现
【业务7】收到前欠货款
【业务8】报销差旅费
【业务9】材料入库
【业务10】提现
【业务11】发放工资并结转代扣款
【业务12】销售产品，代垫运费
【业务13】报销费用
【业务14】采购原材料，支付运费
【业务15】缴税
【业务16】上交社保
【业务17】上交住房公积金
【业务18】向银行借款

【业务 19】销售
【业务 20】追加投资
【业务 21】采购包装物
【业务 22】购入设备
【业务 23】委托加工
【业务 24】销售货物
【业务 25】采购原材料
【业务 26】向银行借款
【业务 27】委托加工
【业务 28】对外捐赠
【业务 29】收款
【业务 30】销售，预收货款
【业务 31】存款转存
【业务 32】支付通行费
【业务 33】销货
【业务 34】支付广告费
【业务 35】收到货款尾款
【业务 36】外购水果发放福利
【业务 37】职工福利分配
【业务 38】支付电话费
【业务 39】赊销产品
【业务 40】接受投资
【业务 41】报销差旅费
【业务 42】报销费用
【业务 43】转销应付账款
【业务 44】加油费
【业务 45】提供研发服务
【业务 46】退货
【业务 47】本月水费
【业务 48】本月电费
【业务 49】零售销售
【业务 50】存现
【业务 51】采购原材料
【业务 52】现金盘亏
【业务 53】现金盘亏处理
【业务 54】支付借款利息
【业务 55】汇总本月发出材料成本（尾差计入最后一个项目）
【业务 56】收回委托加工物资
【业务 57】计提工资

【业务 58】计提单位负责的社保、公积金
【业务 59】计提本月折旧
【业务 60】分配制造费用
【业务 61】结转完工产品成本
【业务 62】结转已销产品成本
【业务 63】结转本月未交增值税
【业务 64】结转本月应交城建税和教育费附加和地方教育附加
【业务 65】计算并结转本季度应预缴的企业所得税
【业务 66】结转损益

（二）重庆天泽商贸有限公司业务说明

【业务 1】收回货款
【业务 2】购入商品
【业务 3】报销差旅费
【业务 4】退货
【业务 5】销售
【业务 6】支付运费
【业务 7】发放工资
【业务 8】交社保
【业务 9】交住房公积金
【业务 10】购入包装物
【业务 11】收回票据款
【业务 12】上交上月税费
【业务 13】采购
【业务 14】销售，双方约定现金折扣条件为 1/10，n/20（不含增值税）
【业务 15】追加投资
【业务 16】销售
【业务 17】预付下季度广告费
【业务 18】采购
【业务 19】支付运杂费
【业务 20】购入产品，对方公司代垫运输费，运输费按重量进行分配
【业务 21】报销业务招待费
【业务 22】支付展览费
【业务 23】收回货款
【业务 24】销售
【业务 25】销售领用包装材料，不单独计价
【业务 26】报销办公用品
【业务 27】销售折让
【业务 28】销售

【业务 29】出售产品领用包装物，单独计价
【业务 30】零售
【业务 31】存现
【业务 32】支付违约金
【业务 33】委托代销
【业务 34】确认短期借款利息
【业务 35】偿还货款
【业务 36】捐赠
【业务 37】收到代销清单，开票
【业务 38】收款
【业务 39】计提本月工资
【业务 40】单位计提社保和住房公积金
【业务 41】支付水电费
【业务 42】计提折旧
【业务 43】存货盘点
【业务 44】盘点结果处理
【业务 45】采购
【业务 46】计算结转增值税
【业务 47】结转损益
【业务 48】计算确认本季度所得税

（三）重庆万君餐饮管理有限公司业务说明

【业务 1】提现备用
【业务 2】费用报销
【业务 3】提供咨询服务收入
【业务 4】偿还前欠款
【业务 5】发放工资
【业务 6】预借差旅费
【业务 7】支付上月社保
【业务 8】住房公积金
【业务 9】提供咨询服务
【业务 10】存现
【业务 11】购入电脑
【业务 12】收回货款
【业务 13】上交上月个人所得税
【业务 14】报销差旅费
【业务 15】提供咨询服务
【业务 16】偿还欠款
【业务 17】提供咨询服务

【业务 18】外购平板电脑，将作为非货币性福利发放
【业务 19】发放非货币性福利
【业务 20】提供咨询服务，款未收
【业务 21】支付广告费
【业务 22】支付法律咨询费
【业务 23】支付本月通讯费
【业务 24】分配工资
【业务 25】代扣个人社保和住房公积金
【业务 26】银行利息收入
【业务 27】计提单位社保和住房公积金
【业务 28】计提折旧
【业务 29】本季度销售额未达 30 万元，免征收增值税，结转增值税
【业务 30】结转劳务成本
【业务 31】结转损益

项目二

小型制造业财税一体会计综合实训

任务一　了解重庆兴俊有限责任公司基本情况

一、重庆兴俊有限责任公司会计政策和核算方法

（1）公司执行《小企业会计准则》（2013 年）和财政部颁发的《会计基础工作规范》《会计基础工作规范说明》。

（2）公司经重庆市国家税务局认定为一般纳税人企业，按照 2019 年 4 月最新税率执行，增值税税率 13%，城市维护建设税税率 7%，教育费附加费率 3%，企业所得税率 25%（企业所得税实行查账计征，按季计算并预缴、年终汇算清缴）。

（3）存货按实际成本计价，所有存货均采用“月末一次加权平均法”计算，所有核算保留两位小数点，尾差计入最后一个项目。月末计算单位产成品成本时需要考虑委托加工入库产品成本。本公司主要产品实木套装门和复合套装门，主要原材料为成品木方、木方、指接板、油漆等。

（4）工薪所得个人所得税按七级超额累进税率计算代扣代缴。职工缴费工资为每月应发工资合计。社会保险和住房公积金计缴比例：①社会保险单位缴费比例为养老保险 16%、失业保险 0.5%、医疗保险 + 生育保险 10%、单位工伤 0.5%；②社会保险个人缴费比例为养老保险 8%、失业保险 0.5%、医疗保险 + 生育保险 2% +5。③住房公积金为单位、个人缴费比例均为 8%。

（5）固定资产折旧采用年限平均法，按个别折旧率计提折旧。

（6）各种要素费用在月末进行分配。

（7）产品按“品种法”计算成本。

注意：

(1) 职工个人应缴纳的社会保险费、住房公积金由企业每月代扣代缴。

(2) 分配率保留小数点后2位，其余计算结果四舍五入保留小数点后2位。

(3) 本月所取得的增值税相关票据均已认证。

二、重庆兴俊有限责任公司基础资料

(一) 基本资料

重庆兴俊有限责任公司是一家工业企业，生产销售实木套装门和复合套装门，经国家税务部门认定为增值税一般纳税人。

单位地址：重庆市陈家桥镇1136号

法人代表：钱银冠

邮政编码：400038

联系电话：023－83930000

开户行：工行陈家桥营业部

账号：9988900018006767025

纳税登记号：500106500040000

1. 单位名称：重庆兴俊有限责任公司，简称兴俊公司

2. 会计期间：2020年6月

3. 本币代码：RMB；本币名称：人民币；

4. 企业类型：工业

5. 行业性质：小企业会计准则

6. 会计主管：上官月

7. 数据精度：保留两位小数。百分率保留到小数点后两位小数如：1.33%，涉及分配以最后出现的名称为准进行调“整”。

(二) 员工信息

1. 财务部人员（见表2－1）

表2－1

编号	姓名	岗位
1	上官月	会计主管
2	孙傲	会计人员
3	肖晓	出纳、开票人员、库管人员

2. 职员档案信息（见表 2-2）

表 2-2

职员编号	职员姓名	所属部门	职员岗位
1	钱银冠	行政部	董事长
2	赵大仁	行政部	总经理
3	杨姗姗	行政部	办公室文员
4	上官月	财务部	财务主管
5	孙傲	财务部	会计人员
6	肖晓	财务部	出纳、开票、库管
7	赵森	生产部	车间主任
8	郭开心	生产部	生产人员（实木套装门）
9	宋流连	生产部	生产人员（实木套装门）
10	伍芳莲	生产部	生产人员（实木套装门）
11	吴张双	生产部	生产人员（实木套装门）
12	蔡玲林	生产部	生产人员（实木套装门）
13	钱可放	生产部	生产人员（实木套装门）
14	龚旭东	生产部	生产人员（复合套装门）
15	魏周宝	生产部	生产人员（复合套装门）
16	李涛晨	生产部	生产人员（复合套装门）
17	周洁好	生产部	生产人员（复合套装门）
18	肖晨霞	采购部	采购经理
19	张青平	采购部	采购人员
20	胡光一	销售部	销售经理
21	周浩	销售部	销售人员

（三）公司结构（见表 2-3）

表 2-3

部门编码	部门名称
1	行政部
2	财务部
3	生产部
4	采购部
5	销售部

（四）公司主要客户信息（见表2-4）

表2-4

代码	客户名称	地址	纳税人识别号	开户行及账号	开票人	送货人	电话
01	重庆模和有限责任公司	重庆江北区人和街32L号	500106000XTR	工行陈家桥营业部 6222345600002323XQA	冯洋广	余实立	02376869976
02	四川森耀有限责任公司	成都青羊区五羊路786P号	522337222QCS	招商银行成都青羊支行 6187333322780000ZSY	沈铁好	昌平波	02869008989
03	广东浩陈有限责任公司	广州南京路五一大道000号	733887111GDS	工行广州南沙区支行 6222876533314788GHG	曹表立	雷开发	02085550000
04	辽宁工通有限责任公司	沈阳重庆路正南街77W号	756334888LLS	工行铁西区和平镇营业部 5333890022217666GHT	金熊锐	腾亚是	02466670000
05	甘肃希成有限责任公司	兰州上海路48X号	455009777LZS	民生银行安宁支行 7333456788994444MSA	齐天可	傅模卡	09317777000
06	北京群余有限责任公司	北京建新路489A号	544336000BJS	建行昌平北环路营业部 4718559800003200JHC	潘对如	康踏福	01066550000
07	广西通亚有限责任公司	柳州兴通大道68S号	477399777LZS	工行兴宁广阳营业部 6222777788889898NNX	伍甲孔	姚木渝	07717878000
08	河北靠达有限责任公司	石家庄长安大道589C	534666789HJB	工行桥西营业部 6222323288992222GHS	黄霞希	牟体好	03117777000

（五）公司主要供应商信息（见表2-5）

表2-5

代码	供应商名称	地址	纳税人识别号	开户行及账号	开票人	送货人	电话
01	重庆鸿凯木业有限公司	重庆红槽房正街233H	510223990HCF	民生银行红槽房营业部 7333344590002222HCF	和乐浓	肖虎克	02377772222
02	四川发富木业有限公司	绵阳平武县889M	345889000PWX	农行平武支行 4718334477770000MWP	杨柳清	邵至纯	02867334444
03	云南舜新木业有限公司	云南丽江4774L	444778333YKJ	农行丽江营业部 4718339922220000YNL	蒙喜爱	萧门瑙	08883331778
04	黑龙江开周木业有限公司	黑龙江佳木斯5689J	555677333HJM	交通银行佳木斯营业部 3214660077886666JMS	毛明博	计谷梦	04546666200
05	湖北工宝油漆有限公司	湖北襄阳009X	666778334HXY	工行襄阳支行 6222337744447878HXY	欧阳仁可	茅以旷	07100001223
06	重庆达顺油漆有限公司	重庆大渡口6945D	510888334DDK	工行大渡口营业部 6222445577889999DDK	曲沙呢	陆中新	02387002222
07	湖北盼通包装有限公司	湖北武汉汉阳区567H	778444578WHY	农行汉阳营业部 4718555588991111WHY	梅出印	夏额都	02766660000
08	重庆动哒纸包装有限公司	重庆歌乐山镇901G	510339887GLS	工行歌乐山营业所 6222333300017778GLS	万录年	干共听	02387003333
09	重庆祥彤机械设备有限公司	重庆井口大道456J	510222778JKD	工行井口营业所 6222000344776238JKD	宣明云	包东银	02386220000

（六）企业开户银行（见表2－6）

表2－6

编号	开户银行	银行账户	账户性质
1	工行陈家桥营业部	9988900018006767025	基本户
2	农行重庆大学城支行	6224000012127788000	一般户

（七）期初余额

1. 期初余额表（见表2－7）

表2－7

科目代码	科目名称	账页格式	科目设置 辅助核算	余额 方向	金额（元）
1001	库存现金	金额式	日记账	借	20 087.30
1002	银行存款	金额式		借	
100201	工商银行	金额式	日记账 银行账	借	9 609 796
100202	农业银行	金额式	日记账 银行账	借	
1012	其他货币资金	金额式		借	
1121	应收票据			借	500 000
1122	应收账款	金额式	客户往来	借	2 278 000
1231	坏账准备	金额式		贷	
1221	其他应收款	金额式		借	
122101	上官月			借	6 380
122102	孙傲			借	5 000
122103	肖晓			借	5 000
122104	赵大仁			借	
122105	郭开心			借	
122106	肖晨霞			借	
122107	伍芳莲			借	
122108	吴张双			借	
1403	原材料	金额式		借	
140301	成品木方	数量金额式 （立方米）	数量核算	借	900 000 150 立方米
140302	木方	数量金额式 （立方米）	数量核算	借	375 000 150 立方米

续表

科目代码	科目名称	账页格式	科目设置辅助核算	余额方向	金额（元）
140303	指接板	数量金额式（张）	数量核算	借	625 000 5000 张
140304	油漆	数量金额式（公斤）	数量核算	借	25 000 1000 公斤
1405	库存商品	金额式		借	
140501	实木套装门	数量金额式（套）	数量核算	借	930 000 930 套
140502	复合套装门	数量金额式（套）	数量核算	借	200 000 500 套
1408	委托加工物资	金额式		借	
140801	实木套装门	金额式		借	
1411	周转材料	金额式		借	
141101	包装物	金额式		借	
14110101	——三层纸板	数量金额式（套）	数量核算	借	6 000 400 套
14110102	——五层纸板	数量金额式（套）	数量核算	借	15 500 775 套
14110103	——打包带	数量金额式（卷）	数量核算	借	3 750 250 卷
1601	固定资产	金额式		借	2 403 750
1602	累计折旧	金额式		贷	735 616
1606	固定资产清理	金额式		借	
1701	无形资产	金额式		借	
170101	非专利技术	金额式		借	
1702	累计摊销	金额式		贷	
1901	待处理财产损溢	金额式		借	
190101	待处理流动资产损溢	金额式		借	
2001	短期借款	金额式		贷	200 000
2201	应付票据	金额式		贷	
2202	应付账款	金额式	供应商往来	贷	2 626 000
2203	预收账款	金额式		贷	
2211	应付职工薪酬	金额式		贷	
221101	工资	金额式		贷	144 030
221102	福利费	金额式		贷	
221103	工会经费	金额式		贷	
221104	职工教育经费	金额式		贷	
221105	社会保险费	金额式		贷	39 032.13

续表

科目代码	科目名称	账页格式	科目设置辅助核算	余额方向	金额（元）
221106	住房公积金	金额式		贷	11 522.40
221107	非货币性福利	金额式		贷	
2221	应交税费	金额式		贷	
222101	应交增值税	金额式		贷	
22210101	进项税额	金额式		贷	
22210102	已交税金	金额式		贷	
22210103	转出未交增值税	金额式		贷	
22210104	减免税款	金额式		贷	
22210105	销项税额	金额式		贷	
22210106	出口退税	金额式		贷	
22210107	进项税额转出	金额式		贷	
22210108	转出多交增值税	金额式		贷	
22210109	销项税额递减	金额式		贷	
222102	未交增值税	金额式		贷	40 000
222103	预交增值税	金额式		贷	
222104	待抵扣进项税额	金额式		贷	
222105	待认证进项税额	金额式		贷	
222106	待转销项税额	金额式		贷	
222107	增值税留抵税额	金额式		贷	
222108	简易计税	金额式		贷	
222109	代扣代交增值税	金额式		贷	
222110	应交消费税	金额式		贷	
222111	应交资源税	金额式		贷	
222112	应交企业所得税	金额式		贷	
222113	应交土地增值税	金额式		贷	
222114	应交城市维护建设税	金额式		贷	2 800
222115	应交房产税	金额式		贷	
222116	应交土地使用税	金额式		贷	
222117	应交教育费附加	金额式		贷	1 200
222118	应交地方教育费附加	金额式		贷	800
222119	应交个人所得税	金额式		贷	87.30
2241	其他应付款	金额式		贷	
224101	社会保险费	金额式		贷	
224102	住房公积金	金额式		贷	
3001	实收资本	金额式		贷	
300101	钱银冠	金额式		贷	9 500 000
300102	赵大仁	金额式		贷	500 000
3002	资本公积	金额式		贷	
300201	资本溢价	金额式		贷	112 400

续表

科目代码	科目名称	账页格式	科目设置辅助核算	余额方向	金额（元）
3101	盈余公积	金额式		贷	
310101	法定盈余公积	金额式		贷	1 540 000
310102	任意盈余公积	金额式		贷	
3104	利润分配	金额式		贷	
310401	其他转入	金额式		贷	
310402	提取法定盈余公积	金额式		贷	
310403	应付普通股股利	金额式		贷	
310404	转作资本的普通股利	金额式		贷	
310405	未分配利润	金额式		贷	2 508 305. 47
3103	本年利润			贷	120 970
4001	生产成本	金额式		借	297 900
400101	直接材料	金额式	项目核算	借	
400102	直接人工	金额式	项目核算	借	
400103	制造费用	金额式	项目核算	借	
4101	制造费用	金额式		借	
410101	折旧费	金额式		借	
410102	职工薪酬	金额式		借	
410103	社会保险费	金额式		借	
410104	住房公积金	金额式		借	
410105	其他	金额式		借	
科目代码	科目名称	格式	辅助核算	方向	1—5 月累计金额（元）
5001	主营业务收入	金额式		贷	980 000
500101	实木套装门	金额式			550 000
500102	复合套装门	金额式			430 000
5401	主营业务成本	金额式		借	688 000
540101	实木套装门	金额式			488 000
540102	复合套装门	金额式			200 000
5051	其他业务收入	金额式		贷	34 000
5402	其他业务成本	金额式		借	30 000
5301	营业外收入	金额式		贷	2 000
5711	营业外支出	金额式		借	500
5403	税金及附加	金额式		借	9 480
5601	销售费用	金额式		借	78 400
560101	广告费	金额式		借	31 400
560102	折旧费	金额式		借	2 400
560103	职工薪酬	金额式		借	20 000

续表

科目代码	科目名称	格式	辅助核算	方向	1—5 月累计金额（元）
560104	业务宣传费	金额式		借	18 000
560105	差旅费	金额式		借	3 045
560106	住房公积金	金额式		借	
560107	社会保险费	金额式		借	3 555
560109	其他	金额式		借	
5602	管理费用	金额式		借	88 200
560201	办公费	金额式		借	23 000
560202	差旅费	金额式		借	6 106. 66
560203	业务招待费	金额式		借	30 000
560204	职工薪酬	金额式		借	24 000
560205	折旧费	金额式		借	1093. 34
560206	非货币性福利	金额式		借	
560207	住房公积金	金额式		借	
560208	社会保险费	金额式		借	4 000
560209	其他	金额式		借	
5603	财务费用	金额式		借	450
560301	利息	金额式		借	450
560302	手续费	金额式		借	
560303	现金折扣	金额式		借	
560309	其他	金额式		借	
5801	所得税费用	金额式		借	6500

2. 相关明细账

（1）应收账款明细（见表 2 – 8）。

表 2 – 8

代码	客户名称	摘要	时间	方向	金额
01	重庆模和有限责任公司	销售	2020. 2. 5	借	345 000
02	四川森耀有限责任公司	销售	2020. 2. 9	借	168 000
03	广东浩陈有限责任公司	销售	2020. 2. 10	借	350 000
04	辽宁工通有限责任公司	销售	2020. 1. 8	借	48 000
05	甘肃希成有限责任公司	销售	2020. 1. 20	借	80 000
06	北京群余有限责任公司	销售	2020. 1. 20	借	117 000
07	广西通亚有限责任公司	销售	2020. 1. 21	借	234 000
08	河北靠达有限责任公司	销售	2020. 1. 22	借	936 000

（2）应付账款明细（见表 2－9）。

表 2－9

代码	供应商名称	摘要	时间	方向	金额
01	重庆鸿凯木业有限公司	采购	2020. 2. 20	贷	550 000
02	四川发富木业有限公司	采购	2020. 2. 24	贷	350 000
03	云南舜新木业有限公司	采购	2020. 2. 25	贷	380 000
04	黑龙江开周木业有限公司	采购	2020. 1. 9	贷	120 000
05	湖北工宝油漆有限公司	采购	2020. 2. 15	贷	580 000
06	重庆达顺油漆有限公司	采购	2020. 1. 25	贷	96 000
07	湖北盼通包装有限公司	采购	2020. 1. 12	贷	300 000
08	重庆动哒纸包装有限公司	采购	2020. 1. 20	贷	250 000
09	重庆祥彤机械设备有限公司	采购			

（3）生产成本明细（见表 2－11）。

表 2－11

项目	方　向	金　额	明　细	
实木套装门	借	174 600. 00	直接材料	126 000. 00
			直接人工	30 600. 00
			制造费用	18 000. 00
复合套装门	借	117 900. 00	直接材料	82 530. 00
			直接人工	23 580. 00
			制造费用	11 790. 00

（4）库存商品明细（见表 2－12）。

表 2－12

<table>
<tr><th>产品名称</th><th>方向</th><th colspan="2">金额</th></tr>
<tr><td rowspan="5">实木套装门</td><td rowspan="5">借</td><td colspan="2">数量：930 套</td></tr>
<tr><td rowspan="3">单位成本：1000 元/套</td><td>直接材料成本：700 元/套</td></tr>
<tr><td>直接人工成本：200 元/套</td></tr>
<tr><td>制造费用成本：100 元/套</td></tr>
<tr><td colspan="2">金额：930 000 元</td></tr>
<tr><td rowspan="5">复合套装门</td><td rowspan="5">借</td><td colspan="2">数量：500 套</td></tr>
<tr><td rowspan="3">单位成本：400 元/套</td><td>直接材料成本：280 元/套</td></tr>
<tr><td>直接人工成本：80 元/套</td></tr>
<tr><td>制造费用成本：40 元/套</td></tr>
<tr><td colspan="2">金额：200 000 元</td></tr>
</table>

（5）2020 年 6 月初固定资产资料（见表 2－13）。

表 2－13

名称	厂房	办公楼	热压机	汽车	打印一体机	电脑	雕刻机	精裁锯	踩台机
类别	建筑物	建筑物	生产设备	办公设施	办公设施	办公设施	生产设备	生产设备	生产设备
残值率	4%	4%	4%	4%	4%	4%	4%	4%	4%
使用部门	生产部	行政部	生产部	销售部	财务部	财务部	生产部	生产部	生产部
入账日期	2014－5－12	2014－5－21	2014－5－18	2014－5－22	2017－6－16	2017－6－1	2014－5－25	2014－5－30	2014－5－26
增加方式	直接购入	直接购入	直接购入	直接购入	直接购入	直接购入	直接购入	直接购入	直接购入
原值	1 300 000	200 000	624 750	150 000	6 000	5 000	80 000	30 000	8 000
折旧方法	平均年限法	平均年限法	平均年限法	平均年限法	平均年限法	平均年限法	平均年限法	平均年限法	平均年限法
预计使用年限	40 年	40 年	10 年	10 年	5 年	5 年	10	10	10
对应折旧科目	制造费用	管理费用	制造费用	销售费用	管理费用	管理费用	制造费用	制造费用	制造费用
累计折旧	187 200	28 800	359 856	86 400	3 456	2 880	45440	17040	4544

（八）会计信息化实施设置参考

1. 账套基本信息

账套名称：重庆兴俊有限责任公司

启用期间：2020 年 6 月

单位名称：重庆兴俊有限责任公司，单位简称：兴俊公司

企业类型：工业

行业性质：小企业会计准则（2011 年）（按行业性质预置科目），账套主管为：上官月

基础信息：存货、供应商、客户均无分类，无外币核算

编码方案：科目编码 42222，部门编码级次 122，结算方式编码级次 12

启用模块：总账、工资、固定资产

启用日期：2020 年 6 月 1 日

其他基本信息见公司“基本资料”

2. 部门档案（参见“公司结构”）

3. 职员档案（参见“员工信息”）

4. 客户档案（参加“公司主要客户信息”）

5. 供应商档案（参见“公司供应商信息”）

6. 会计科目（参见“期初余额表”）

7. 凭证类别：记账凭证

8. 项目目录（见表 2 – 14）

表 2 – 14

项目大类 / 项目分类 / 项目 / 核算科目	生产成本	
	套装门	
	实木套装门	复合套装门
400101 直接材料	是	是
400102 直接人工	是	是
400103 制造费用	是	是

9. 结算方式（见表 2 – 15）

表 2 – 15

结算方式编码	结算方式名称	票据管理
1	现金结算	是
2	支票结算	是
201	现金支票	是
202	转账支票	是
3	银行汇票	是
4	商业汇票	是

续表

结算方式编码	结算方式名称	票据管理
401	商业承兑汇票	是
402	银行承兑汇票	是
5	汇兑	否
6	其他	否

10. 开户银行（参见“企业开户银行”）

11. 总账参数设置（见表2-16）

表2-16

编号	参数设置
1	制单序时控制；资金及往来赤字控制；可以使用其他系统受控科目； 允许查看他人填制的凭证；允许修改、作废他人填制的凭证
2	凭证系统编号
3	出纳凭证必须由出纳签字

注：其他选项保留系统默认设置。

11. 期初余额（参见“期初余额表”及相关明细账）

12. 工资设置

（1）业务控制参数：

①工资类别个数：单个

②核算币种：人民币（RMB）

③要求代扣个人所得税，不进行扣零处理

④人员编码长度：2位

⑤启用日期：2020年6月1日

⑥其他为默认值

（2）人员类别设置：董事长、行政人员、财务主管、财务人员、财务综合岗、车间主任、生产人员——实木套装门、生产人员——复合套装门、采购经理、采购人员、销售经理、销售人员。

（3）人员档案（见表2-17）。

表2-17

编号	姓名	部门	人员类别
1	钱银冠	行政部	董事长
2	赵大仁	行政部	行政人员
3	杨姗姗	行政部	行政人员
4	上官月	财务部	财务主管
5	孙傲	财务部	财务人员
6	肖晓	财务部	财务综合岗

续表

编号	姓名	部门	人员类别
7	赵淼	生产部	车间主任
8	郭开心	生产部	生产人员（实木套装门）
9	宋流连	生产部	生产人员（实木套装门）
10	伍芳莲	生产部	生产人员（实木套装门）
11	吴张双	生产部	生产人员（实木套装门）
12	蔡玲林	生产部	生产人员（实木套装门）
13	钱可放	生产部	生产人员（实木套装门）
14	龚旭东	生产部	生产人员（复合套装门）
15	魏周宝	生产部	生产人员（复合套装门）
16	李涛晨	生产部	生产人员（复合套装门）
17	周洁好	生产部	生产人员（复合套装门）
18	肖晨霞	采购部	采购经理
19	张青平	采购部	采购人员
20	胡光一	销售部	销售经理
21	周浩	销售部	销售人员

（4）工资项目（见表2-18）。

表2-18

项目名称	类别	长度	小数位数	工资增减项
基本工资	数字	8	2	增项
津贴	数字	8	2	增项
奖金	数字	8	2	增项
请假扣款	数字	8	2	减项
应发合计	数字	10	2	增项
养老保险	数字	8	2	减项
失业保险	数字	8	2	减项
医疗保险（含生育保险）	数字	8	2	减项
住房公积金	数字	8	2	减项
税前工资	数字	8	2	其他
专项附加扣除	数字	8	2	其他
计税基数	数字	8	2	其他
代扣税	数字	10	2	减项
扣款合计	数字	8	2	减项
实发合计	数字	10	2	增项

（5）公式设置（见表2-19）。

表 2－19

基本工资	董事长 8000 元，行政人员 3500 元，财务主管 4000 元，财务人员 4000 元，财务综合岗 4500 元，生产部 3800 元，采购部 4000 元，销售部 3500 元。 （采用 iff 函数进行设置） iff（人员类别 =" 董事长"，8000，iff（人员类别 =" 行政人员"，3500，iff（人员类别 =" 财务主管"，4000，iff（人员类别 =" 财务综合岗" 4500，iff（部门 =" 生产部"，3800，iff（部门 =" 采购部"，4000，3500））））））
津贴	董事长 2000 元，行政人员 1500 元，销售经理 3000 元，销售人员 1000 元，财务部 1300 元，生产部 1800 元，采购部 1000 元。 （采用 iff 函数进行设置） iff（人员类别 =" 董事长"，2000，iff（人员类别 =" 行政人员"，1500，iff（人员类别 =" 销售经理"，3000，iff（人员类别 =" 销售人员" 1000，iff（部门 =" 财务部"，1300，iff（部门 =" 生产部"，1800，1000））））））
养老保险	应发合计 ×8/100
失业保险	应发合计 ×0.5/100
医疗保险（含生育保险）	应发合计 ×2/100 +5
住房公积金	应发合计 ×8/100
应发合计	基本工资 + 奖金 + 津贴 − 请假扣款
税前工资	应发合计 − 医疗保险（含生育保险）− 养老保险 − 失业保险 − 住房公积金
计税基数	税前工资 − 专项附加扣除
扣款合计	医疗保险 + 养老保险 + 失业保险 + 住房公积金 + 代扣税
实发合计	应发合计 − 扣款合计

注：奖金、请假扣款金额根据业务资料录入。

（6）工资分摊设置（见表 2－20）。

表 2－20

部门 \ 工资分摊		分摊项目：应发合计　分摊比例：100%	
		借方科目	贷方科目
行政部	董事长	管理费用——职工薪酬	应付职工薪酬——工资
行政部	行政人员	管理费用——职工薪酬	
财务部	财务主管	管理费用——职工薪酬	
财务部	财务人员	管理费用——职工薪酬	
财务部	财务综合岗	管理费用——职工薪酬	
生产部	车间主任	制作费用——职工薪酬	
生产部	生产人员——实木套装门	生产成本/ 直接人工	
生产部	生产人员——复合套装门	生产成本/ 直接人工	
采购部	采购经理	管理费用——职工薪酬	
采购部	采购人员	管理费用——职工薪酬）	
销售部	销售经理	销售费用——职工薪酬	
销售部	销售人员	销售费用——职工薪酬	

（7）单位负责的社保和住房公积金分摊设置（见表 2－21）。

表 2－21

项目＼分摊设置＼部门人员			行政部	财务部	采购部	生产部	销售部	生产车间	
			董事长 行政人员	财务主管 财务人员 财务综合岗	采购经理 采购人员	车间主任	销售人员	PVC 内托	PS 内托
养老保险	分摊项目： 应发合计 比例：16%	借方科目	管理费用——职工薪酬			制造费用—— 职工薪酬	销售费用——职工薪酬	生产成本——直接人工	
		贷方科目	应付职工薪酬——社会保险费						
失业保险	分摊项目： 应发合计 比例：0.5%	借方科目	管理费用——职工薪酬			制造费用—— 职工薪酬	销售费用——职工薪酬	生产成本——直接人工	
		贷方科目	应付职工薪酬——社会保险费						
医疗保险 （含生育保险）	分摊项目： 应发合计 比例：10%	借方科目	管理费用——职工薪酬			制造费用—— 职工薪酬	销售费用——职工薪酬	生产成本——直接人工	
		贷方科目	应付职工薪酬——社会保险费						
住房公积金	分摊项目： 应发合计 比例：8%	借方科目	管理费用——职工薪酬			制造费用—— 职工薪酬	销售费用——职工薪酬	生产成本——直接人工	
		贷方科目	应付职工薪酬——社会保险费						
工伤保险	分摊项目： 应发合计 比例：0.6%	借方科目	管理费用——职工薪酬			制造费用—— 职工薪酬	销售费用——职工薪酬	生产成本——直接人工	
		贷方科目	应付职工薪酬——社会保险费						

13. 固定资产设置

（1）业务控制参数（见表2－22）。

表2－22

控制参数	参数设置
启用月份	2020. 6. 01
折旧信息	本年账套计提折旧： 折旧方法：平均年限法（一） 折旧汇总分配周期：1个月 当（月初已计提月份＝可使用月份－1）时，将剩余折旧全部提足
编码方式	固定资产类别编码方式：2－1－1－2； 固定资产编码方式：按“类别编码＋序号”自动编码，卡片序号长度为：3
财务接口	要求与总账系统进行对账， 业务发生后立即制单 对账科目：固定资产对账科目：“1601 固定资产” 累计折旧对账科目：“1602 累计折旧”
补充参数	月末结账前一定要完成制单登账业务； 固定资产缺省入账科目“1601 固定资产” 累计折旧缺省入账科目“1602 累计折旧” 可纳税调整的增加方式“直接购入” 可抵扣税额入账科目：“应交税费——应交增值税（进项税额）”
其他要求	对账不平衡的情况下不允许月末结账

（2）资产类别设置（见表2－23）。

表2－23

编码	类别名称	净残值率	计提属性	折旧方法
01	建筑物	4%	正常计提	平均年限法
02	生产设备	4%	正常计提	平均年限法
03	办公设施	4%	正常计提	平均年限法

（3）部门对应计提折旧科目设置（见表2－24）。

表2－24

部门	对应计提折旧科目
行政部	管理费用（560205）
财务部	管理费用（560205）
生产车间	制造费用（410101）
销售部	销售费用（560102）
采购部	管理费用（560205）

（4）增减方式对应科目设置（见表2－25）。

表2－25

增减方式目录	对应入账科目
增加方式	
直接购入	银行存款（100201）
投资者投入	实收资本（3001）
接受捐赠	营业外收入（5301）
盘盈	待处理财产损溢（1901）
在建工程	在建工程（1604）
减少方式	
出售	固定资产清理（1606）
盘亏	待处理财产损溢（1901）
捐赠转出	固定资产清理（1606）
报废	固定资产清理（1606）
毁损	固定资产清理（1606）

任务二　完成重庆兴俊有限责任公司财务处理

一、2020 年 6 月业务资料

【业务 1】

1－1

收　　据

2020 年 6 月 1 日　　　　NO 2020001

今收到孙傲以现金偿还借款

金额（大写）伍仟元整（¥5000.00 ）

现金收讫

重庆兴俊有限责任公司 财务专用章

单位盖章　　　　经手人签章　肖晓

第三联：记账

【业务 2】

2－1

中国工商银行　银行汇票申请书（存根）

申请日期　2020 年 6 月 1 日　　第　069　号

<table>
<tr><td>申请人</td><td colspan="2">重庆兴俊有限责任公司</td><td>收款人</td><td colspan="10">重庆达顺油漆有限公司</td></tr>
<tr><td>账号或地址</td><td colspan="2">9988900018006767025</td><td>账号或地址</td><td colspan="10">6222445577889999DDK</td></tr>
<tr><td>用途</td><td colspan="2">货款</td><td>代理付款行</td><td colspan="10">工行大渡口营业部</td></tr>
<tr><td rowspan="2">汇票金额</td><td rowspan="2">人民币（大写）</td><td rowspan="2" colspan="2">壹万伍仟元整</td><td>千</td><td>百</td><td>十</td><td>万</td><td>千</td><td>百</td><td>十</td><td>元</td><td>角</td><td>分</td></tr>
<tr><td></td><td></td><td>¥</td><td>1</td><td>5</td><td>0</td><td>0</td><td>0</td><td>0</td><td>0</td></tr>
<tr><td colspan="4">上列款项请从我账户内支付
重庆兴俊有限责任公司 财务专用章
冠钱印银
盖章</td><td colspan="10">科　目（借）
对方科目（贷）
转账日期　2020 年 6 月 1 日
复核　记账</td></tr>
</table>

【业务 3】

3－1

借　款　单

2020 年　6 月 2　日　　　　　　第 001 号

借款单位：肖晨霞		
借款理由：差旅费		
借款数额：人民币（大写）贰仟伍佰元整　　¥2500.00		现金付讫
本单位负责人意见：　钱银冠	重庆兴俊有限责任公司 财务专用章	借款人（签章）：肖晨霞
领导批示： 情况属实，同意借款	会计主管人员核批：上官月	付款记录： 2020 年 6 月 2 日已付

【业务 4】

4－1

5001065099　　　　**重庆市增值税专用发票**　　　　No. 5000692123

全国统一发票监制章 国家税务总局监制 重庆

发　票　联　　　　开票日期：2020 年 06 月 03 日

购货单位	名　　称：重庆兴俊有限责任公司 纳税人识别号：500106500040000 地 址、电 话：重庆市陈家桥镇 1136 号 83930000 开户行及账号：工行陈家桥营业部 9988900018006767025	密码区	517766<98/198533204+<<<-12690 63<+64<->876*98</8765*369+//# />+216>2>7/3-+47561<>786-/220 +782-/5432<4*-34>>>+923*34556

货物或应税劳务的名称	规格型号	单位	数量	单价	金额	税率	税额
油漆		公斤	500	24	12000.00	13%	1560.00
合计					¥12000.00		¥1560.00
价税合计（大写）	ⓧ壹万叁仟伍佰陆拾元整				¥13560.00		

销货单位	名　　称：重庆达顺油漆有限公司 纳税人识别号：510888334DDK 地 址、电 话：重庆大渡口　023-87002222 开户行及账号：工行大渡口营业部 6222445577889999DDK	备注	重庆达顺油漆有限公司 510888334DDK 发票专用章

收款人：　　　复核：　　　开票人：曲沙呢　　　销货单位（章）：

第三联：发票联　购货方记账凭证

4－2

付款期限
壹个月

中国工商银行　　2　　EA 0087678334

银行汇票（卡片）　　第 616 号

此联出票行结清汇票时作汇出款借方凭证

出票日期
（大写）　贰零贰零年零陆月零叁日　**代理付款行**：工行大渡口营业部　**行号**：6889754

收款人　重庆达顺油漆有限公司									
出票金额　人民币（大写）壹万伍仟元整									
实际结算金额人民币（大写）壹万叁仟伍佰陆拾元整	百	十	万	千	百	十	元	角	分
		¥	1	3	5	6	0	0	0

申请人：重庆兴俊有限责任公司　　账号：9988900018006767025

出票行：中国工商银行大渡口营业部
行　号：4556245422
用　途：贷款
出票行盖章

中国工商银行股份有限公司 52103431 汇票专用章

琳剑印芳

多余金额									左列退回多余金额已收入你账户
百	十	万	千	百	十	元	角	分	
		¥	1	4	4	0	0	0	

【业务 5】

5－1

付款期限
壹个月

中国工商银行　　4　　EA 0087678334

银行汇票（多余款收账通知）　　第 616 号

此联出票行结清多余款后交申请人

出票日期
（大写）　贰零贰零年零陆月零叁日　**代理付款行**：工行大渡口营业部　**行号**：6889754

收款人　重庆达顺油漆有限公司									
出票金额　人民币（大写）壹万伍仟元整									
实际结算金额人民币（大写）壹万叁仟伍佰陆拾元整	百	十	万	千	百	十	元	角	分
		¥	1	3	5	6	0	0	0

申请人：重庆兴俊有限责任公司　　账号：9988900018006767025

出票行：中国工商银行大渡口营业部
行　号：4556245422
用　途：贷款
出票行盖章

中国工商银行股份有限公司 52103431 汇票专用章

琳剑印芳

多余金额									左列退回多余金额已收入你账户
百	十	万	千	百	十	元	角	分	
		¥	1	4	4	0	0	0	

【业务 6】

6－1

中国工商银行　　贴现凭证

单位公章：　　申请日期：2020 年 06 月 05 日　　借据流水号：7832667

贴出票据	票据种类：□√银承　□商承				持票人或申请人	名称	重庆兴俊有限责任公司
	冠字号		票号	27033030		账号	9988900018006767025
	出票日	2020.03.05	到期日	2020.09.05		开户银行	工行陈家桥营业部
汇票承兑人名称	中国工商银行沙坪坝支行	账号	6222345600002323XQA			开户银行	中国工商银行沙坪坝支行
汇票金额	人民币（大写）伍拾万元整					百 十 万 千 百 十 元 角 分	¥ 5 0 0 0 0 0 0 0
贴现率	8%	贴现利息	百 十 万 千 百 十 元 角 分		实付贴现金额	百 十 万 千 百 十 元 角 分	
备注　重庆兴俊有限责任公司 财务专用章　冠钱印银　持票人盖章（预留印鉴）					银行打印　中国工商银行股份有限公司 工行陈家桥营业部 2020.06.05 办讫　主管：　记账：		

【业务 7】

7－1

中国工商银行陈家桥营业部进账单（回单）

2020 年 06 月 06 日　　NO. 1245

汇款人	全　称	广东浩陈有限责任公司	收款人	全　称	重庆兴俊有限责任公司
	账　号	6222876533314788GHG		账　号	9988900018006767025
	开户银行	工行广州南沙区支行		开户银行	工行陈家桥营业部
人民币（大写）叁拾伍万元整			千 百 十 万 千 百 十 元 角 分		¥ 3 5 0 0 0 0 0 0
票据种类	转账支票		中国工商银行陈家桥营业部 2020年06月06日 转讫　收款人开户行盖章		
票据张数	1 张				
单位主管　　会计					
复核　　记账					

【业务8】

8－1

差旅费报销单

部门：采购部　　　　　　　　2020年06月06日　　　　　　　　NO：672367

日期	出发地	到达地	市内交通补助		伙食补贴		车（船）票	住宿费	其他	合计金额
			天数	金额	天数	金额				
5.29-6.1	重庆	西安	4	240.00	4	520.00	824.00	650.00		2234.00
合　计			人民币（大写）贰仟贰佰叁拾肆元整							¥2234.00

附单据4张

领导审批：钱银冠　　财务主管：上官月　　出纳：肖晓　　报销人：肖晨霞

8－2

收　　　据

2020年6月06日　　　　　　No.1017566

交款单位名称

（或姓名）　采购部肖晨霞

交　来　差旅费多余款

人　民　币　（大写）贰佰陆拾陆元整　　¥266.00

备　注

复核：　　　　出纳：肖晓　　　　经手人：肖晨霞

现金收讫

重庆兴俊有限责任公司 财务专用章

8 －3

重庆市客运专用发票

发票代码：471011110471　　发票号码：32517784　　重庆市汽车站

到站				发车日期/时间		车次	车牌号
西安				2020-5-29　08:00		511A	
座号	车型	检票口	票种	票价	站务费		票价合计
5		6	全	412.00	0.00		412.00 元

旅客信息：肖晨霞　500106******0098

票号：100005522467　　收款单位（盖章）：

请您核对票面信息　　报销凭证

8 －4

陕西省西安市客运专用发票

发票代码：261011110471　　发票号码：02517784　　陕西省西安汽车站

到站				发车日期/时间		车次	车牌号
重庆				2020-6-01　09:00		322A	
座号	车型	检票口	票种	票价	站务费		票价合计
5		6	全	412.00	0.00		412.00 元

旅客信息：肖晨霞　500106******0098

票号：100005522345　　收款单位（盖章）：

请您核对票面信息　　报销凭证

8 －5

西安市增值税普通发票（卷票）

发票联

发票代码：250001400205

发票号码：00223654

机 打 号：12357102

机器编号：018122080334

行业分类：服务业

收款单位：西安市商务酒店

纳税人识别号：5001065026343

开票日期：2020-06-01

购买方名称：重庆兴俊有限责任公司

纳税人识别号：500106500040000

经营项目	单价	数量	金额
*生活服务*住宿费	650.00		650.00

合计（小写）：¥650.00

合计（大写）：陆佰伍拾元整

西安市商务酒店 5001065033345 发票专用章

【业务9】

9 －1

收 料 单

收料仓库：原材料库　　2020 年 06 月 07 日　　收料单编号：190601

材料名称	单位	数量		单价	材料金额	运杂费	实际成本
		应收数	实收数				
油漆	公斤	500	490	24.49	12000.00		12000.00
合计							¥12000.00
备注							

主管：肖晨霞　　质量检验员：张青平　　入库验收：杨平　　仓库保管：秦国立

【业务10】

10－1

中国工商银行（渝）
现金支票存根

IXII 30122335

附加信息＿＿＿＿＿＿＿＿

出票日期 2020 年 06 月 07 日

收款人：重庆兴俊有限责任公司

金　额：¥116577.00

用　途：备发工资

备　注：＿＿＿＿＿＿

单位主管：钱银冠　会计：孙傲

【业务11】

11－1

重庆兴俊有限责任公司2020年5月工资计算表

部门	姓名	基本工资	津贴	奖金	请假扣款	应发合计	医疗保险+生育（2%+5）	养老保险（8%）	失业保险（0.5%）	住房公积金（8%）	税前工资	个税专项附加扣除	计税基础	代扣税	实发合计
行政部	钱银冠	8000	3000	1000	0	12000	245	960	60	960	9775	1000	8775	167.5	9607.5
	赵大仁	3500	1500	1300	0	6300	131	504	31.5	504	5129.5	1000	4129.5	0	5129.5
	杨姗姗	3500	1500	1200	0	6200	129	496	31	496	5048	1000	4048	0	5048
	合计	15000	6000	3500	0	24500	495	1960	122.5	1960	19962.5	3000	16962.5	167.5	19795
财务部	上官月	4000	2000	2000	0	8000	165	640	40	640	6515	1500	5015	0.45	6514.55
	孙傲	4000	1300	1000	-20	6280	130.6	502.4	31.4	502.4	5113.2	1500	3613.2	0	5113.2
	肖晓	4500	1300	1000	0	6800	141	544	34	544	5537	1000	4537	0	5537
	合计	12500	4600	4000	-20	21080	426.6	1686.4	105.4	1686.4	17175.2	4000	13175.2	0.45	17174.75
生产部	赵淼	3800	1800	1300	-40	6860	142.2	548.8	34.3	548.8	5585.9	1500	4085.9	0	5585.9
	郭开心	3800	1800	1700	0	7300	151	584	36.5	584	5944.5	2000	3944.5	0	5944.5
	宋流连	3800	1800	1000	0	6600	137	528	33	528	5374	1500	3874	0	5374
	伍芳莲	3800	1800	1100	0	6700	139	536	33.5	536	5455.5	1000	4455.5	0	5455.5
	吴张双	3800	1800	1200	0	6800	141	544	34	544	5537	1000	4537	0	5537
	蔡玲林	3800	1800	1100	0	6700	139	536	33.5	536	5455.5	1000	4455.5	0	5455.5
	钱可放	3800	1800	1100	0	6700	139	536	33.5	536	5455.5	1000	4455.5	0	5455.5
	龚旭东	3800	1800	1050	0	6650	138	532	33.25	532	5414.75	2000	3414.75	0	5414.75
	魏周宝	3800	1800	100	-60	5640	117.8	451.2	28.2	451.2	4591.6	1000	3591.6	0	4591.6
	李涛晨	3800	1800	900	0	6500	135	520	32.5	520	5292.5	1000	4292.5	0	5292.5
	周洁好	3800	1800	1000	0	6600	137	528	33	528	5374	1000	4374	0	5374
	合计	41800	19800	11550	-100	73050	1466	5844	365.25	5844	59530.75	14000	45530.75	0	59530.75
采购部	肖晨霞	4000	1200	1500	0	6700	139	536	33.5	536	5455.5	1000	4455.5	0	5455.5
	张青平	4000	1200	1000	0	6200	129	496	31	496	5048	1000	4048	0	5048
	合计	8000	2400	2500	0	12900	263	1032	64.5	1032	10508.5	2000	8508.5	0	10508.5
销售部	胡光一	3500	2000	1500	0	7000	145	560	35	560	5700	1000	4700	0	5700
	周浩	3500	1000	1000	0	5500	115	440	27.5	440	4477.5	1000	3477.5	0	4477.5
	合计	7000	3000	2500	0	12500	255	1000	62.5	1000	10182.5	2000	8182.5	0	10182.5
合计		84300	35800	24050	-120	144030	2885.6	11522.4	720.15	11522.4	117379.5	25000	92379.45	167.95	117211.5

【业务 12】

12－1

5000133730　　重庆市增值税专用发票　　No. 01250039

此联不作报销、扣税凭证使用　　开票日期：2020 年 06 月 08 日

购货单位	名　　称：广东浩陈有限责任公司 纳税人识别号：733887111GDS 地 址、电 话：广州南京路五一大道 000 号 02085550000 开户行及账号：工行广州南沙区支行 6222876533314788GHG	密码区	517766<98/198533204+<<<-100 63<+64<->876*98</8765*369+/ />+216>2>7/3-+47561<>786-/2 +782-/5432<4*-34>>>+923*300

货物或应税劳务的名称	规格型号	单位	数量	单价	金额	税率	税额
实木套装门		套	500	1500.00	750000.00	13%	97500.00
合计					¥750000.00		¥97500.00
价税合计（大写）	ⓧ捌拾肆万柒仟伍佰圆整				（小写）¥847500.00		

销货单位	名　　称：重庆兴俊有限责任公司 纳税人识别号：500106500040000 地 址、电 话：重庆市陈家桥镇 1136 号 023-83930000 开户行及账号：工行陈家桥营业部 9988900018006767025	备注	

收款人：　　复核：　　开票人：肖晓　　销货单位（章）

第一联：记账联　销货方记账凭证

12－2

中国工商银行（渝）

转账支票存根

ⅨⅡ 30126674

附加信息________

出票日期 2020 年 6 月 8 日

收款人：重庆顺丰物流有限公司

金　额：¥1000.00

用　途：代垫运费

备　注：________

单位主管：钱银冠　　会计：孙微

12－3

出 库 单

2020年 6 月8 日

领货部门：销售部　　　　　　　　　　　　仓库：产成品库　　单号：1

材料名称	规格型号	计量单位	出库数量	金额
实木套装门		套	500	

第三联交财务科

库管员：肖晓　　　　　　　　　　　　领货人：赵森

【业务13】

13－1

重庆市增值税电子普通发票

全国统一发票监制章 重庆 国家税务总局监制

发票代码：05001700222
发票号码：36023901
开票日期：2020年06月09日
校 验 码：09883 78453 22333

机器编号：499089970078966

购货单位		密码区	
购货单位	名　　称：重庆兴俊有限责任公司 纳税人识别号：500106500040000 地 址、电 话：重庆市陈家桥镇1136号 83930000 开户行及账号：工商银行陈家桥营业部 9988900018006767025	密码区	517766<98/198533204+<<<-123 63<+64<->876*98</8765*369+/ />+216>2>7/3-+47561<>786-/2 +782-/5432<4*-34>>>+923*345

货物或应税劳务的名称	规格型号	单位	数量	单价	金额	税率	税额
笔记本		本	20	20.00	400.00	13%	52.00
A4纸		箱	2	200.00	400.00	13%	52.00
合计					¥800.00		¥104.00
价税合计(大写)	ⓧ玖佰零肆圆整				（小写）¥904.00		

销货单位		备注	
销货单位	名　　称：重庆渝合文具有限公司 纳税人识别号：5671075438655983 地 址、电 话：重庆市两江新区双彬1路21号 57694221 开户行及账号：工商银行两江新区分行 6686553320998445231	备注	重庆渝合文具有限公司 5671075438655983 发票专用章

收款人：　　　　复核：　　　　开票人：刘军　　　　销货单位（章）：

13 －2

费 用 报 销 单

部门：行政部　　　　2020 年 06 月 09 日　　　　编号:1453

名　　称	金　　额	结算方式
办公用品	904.00	1.冲借款______元 2.转账______元 3.汇款______元 4.现金付讫______元
合计：（大写）玖佰零肆元整		

现金付讫

单位负责人：钱银冠　　主管：上官月　　复核：孙微　　出纳：肖晓　　报销人：赵大仁

【业务 14】

14 －1

5001065099　　　四川省增值税专用发票　　　No. 5000692123

发票联　　　　开票日期：2020 年 06 月 09 日

全国统一发票监制章 四川 国家税务总局监制

购货单位	名　　称：重庆兴俊有限责任公司 纳税人识别号：500106500040000 地 址、电 话：重庆市陈家桥镇 1136 号 83930000 开户行及账号：工行陈家桥营业部 9988900018006767025			密码区	517766<98/198533204+<<<-12690 63<+64<->876*98</8765*369+//# />+216>2>7/3-+47561<>786-/220 +782-/5432<4*-34>>>+923*34556		
货物或应税劳务的名称	规格型号	单位	数量	单价	金额	税率	税额
成品木方		立方米	50	6000.00	300000.00	13%	39000.00
木方		立方米	30	2500.00	75000.00	13%	9750.00
合计					¥375000.00		¥48750.00
价税合计（大写）	ⓧ肆拾贰万叁仟柒佰伍拾元整				（小写）¥423750.00		
销货单位	名　　称：四川发富木业有限公司 纳税人识别号：345889000PWX 地 址、电 话：绵阳平武县 889M 028-67334444 开户行及账号：农行平武支行 4718334477770000MWP			备注	四川发富木业有限公司 345889000PWX 发票专用章		

第三联：发票联 购货方记账凭证

收款人：　　复核：　　开票人：杨柳清　　销货单位（章）：

14 －2

5001065099　　**重庆市增值税专用发票**　　No. 5000692342

发　票　联　　开票日期：2020 年 06 月 09 日

购货单位	名　　称：重庆兴俊有限责任公司 纳税人识别号：500106500040000 地 址、电 话：重庆市陈家桥镇 1136 号 83930000 开户行及账号：工行陈家桥营业部　9988900018006767025			密码区	517766<98/198533204+<<<-12690 63<+64<->876*98</8765*369+//# />+216>2>7/3-+47561<>786-/220 +782-/5432<4*-34>>>+923*34556		
货物或应税劳务的名称	规格型号	单位	数量	单价	金额	税率	税额
*交通运输服务*运输费			1	1200.00	1200.00	9%	108.00
合计					¥1200.00		¥108.00
价税合计(大写)	ⓧ壹仟叁佰零捌元整　　（小写）¥1308.00						
销货单位	名　　称：重庆韵达运输有限公司 纳税人识别号：510888334DDK 地 址、电 话：重庆大渡口　023-87002222 开户行及账号：工行大渡口营业部 6222445577889999DDK			备注			

收款人：　　复核：　　开票人：陈云河　　销货单位（章）：

第三联：发票联　购货方记账凭证

14 －3

中国工商银行电汇凭证（回单）

委托日期 2020 年 6 月 09 日　　NO. 4021

汇款人	全　称	重庆兴俊有限责任公司	收款人	全　称	四川发富木业有限公司
	账　号	9988900018006767025		账　号	4718334477770000MWP
	汇出银行	工行陈家桥营业部		汇入银行	中行开武支行
人民币（大写）肆拾贰万伍仟零伍拾捌元整				千百十万千百十元角分	¥ 4 2 5 0 5 8 0 0
汇款用途	货款			汇款人开户行盖章	

（印章：中国工商银行股份有限公司重庆陈家桥支行 2020 年 6 月 09 日 转讫）

14 －4

收　料　单

收料仓库：原材料库　　　　2020 年 06 月 09 日　　　　收料单编号：190602

材料名称	单位	数　量		单价	材料金额	运杂费	实际成本
		应收数	实收数				
成品木方	立方米	50	50	6000.00	300000.00		
木方	立方米	30	30	2500.00	75000.00		
合　计							
备　注	运输费按照数量进行分配						

主管：肖晨霞　　质量检验员：张青平　　入库验收：杨平　　仓库保管：秦国立

【业务 15】

15 －1

重庆电子缴税系统回单

扣款日期：2020.06.10
清算日期：2020.06.10

付款人名称：重庆兴俊有限责任公司
付款人账号：9988900018006767025
付款人开户银行：工行陈家桥营业部

收款人名称：国家税务总局重庆市沙坪坝区税务局
收款人账号：4402001011001454035
收款人开户银行：国家金库××支库

款项内容：代扣（地税）税款　　　　电子税票号：98300066328
小写金额：¥4887.30
大写金额：肆仟捌佰捌拾柒元叁角整
纳税人编码：500106500040000
纳税人名称：重庆兴俊有限责任公司

税种	所属期	纳税金额	备注
城建税	20200501－20200531	¥2800.00	地税
教育费附加	20200501－20200531	¥1200.00	地税
地方教育费附加	20200501－20200531	¥800.00	地税
个人所得税	20200501－20200531	¥87.30	地税

中国工商银行股份有限公司重庆
工行陈家桥营业部
2020.06.10
转讫

经办：　　复核：　　打印次数：1　　打印日期：2020.06.10

15－2

重庆电子缴税系统回单

扣款日期：2020.06.10
清算日期：2020.06.10

付款人名称：重庆兴俊有限责任公司
付款人账号：9988900018006767025
付款人开户银行：工行陈家桥营业部

收款人名称：国家税务总局重庆市沙坪坝区税务局
收款人账号：4402001011001454035
收款人开户银行：国家金库××支库

款项内容：代扣（国税）税款　　电子税票号：623000677867
小写金额：¥40 000.00
大写金额：肆万元整
纳税人编码：500106500040000
纳税人名称：重庆兴俊有限责任公司

税种	所属期	纳税金额	备注
增值税	20200501－20200531	¥40 000.00	国税

经办：　　复核：　　打印次数：1　　打印日期：2020.06.10

中国工商银行股份有限公司重庆
工行陈家桥营业部
2020.06.10
转讫

【业务16】

16－1

中华人民共和国
税收完税证明

填发日期：2020 年 6 月 10 日　　税务机关：国家税务总局重庆市沙坪坝税务局

纳税人识别号	500106500040000		纳税人名称	重庆兴俊有限责任公司	
原凭证号	税种	品目名称	税款所属时期	入（退）库日期	实缴（退）金额
40009321764	企业职工基本养老保险收入	职工养老保险（单位缴纳）	2020-05-01 至 2020-05-31	2020-06-10	23044.80
40009321764	企业职工基本养老保险收入	职工养老保险（个人缴纳）	2020-05-01 至 2020-05-31	2020-06-10	11522.40
40009321764	失业保险基金收入	失业保险（单位缴纳）	2020-05-01 至 2020-05-31	2020-06-10	720.15
40009321764	失业保险基金收入	失业保险（个人缴纳）	2020-05-01 至 2020-05-31	2020-06-10	720.15
合计金额	（大写）叁万陆仟零柒元伍角整				¥36007.50
税务机关叁万陆仟零柒		填票人 李春兰	备注		

征收专用章

妥善保管　　手写无效

16－2

中华人民共和国
税收完税证明

填发日期： 2020 年 6 月 10日　　税务机关：国家税务总局重庆市沙坪坝税务局

纳税人识别号	500106500040000		纳税人名称	重庆兴俊有限责任公司	
原凭证号	税种	品目名称	税款所属时期	入（退）库日期	实缴（退）金额
40009321764	基本医疗保险基金收入	职工基本医疗保险（单位缴纳）	2020-05-01 至 2020-05-31	2020-06-10	14403.00
40009321764	基本医疗保险基金收入	职工基本医疗保险（个人缴纳）	2020-05-01 至 2020-05-31	2020-06-10	2885.60
40009321764	工伤保险基金收入	工伤保险	2020-05-01 至 2020-05-31	2020-06-10	864.18
合计金额	（大写）壹万捌仟壹佰伍拾贰元柒角叁分				¥18152.73
税务机关 征收专用章		填票人 李春兰	备注		

妥善保管　　手写无效

16－3

业务回单（付款）

日期：2020 年 06 月 10 日
回单编号：19002899734
付款人户名：重庆兴俊有限责任公司　　付款人开户行：工行陈家桥营业部
付款人账号：9988900018006767025
收款人户名：重庆市税务局沙坪坝征收分局　　收款人开户行：中国工商银行沙坪坝支行
收款人账号：6230445533337777222
金额：人民币伍万肆仟壹佰陆拾元贰角捌分　　小写：¥54160.28
业务（品种）种类：同行发报　凭证种类：0000000　凭证号码：000000000000000
摘要：支付上月社会保险　　用途：支付上月社会保险　　币种：人民币
交易机构：0310000105　记账柜员：000034　交易代码：52140　渠道:网上银行

附言：
支付交易序号：98898315　报文种类：大客户发起汇兑业务　委托日期：2020-06-10
业务类型：普通汇兑

本回单为第 1 次打印，注意重复　打印日期：2020 年 06 月 10 日　打印柜员：9　验证码：BBGT243A4005

中国工商银行沙坪坝支行 自助回单机专用章 (867)

【业务 17】

17 - 1

中国工商银行花溪工业园区支行住房公积金汇缴书

2020年6月10日　　　　　　　　　　字第 422 号

单位名称	重庆市公积金管理处			汇缴：2020 年 5 月
开户行	中国工商银行春光路支行	账号	6230445533337777222	汇缴：21 人
金额	人民币（大写）：贰万叁仟零肆拾肆元捌角整			千 百 十 万 千 百 十 元 角 分 ¥ 2 3 0 4 4 8 0

上次汇缴		本次增加汇缴		本次减少汇缴		本次汇缴	
人数	金额	人数	金额	人数	金额	人数	金额
						21 人	¥ 23044.80

付款行	付款账号	支票号码	
工行陈家桥营业部	9988900018006767025		工行陈家桥营业部 2020 年 06 月 10 日 受理凭证专用章

第一联　银行盖章后退单位

17 - 2

业务回单（付款）

日期：2020 年 06 月 10 日

回单编号：19002899735

付款人户名：重庆兴俊有限责任公司　　付款人开户行：工行陈家桥营业部

付款人账号：9988900018006767025

收款人户名：重庆市公积金管理处　　收款人开户行：中国工商银行春光路支行

收款人账号：6230445533337777222

金额：人民币贰万叁仟零肆拾肆元捌角整　　小写：¥23044.80

业务（品种）种类：　同行发报　凭证种类：0000000　　凭证号码：000000000000000

摘要：支付上月住房公积金　　用途：支付上月住房公积金　　币种：人民币

交易机构：0310000105　记账柜员：000034　交易代码：52141　渠道:网上银行

附言：

支付交易序号：98898315　报文种类：大客户发起汇兑业务　委托日期：2020-06-10

业务类型：普通汇兑

本回单为第 1 次打印，注意重复　打印日期：2020 年 06 月 10 日　打印柜员：9　验证码：BBGT243A4005

自助回单机专用章 (867)

【业务 18】

18 －1

中国工商银行 借款借据

2020 年 6 月 11 日　　　　借款编号：2020497301

借款企业名称	重庆兴俊有限责任公司	结算户账号	9988900018006767025	贷款户账号	9988900018006767025
贷款用途	周转	贷款种类	短期贷款		
借款金额	人民币（大写）壹拾万元整		千百十万千百十元角分 ¥10000000		
银行审查意见：同意（工行重庆陈家桥营业部 业务核算章）盖章	到期日期	2020 年 12 月 11 日	利率	年息 5%	
	（中国工商银行股份有限公司重庆陈家桥营业部 2020.06.11 办讫章）（银行盖章） 年 月 日				

【业务 19】

19 －1

购 销 合 同

销货方：重庆兴俊有限责任公司（甲方）

购货方：重庆模和有限责任公司（乙方）

甲方于 2020 年 6 月 11 日给乙方销售复合套装门 500 套，价款 350000 元，价税共计人民币叁拾玖万伍仟伍佰元整。

为了尽早收回款项，甲方给予乙方现金折扣，条件为 4/10，2/20，n/30（不含增值税）。

未尽事宜，双方应本着互利原则协商解决。

甲方（盖章）：重庆兴俊有限责任公司　　乙方（盖章）：重庆模和有限责任公司

法人代表：钱冠银　　法人代表：陈玲

日期：2020 年　　日期：2020

【业务21】

21－1

5001065399

代开

重庆市增值税专用发票

No. 5000692125

发票联

开票日期：2020年06月13日

购货单位	名　　称：重庆兴俊有限责任公司 纳税人识别号：500106500040000 地 址、电 话：重庆市陈家桥镇1136号 83930000 开户行及账号：工行陈家桥营业部 9988900018006767025	密码区	517766<98/198533204+<<<-12690 63<+64<->876*98</8765*369+//# />+216>2>7/3-+47561<>786-/220 +782-/5432<4*-34>>>+923*34556

货物或应税劳务的名称	规格型号	单位	数量	单价	金额	税率	税额
三层纸板		套	200	15.00	3000.00	3%	90.00
五层纸板		套	300	20.00	6000.00	3%	180.00
打包带		卷	100	15.00	1500.00	3%	45.00
合计					¥10500.00		¥315.00
价税合计（大写）	ⓧ壹万零捌佰壹拾伍元整				（小写）¥10815.00		

销货单位	名　　称：国家税务总局重庆市沙坪坝税务局（代开机关） 纳税人识别号：577888853346734　（代开机关） 地 址、电 话：沙坪坝区凤天路134号附1　789332513 地 址、电 话：重庆歌乐山镇901G 02387003333 开户行及账号：工行歌乐山营业所 6222333300017778GLS	备注	代开企业税号：510339887GLS；代开企业名称：重庆动哒纸包装有限公司；货物（服务）名称：三层纸板、五层纸板、打包带

收款人：　　复核：　　开票人：自助1　　销货单位（章）：

第三联：发票联　购货方记账凭证

（印章：全国统一发票监制章 重庆 国家税务总局监制；国家税务总局重庆市沙坪坝税务局 代开发票专用章 01；重庆动哒纸包装有限公司 510339887GLS 发票专用章）

21－2

收　料　单

收料仓库：原材料库　　2020年06月13日　　收料单编号：190603

材料名称	单位	数量		单价	材料金额	运杂费	实际成本
		应收数	实收数				
三层纸板	套	200	200	15.00	3000.00		3000.00
五层纸板	套	300	300	20.00	6000.00		6000.00
打包带	卷	100	100	15.00	1500.00		1500.00
合　　计							¥10500.00
备　注							

主管：肖晨霞　　质量检验员：张青平　　入库验收：杨平　　仓库保管：秦国立

【业务 22】

22－1

5001065099 **重庆市增值税专用发票** No. 5000692123

发 票 联 开票日期：2020 年 06 月 14 日

购货单位	名　　称：重庆兴俊有限责任公司 纳税人识别号：500106500040000 地 址、电 话：重庆市陈家桥镇 1136 号 83930000 开户行及账号：工行陈家桥营业部 9988900018006767025			密码区	517766<98/198533204+<<<-12690 63<+64<->876*98</8765*369+//# />+216>2>7/3-+47561<>786-/220 +782-/5432<4*-34>>>+923*34556		
货物或应税劳务的名称	规格型号	单位	数量	单价	金额	税率	税额
雕刻机			1	80000	80000.00	13%	10400.00
合计					¥80000.00		¥10400.00
价税合计(大写)	ⓧ玖万零肆佰元整				（小写）¥90400.00		
销货单位	名　　称：重庆祥彤机械设备有限公司 纳税人识别号：510222778JKD 地 址、电 话：重庆井口大道 456J 02386220000 开户行及账号：工行井口营业所 6222000344776238JKD			备注	重庆祥彤机械设备有限公司 510222778JKD 发票专用章		

收款人： 复核： 开票人： 宣明云 销货单位（章）：

第三联：发票联 购货方记账凭证

22－2

固定资产验收单

2020 年 06月 14日

固定资产名称	雕刻机	规 格	
资产类别	生产设备	数 量	1台
使用部门		生产车间	
安装单位（部门）			
资产来源	直接购入	验收日期	2020. 06. 14
使用日期	2020. 06. 14	使用年限	5年
原 值	¥80000.00	净残值率	4%
固定资产管理部门验收意见		符合合同规定质量标准，验收合格 负责人签名：赵鑫	

注：固定资产模块中增加固定资产。

22－3

中国工商银行（渝）
转账支票存根

ⅨⅡ30121469

附加信息________________

出票日期 2020 年 6 月 14 日

收款人：	重庆祥彤机械设备有限公司
金　额：	¥90400.00
用　途：	设备款
备　注：	

单位主管：钱银冠　　会计：孙微

【业务 23】

23－1

委托加工合同

委托方：重庆兴俊有限责任公司（甲方）

受托方：重庆光明有限责任公司（乙方）

经友好协商，甲乙双方就甲方委托乙方加工生产 100 套实木套装门达成以下协议：

1．产品名称、规格及加工费：

实木套装门，150*200；加工费 ¥35000.00 元（大写人民币叁万伍仟元整）。

2．订单和交货：

（1）　甲方提供所需材料，并向乙方书面下达生产订单。

（2）　乙方按双方约定的质量标准为甲方生产产品，并于甲方下达订单 10 日之内生产完毕，交货地点为甲方仓库。

3.付款：

甲方在乙方交货当天付清全部款项。

甲方：重庆兴俊有限责任公司　　　　乙方：重庆光明有限责任公司

代表：钱银冠　　　　代表：王强

签订日期：2020 年 6 月 15 日　　　　签订日期：2020 年 6 月 15 日

23 －2

领　料　单

2020 年 6 月 15 日

领料部门：生产车间　　用途：委托加工　　　仓库：原材料库　　单号：101

材料名称	规格型号	计量单位	出库数量	金额
成品木方		立方米	10	
油漆		公斤	200	

第三联交财务科

库管员：肖晓　　　　　　　　领料人：赵森

23 －3

领　料　单

2020 年 6 月 15 日

领料部门：生产车间　　用途：委托加工　　　仓库：周转材料库　　单号：201

材料名称	规格型号	计量单位	出库数量	金额
三层纸板		套	20	
打包带		卷	40	

第三联交财务科

库管员：肖晓　　　　　　　　领料人：赵森

【业务 24】

24－1

5000137576　　重庆增值税专用发票　　No. 01255313

记账联

全国统一发票监制章 国家税务总局监制

开票日期：2020 年 06 月 15 日

购货单位	名　　称：辽宁工通有限责任公司 纳税人识别号：756334888LLS 地 址、电 话：沈阳重庆路正南街 77W 号 02466670000 开户行及账号：工行铁西区和平镇营业部 5333890022217666GHT	密码区	517766<98/198533204+<<<-100 63<+64<->876*98</8765*369+/ />+216>2>7/3-+47561<>786-/2 +782-/5432<4*-34>>>+923*300

货物或应税劳务的名称	规格型号	单位	数量	单价	金额	税率	税额
实木套装门		套	100	1550.00	155000.00	13%	20150.00
合计					¥155000.00		¥20150.00
价税合计（大写）	ⓧ壹拾柒万伍仟壹佰伍拾圆整				（小写）¥175150.00		

销货单位	名　　称：重庆兴俊有限责任公司 纳税人识别号：500106500040000 地 址、电 话：重庆市陈家桥镇 1136 号 023-83930000 开户行及账号：工行陈家桥营业部 9988900018006767025	备注	重庆兴俊有限责任公司 500106500040000 发票专用章

收款人：　　复核：　　开票人：肖晓　　销货单位（章）

第一联：记账联 销货方记账凭证

24－2

出 库 单

2020 年 6 月 15 日

领货部门：销售部　　仓库：产成品库　　单号：3

材料名称	规格型号	计量单位	出库数量	金额
实木套装门		套	100	

库管员：肖晓　　领货人：胡光一

第三联交财务科

24 －3

中国工商银行

电子银行承兑汇票

出票日期： 2020-06-15　　票据状态：背书已签收
汇票到期日：2020-12-15　　票据号码：131430568348754242

出票人	全称	辽宁工通有限责任公司	收票人	全称	重庆兴俊有限责任公司
	账号	5333890022217666GHT		账号	9988900018006767025
	开户银行	工行铁西区和平镇营业部		开户银行	工行陈家桥营业部
票据金额		人民币（大写）	壹拾柒万伍仟壹佰伍拾元整		175150.00
承兑人信息	全称		账号		
	开户行名称	工行铁西区和平镇营业部	开户行行号		783267812
交易合同号		L782612	承兑信息	出票人承诺：本汇票请予以承兑，到期无条件付款	
是否转让		可以转让		承兑人承诺：本汇票已经承兑，到期无条件付款 承兑日期：2020-06-15	
承兑保证信息		保证人名称；保证人地址；保证人日期			
评价信息（由出票人、承兑人自己记载，仅供参考）		出票人	评级逐日：中国工商银行 信用等级： 评级到期日：		
		承兑人	评级主体：信用等级：评级到期日：		

【业务 25】

25 －1

5001065099　　**重庆市增值税专用发票**　　No. 5000692123

全国统一发票监制章 重庆 国家税务总局监制

发 票 联

开票日期：2020 年 06 月 16 日

购货单位	名　　称：重庆兴俊有限责任公司 纳税人识别号：500106500040000 地 址、电 话：重庆市陈家桥镇 1136 号 83930000 开户行及账号：工行陈家桥营业部 9988900018006767025			密码区	517766<98/198533204+<<<-12690 63<+64<->876*98</8765*369+//# />+216>2>7/3-+47561<>786-/220 +782-/5432<4*-34>>>+923*34556		
货物或应税劳务的名称	规格型号	单位	数量	单价	金额	税率	税额
成品木方		立方米	20	5950.00	119000.00	13%	15470.00
木方		立方米	20	2450.00	49000.00	13%	6379.00
合计					¥168000.00		¥21840.00
价税合计（大写）	ⓧ壹拾捌万玖仟捌佰肆拾元整				（小写）¥189840.00		
销货单位	名　　称：重庆鸿凯木业有限公司 纳税人识别号：510223990HCF 地 址、电 话：重庆红槽房正街 233H 02377772222 开户行及账号：民生银行红槽房营业部 7333344590002222HCF			备注	重庆鸿凯木业有限公司 510223990HCF 发票专用章		

收款人：　　复核：　　开票人：和乐浓　　销货单位（章）：

第三联：发票联　购货方记账凭证

25 －2

收　　料　　单

收料仓库：原材料库　　　　2020 年 06 月 16 日　　　　收料单编号：190604

材料名称	单位	数　　量		单价	材料金额	运杂费	实际成本
		应收数	实收数				
成品木方	吨	20	20	5050.00	119000		119000
木方	吨	20	20	2450.00	49000		49000
合　　计							¥168000.00
备　注							

主管：肖晨霞　　质量检验员：张青平　　入库验收：杨平　　仓库保管：秦国立

25 －3

中国工商银行（渝）
转账支票存根

IX II 30121469

附加信息＿＿＿＿＿＿＿＿

出票日期 2020 年 6 月 16 日

收款人：重庆鸿凯木业有限公司

金　额：¥189840.00

用　途：支付货款

备　注：

单位主管：钱银冠　会计：孙微

【业务 26】

26 － 1

中国农业银行　借款借据

2020 年 06 月 16 日　　　　借款编号：2020800401

借款企业名称	重庆兴俊有限责任公司	结算户账号	6224000012127788000	贷款户账号	6224000012127788000
贷款用途	生产经营			贷款种类	长期贷款
借款金额	人民币（大写）伍拾万元整			千百十万千百十元角分	￥50000000
银行审查意见：同意　盖章	到期日期	2023 年 6 月 16 日	利率	年息 8%	
	（银行盖章）　年　月　日				

中国农业银行股份有限公司重庆大学城支行　2020.06.16　办讫

【业务 27】

27 － 1

5001065047　　　　**重庆增值税专用发票**　　　　No. 5000691176

发票联

开票日期：2020 年 06 月 17 日

购货单位	名　　称：重庆兴俊有限责任公司 纳税人识别号：500106500040000 地 址、电 话：重庆市陈家桥镇 1136 号 023-83930000 开户行及账号：工行陈家桥营业部 9988900018006767025				密码区	517766<98/198533204+<<<-666#@ 63<+64<->876*98</8765*369+//0 />+216>2>7/3-+47561<>786-/7*9 +782-/5432<4*-34>>>+900/**888	
货物或应税劳务的名称	规格型号	单位	数量	单价	金额	税率	税额
*加工劳务*加工费			1	35000.00	35000.00	13%	4550.00
合计					¥35000.00		¥4550.00
价税合计（大写）	ⓧ叁万玖仟伍佰伍拾圆整				（小写）¥39550.00		
销货单位	名　　称：重庆光明有限责任公司 纳税人识别号：509825565844276 地 址、电 话：重庆市巴南区巴支路 29 号 87431781 开户行及账号：工商银行巴南区支行 6787746393209981231				备注	重庆光明有限责任公司 509825565844276 发票专用章	

收款人：　　　　复核：　　　　开票人：陈明　　　　销货单位（章）

第三联：发票联　购货方记账凭证

27－2

中国工商银行(渝)

转账支票存根

ⅨⅡ30121479

附加信息＿＿＿＿＿＿＿＿＿＿

出票日期 2020 年 6 月 17 日

收款人：	重庆光明有限责任公司
金　额：	¥39550.00
用　途：	加工费
备　注：	

单位主管：钱银冠　会计：孙微

【业务 28】

28－1

公益事业捐赠统一票据

捐赠人：重庆兴俊有限责任公司　　2020 年 6 月 17 日　　NO 21098998

捐赠项目	实物（外币）种类	数量	金额 千	百	十	万	千	百	十	元	角	分
希望工程					¥	1	0	0	0	0	0	0
合计人民币	（大写）零仟零佰零拾壹万零仟零元零角零分				¥	1	0	0	0	0	0	0

第二联：收据

接受单位盖章　　复核人：张国忠　　开票人：王明

重庆市红十字会 人道救助基金 财务专用章

28－2

中国工商银行(渝)
转账支票存根

IXII 30121479

附加信息＿＿＿＿＿＿＿＿＿＿

出票日期 2020 年 6 月 17 日

收款人：	重庆市红十字会人道救助基金
金　额：	¥10000.00
用　途：	捐款
备　注：	

单位主管：钱银冠　会计：孙微

【业务 29】

29－1

中国工商银行进账单（回单）

2020 年 6 月 18 日　　NO. 6757

汇款人	全　称	重庆模和有限责任公司	收款人	全　称	重庆兴俊有限责任公司
	账　号	6222345600002323XQA		账　号	998890001800676 7025
	开户银行	工行陈家桥营业部		开户银行	工行陈家桥营业部
人民币（大写）叁拾捌万壹仟伍佰元整				千百十万千百十元角分	¥ 3 8 1 5 0 0 0 0
票据种类	转账支票		收款人开户行盖章		
票据张数	1 张				
单位主管　会计					
复核　记账					

中国工商银行股份有限公司
陈家桥营业部
2020年6月18日
转讫

【业务 30】

30－1

中国工商银行进账单（回单）

2020 年 6 月 18 日　　　　NO. 6847

汇款人	全　称	北京群余有限责任公司	收款人	全　称	重庆兴俊有限责任公司
	账　号	4718559800003200JHC		账　号	9988900018006767025
	开户银行	建行昌平北环路营业部		开户银行	工行陈家桥营业部

人民币（大写）贰拾万元整	千	百	十	万	千	百	十	元	角	分
		¥	2	0	0	0	0	0	0	0

票据种类	转账支票	中国工商银行股份有限公司 陈家桥营业部 2020 年 6 月 18 日 转讫
票据张数	1 张	收款人开户行盖章
单位主管　　会计		
复核　　记账		

30－2

购　销　合　同

销货方：重庆兴俊有限责任公司（甲方）

购货方：北京群余有限责任公司（乙方）

甲方于 2020 年 6 月 18 日给乙方销售实木套装门 200 套，单价 1480 元，复合套装门 300 套，单价 680 元，价税共计人民币伍拾陆万伍仟元整。

双方约定由乙方在签订合同日预付货款 200 000 元，剩余款项在收到货物后一次性付清。

未尽事宜，双方应本着互利原则协商解决。

甲方（盖章）：重庆兴俊有限责任公司　　　　乙方（盖章）：北京群余有限责任公司

法人代表：钱银冠　　　　法人代表：刘深

日期：2020 年 0　　　　日期：2020 年 06

重庆兴俊有限责任公司　钱银冠印　　　　北京群余有限责任公司　刘深之印

【业务31】

31 －1

中国工商银行客户专用回单

2020年06月19日　　　　NO. 1459

付款人	全称	重庆兴俊有限责任公司	收款人	全　称	重庆兴俊有限责任公司
	账号	6224000012127788000		账　号	9988900018006767025
	开户银行	农行重庆大学城支行		开户银行	工行陈家桥营业部
人民币（大写）伍拾万元整					千百十万千百十元角分 ¥50000000
凭证种类：电汇凭证			结算方式：转账		
汇款交易日期：20200619 汇款合同编号：22898498399210344477 实际收款人账户：9988900018006767025 实际收款人户名：重庆兴俊有限责任公司			中国工商银行陈家桥营业部 2020年06月19日 回单		

31 －2

业务回单（付款）

日期：2020年06月19日

回单编号：19002899736

付款人户名：重庆兴俊有限责任公司　　　　付款人开户行：农行重庆大学城支行

付款人账号：6224000012127788000

收款人户名：重庆兴俊有限责任公司　　　　收款人开户行：工行陈家桥营业部

收款人账号：9988900018006767025

金额：人民币伍拾万元整　　　　小写：¥500000.00

业务（品种）种类：同行发报　凭证种类：0000000　　凭证号码：000000000000000

摘要：汇款合同编号22898498399210344477　　用途：转账　　币种：人民币

交易机构：0310000105　记账柜员：000034　交易代码：52142　　渠道：网上银行

附言：

支付交易序号：98898315　报文种类：大客户发起转账业务　委托日期：2020-06-19

业务类型：电汇凭证

本回单为第1次打印，注意重复　打印日期：2020年06月19日　打印柜员：9　验证码：BBGT243A1005

农行重庆大学城支行
2020年06月19日
回单

【业务 32】

32－1

重庆市增值税电子普通发票

发票代码：05001700226

发票号码： 36023901

开票日期：2020 年 06 月 19 日

校 验 码：09883 78453 22333

机器编号：499089970078966

购货单位	名　　称：重庆兴俊有限责任公司 纳税人识别号：500106500040000 地 址、电 话：重庆市陈家桥镇 1136 号 83930000 开户行及账号：工行陈家桥营业部 9988900018006767025			密码区	517766<98/198533204+<<<-123 63<+64<->876*98</8765*369+/ />+216>2>7/3-+47561<>786-/2 +782-/5432<4*-34>>>+923*345		
货物或应税劳务的名称	车牌号	类型	通行日期起	通行日期起	金额	税率	税额
道路通行费	渝 DQM534	客车	20190612	20190612	1747.57	3%	52.43
合计					¥1747.57		¥52.43
价税合计(大写)	壹仟捌佰元整				（小写）¥1800.00		
销货单位	名　　称：重庆渝合高速公路有限公司 纳税人识别号：5671075438655983 地 址、电 话：重庆市两江新区双彬 1 路 21 号 57694221 开户行及账号：工商银行两江新区分行 6686553320998445231			备注			

收款人：　　复核：　　开票人：王军　　销货单位（章）

【业务 33】

33－1

重庆增值税专用发票

5000867688　　No. 0126578

记 账 联

开票日期：2020 年 06 月 20 日

购货单位	名　　称：北京群余有限责任公司 纳税人识别号：544336000BJS 地 址、电 话：北京建新路 489A 号 01066550000 开户行及账号：建行昌平北环路营业部 4718559800003200JHC			密码区	517766<98/198533204+<<<-100 63<+64<->876*98</8765*369+/ />+216>2>7/3-+47561<>786-/2 +782-/5432<4*-34>>>+923*300		
货物或应税劳务的名称	规格型号	单位	数量	单价	金额	税率	税额
实木套装门		套	200	1480.00	296000.00	13%	38480.00
复合套装门		套	300	680.00	204000.00	13%	26520.00
合计					¥500000.00		¥65000.00
价税合计(大写)	ⓧ伍拾陆万伍仟圆整				（小写）¥565000.00		
销货单位	名　　称：重庆兴俊有限责任公司 纳税人识别号：500106500040000 地 址、电 话：重庆市陈家桥镇 1136 号 023-83930000 开户行及账号：工行陈家桥营业部 9988900018006767025			备注			

收款人：　　复核：　　开票人：肖晓　　销货单位（章）

第一联：记账联　销货方记账凭证

33 －2

出 库 单

2020 年 6 月 20 日

领货部门：销售部　　　　仓库：产成品库　　单号：4

材料名称	规格型号	计量单位	出库数量	金额
实木套装门		套	200	
复合套装门		套	300	

第三联交财务科

库管员：肖晓　　　　领货人：胡光一

【业务 34】

34 －1

5001064453　　**重庆市增值税专用发票**　　No. 5012692453

发票联　　开票日期：2020 年 06 月 20 日

购货单位	名　　称：重庆兴俊有限责任公司 纳税人识别号：500106500040000 地 址、电 话：重庆市陈家桥镇 1136 号 83930000 开户行及账号：工行陈家桥营业部 9988900018006767025				密码区	517766<98/198533204+<<<-1278 63<+64<->876*98</8765*369++4 />+216>2>7/3-+47561<>786-/00 +782-/5432<4*-34>>>+923##777	
货物或应税劳务的名称	规格型号	单位	数量	单价	金额	税率	税额
*广告服务*广告费				10000.00	10000.00	6%	600.00
合计					¥10000.00		¥600.00
价税合计(大写)	ⓧ壹万零陆佰元整				（小写）¥10600.00		
销货单位	名　　称：重庆顺而广传媒有限公司 纳税人识别号：577888853346734 地 址、电 话：沙坪坝区凤天路 134 号附 1 789332513 开户行及账号：工行大渡口支行 3346345787956782				备注		

收款人：　　复核：　　开票人：蒋韵　　销货单位（章）：

第三联：发票联 购货方记账凭证

34－2

中国工商银行 （渝）

转账支票存根

ⅨⅡ30121479

附加信息____________________

出票日期 2020 年 6 月 20 日

收款人：	重庆顺而广传媒有限公司
金　额：	¥10600.00
用　途：	广告费
备　注：	

单位主管：钱银冠　会计：孙微

【业务 35】

35－1

中国工商银行

大额支付入账通知书

付款方户名：北京群余有限责任公司
付款方账号：4718559800003200JHC
付款方开户行：建行昌平北环路营业部
收款方户名：重庆兴俊有限责任公司
收款方账号：9988900018006767025
收款方开户行：工行陈家桥营业部
入账日期：20200621　小写金额：365000.00　大写金额：叁拾陆万伍仟元整
报单日期：20200621　币种：人民币
发起行行号：1052
发起行名称：建行昌平北环路营业部
接收行行号：6105
接收行名称：工行陈家桥营业部
附言：补付货款
支付交易序号：322779　业务种类：汇兑-普通汇兑
交易种类：大额　受托凭证日期：20200621　受托凭证号码：27033030

中国工商银行股份有限公司
陈家桥营业部
2020 年 6 月 21 日
转讫

打印日期：20200621　行号：　打印柜员：7578　页码：[1]

【业务 36】

36 － 1

5001065045　　**重庆市增值税普通发票**　　No. 5000692228

发 票 联

开票日期：2020 年 06 月 21 日

购货单位	名　　称：重庆兴俊有限责任公司 纳税人识别号：500106500040000 地 址、电 话：重庆市陈家桥镇 1136 号 023-83930000 开户行及账号：工行陈家桥营业部 9988900018006767025	密码区	517766<98/198533204+<<<-12333 63<+64<->876*98</8765*369+##8 />+216>2>7/3-+47561<>786-/@22 +782-/5432<4*-34>>>+923*67911

货物或应税劳务的名称	规格型号	单位	数量	单价	金额	税率	税额
蜜粽		打	21	100.00	2100.00	13%	274.00
合计					¥2100.00		¥273.00

价税合计（大写）	ⓧ贰仟叁佰柒拾叁圆整	（小写）¥2373.00

销货单位	名　　称：新世纪百货有限公司 纳税人识别号：500345565862784 地 址、电 话：沙坪坝区三峡广场三峡支路 18 号 85443366 开户行及账号：工商银行三峡广场支行 6787789833209988345	备注	新世纪百货有限公司 500345565862784 发票专用章

收款人：　　　复核：　　　开票人：陈晶

第三联：发票联　购货方记账凭证

36 － 2

中国工商银行(渝)

转账支票存根

IX II 30121479

附加信息＿＿＿＿＿＿＿＿

出票日期 2020 年 6 月 21 日

收款人：	新世纪百货有限公司
金　额：	¥2373.00
用　途：	货款
备　注：	

单位主管：钱银冠　会计：孙微

【业务 37】

37 － 1

重庆兴俊有限责任公司福利发放单

内容：蜜粽　**来源**：外购　**享受部门**：全单位

姓名	领用签字
钱银冠	钱银冠
赵大仁	赵大仁
杨姗姗	杨姗姗
上官月	上官月
孙傲	孙傲
肖晓	肖晓
赵淼	赵淼
郭开心	郭开心
宋流连	宋流连
伍芳莲	伍芳莲
吴张双	吴张双
蔡玲林	蔡玲林
钱可放	钱可放
龚旭东	龚旭东
魏周宝	魏周宝
李涛晨	李涛晨
周洁好	周洁好
肖晨霞	肖晨霞
张青平	张青平
胡光一	胡光一
周浩	周浩

单位负责人：钱银冠　主管：上官月　财务：孙傲　库管：肖晓

【业务 38】

38 －1

重庆市增值税电子普通发票

发票代码：05001700212
发票号码： 36024908
开票日期：2020 年 06 月 23 日
机器编号：499089970078965
校 验 码：09883 78453 22334

购货单位	名　　称：重庆兴俊有限责任公司 纳税人识别号：500106500040000 地 址、电 话：重庆市陈家桥镇 1136 号 83930000 开户行及账号：工行陈家桥营业部 9988900018006767025	密码区	517766<98/198533204+<<<-123 63<+64<->876*98</8765*369+/ />+216>2>7/3-+47561<>786-/2 +782-/5432<4*-34>>>+923*345

货物或应税劳务的名称	规格型号	单位	数量	单价	金额	税率	税额
*电信服务*基础电信服务	无	期	1	1834.86	1834.86	9%	165.14
合计					¥1834.86		¥165.14
价税合计(大写)	贰仟元整				（小写） ¥2000.00		

销货单位	名　　称：中国电信股份有限公司重庆分公司 纳税人识别号：500234543862754 地 址、电 话：重庆市巴南区易学路 6 号 887867754 开户行及账号：工商银行巴南区分行 6684883320998898782	备注	中国电信股份有限公司重庆分公司 500234543862754 发票专用章

收款人：　　复核：　　开票人：杨洋　　销货单位（章）：

38 －2

业务回单（付款）

日期：2020 年 06 月 23 日
回单编号：19002899730
付款人户名：重庆兴俊有限责任公司　　付款人开户行：工行陈家桥营业部
付款人账号：9988900018006767025
收款人户名：中国电信股份有限公司重庆分公司　　收款人开户行：工商银行巴南区分行
收款人账号：6684883320998898782
金额：贰仟元整　　小写：2000.00 元
业务（品种）种类： 同行发报 凭证种类：0000000　　凭证号码：000000000000000
摘要：电话费　　用途：　　币种：人民币
交易机构：0310000105 记账柜员：000034 交易代码：52139 渠道:网上银行

附言：
支付交易序号：98898314 报文种类：大客户发起汇兑业务 委托日期：2020-06-23
业务类型：普通汇兑

中国工商银行重庆陈家桥支行
自助回单机专用章

本回单为第 1 次打印，注意重复　打印日期：2020 年 06 月 23 日　打印柜员：9　验证码：BBGT43A1005

【业务 39】

39 －1

5000867656　　　　**重庆增值税专用发票**　　　　No. 01264234

记 账联　　　　开票日期：2020 年 06 月 23 日

购货单位	名　　称：广西通亚有限责任公司 纳税人识别号：477399777LZS 地 址、电 话：柳州兴通大道 68S 号 07717878000 开户行及账号：工行兴宁广阳营业部 6222777788889898NNX	密码区	517766<98/198533204+<<<-100 63<+64<->876*98</8765*369+/ />+216>2>7/3-+88927482947+87 +7387<78497482

货物或应税劳务的名称	规格型号	单位	数量	单价	金额	税率	税额
实木套装门		套	400	1550.00	620000.00	13%	80600.00
合计					¥620000.00		¥80600.00
价税合计（大写）	ⓧ柒拾万零陆佰圆整				（小写）¥700600.00		

销货单位	名　　称：重庆兴俊有限责任公司 纳税人识别号：500106500040000 地 址、电 话：重庆市陈家桥镇 1136 号 023-83930000 开户行及账号：工行陈家桥营业部 9988900018006767025	备注	重庆兴俊有限责任公司 500106500040000 发票专用章

收款人：　　　复核：　　　开票人：肖晓　　　销货单位（章）：

第一联：记账联　销货方记账凭证

39 －2

出 库 单

2020 年 6 月 23 日

领货部门：销售部　　　　仓库：产成品库　　　单号：5

材料名称	规格型号	计量单位	出库数量	金额
实木套装门		套	400	

库管员：肖晓　　　　领货人：胡光一

第三联交财务科

【业务 40】

40－1

投资协议

接受投资单位：重庆兴俊有限责任公司（甲方）

投资单位：重庆新鑫有限责任公司（乙方）

甲乙双方为了实现合作共盈的理念，现协议如下：

（1）未经甲方同意，乙方不得随意抽回投资。

（2）乙方以一项非专利技术追加投资，该项非专利技术的评估价值为 150 万元，开具增值税专用发票一张，投资后占有甲方注册资本的金额为 150 万元，并按此享受年利润的分配。

甲方（盖章）：重庆兴俊有限责任公司　　冠钱印银

法人代表：

日期：2020 年 06 月 24 日

乙方（盖章）：重庆新鑫有限责任公司　　之邓印文

法人代表：

日期：2020 年 06 月 24 日

40－2

5001065042　　**重庆增值税专用发票**　　No. 5000692218

发票联

开票日期：2020 年 06 月 24 日

购货单位	名　　称：重庆兴俊有限责任公司 纳税人识别号：500106500040000 地 址、电 话：重庆市陈家桥镇 1136 号 83930000 开户行及账号：工行陈家桥营业部 998890001800676 7025			密码区	517766<98/198533204+<<<-123 63<+64<->876*98</8765*369+/ />+216>2>7/3-+47561<>786-/2 +782-/5432<4*-34>>>+923*345		
货物或应税劳务的名称	规格型号	单位	数量	单价	金额	税率	税额
非专利技术			1	1500000.00	1500000.00	6%	90000.00
合计					¥1500000.00		¥90000.00
价税合计（大写）	ⓧ壹佰伍拾玖万整				（小写）¥1590000.00		
销货单位	名　　称：重庆新鑫有限责任公司 纳税人识别号：500107543862784 地 址、电 话：李家沱花溪工业园区立松路 8 号 87794455 开户行及账号：工商银行花溪工业园区分行 6687883320998854345			备注	重庆新鑫有限责任公司 500107543862784 发票专用章		

收款人：　　复核：　　开票人：游敏　　销货单位（章）：

第三联：发票联　购货方记账凭证

【业务 41】

41 －1

差旅费报销单

部门：行政部　　2020 年 06 月 24 日　　NO. 003

日期	出发地	到达地	市内交通补助		伙食补贴		车（船）票	住宿费	其他	合计金额
			天数	金额	天数	金额				
6.21-6.23	重庆	北京	3	180.00	3	390.00	824.00	530.00		1924.00
合　计			人民币（大写）　壹仟玖佰贰拾肆元整							¥1924.00

附单据 3 张

现金付讫

领导审批：钱银冠　　财务主管：上官月　　出纳：肖晓　　报销人：赵大仁

41 －2

重庆市客运专用发票

发票代码：47103330471　　发票号码：32517787　　重庆市汽车站

全国统一发票监制章 重庆市地方税务局

到　站				发车日期时间			车次	车牌号
西安				2020-6-21　08:00			511B	
座号	车型	检票口	票种	票价	燃油费	站务费		票价合计
1		1	全	412.00	0.00	0.00		412.00 元

旅客信息：赵大仁　500109********8965

票号：100005526577

请您核对票面信息

收款单位（盖章）：

重庆市汽车站 5001065033345 发票专用章

报销凭证

41－3

北京市客运专用发票

发票代码：26122123456　　发票号码：02344235　　北京市汽车站

到站				发车日期/时间			车次	车牌号
重庆				2020-6-23　10:00			455	
座号	车型	检票口	票种	票价	燃油费	站务费		票价合计
2		6	全	412.00	0.00	0.00		412.00 元

旅客信息：赵大仁 500109********8965

票号：10002345657677

请您核对票面信息　　收款单位（盖章）：

报销凭证

41－4

北京市增值税普通发票（卷票）

发票联

发票代码：252345600205

发票号码：00223123

机 打 号：1232342

机器编号：0181220223334

行业分类：服务业

收款单位：北京市途锐商务酒店

纳税人识别号：5001065012343

开票日期：2020-06-23

购买方名称：重庆兴俊有限责任公司

纳税人识别号：500106500040000

经营项目	单价	数量	金额
*生活服务*住宿费	530.00	1	530.00

合计（小写）：¥530.00

合计（大写）：伍佰叁拾元整

【业务 42】

42－1

费 用 报 销 单

部门：行政部　　　　2020 年 06 月 26 日　　　　编号:1487

名　　称	金　　额	结 算 方 式
业务招待费	3500.00	5.冲借款______元 6.转账______元 7.汇款______元 8.现金付讫 3500 元
合计：（大写）叁仟伍佰元整		

现金付讫

单位负责人 钱银冠　　主管：上官月　　复核：孙微　　出纳：肖晓　　报销人：赵大仁

42－2

重庆市增值税普通发票（卷票）

发票联

全国统一发票监制章 重庆市 地方税务局监制

发票代码：252345600304

发票号码：00222345

机 打 号：1232980

机器编号：0181220223890

行业分类：服务业

收款单位：重庆市融汇大酒店

纳税人识别号：5001065012343

开票日期：2020-06-26

购买方名称：重庆兴俊有限责任公司

纳税人识别号：500106500040000

经营项目	单价	数量	金额
*生活服务*餐饮费	3500.00	1	3500.00

重庆市融汇大酒店 5001065012343 发票专用章

合计（小写）：¥3500

合计（大写）：叁仟伍佰元整

【业务 43】

43 - 1

关于重庆达顺油漆有限公司的账款的处理批复

公司财务部：

经研究决定，2020年06月26日的财产清查，其清查结果按以下决定核销：

应付重庆达顺油漆有限公司的账款因对方公司倒闭，无法支付，予以转销，批准作为营业外收入。

重庆兴俊有限责任公司

2020 年 06 月 26 日

【业务 44】

44 - 1

重庆市增值税电子普通发票

成品油

发票代码：05001700222

发票号码： 36023901

开票日期：2020 年 06 月 36 日

机器编号：499089970078966

校 验 码：09883 78453 22333

购货单位	名　　称：重庆兴俊有限责任公司 纳税人识别号：500106500040000 地 址、电 话：重庆市陈家桥镇 1136 号 83930000 开户行及账号：工行陈家桥营业部 9988900018006767025	密码区	517766<98/198533204+<<<-123 63<+64<->876*98</8765*369+/ />+216>2>7/3-+47561<>786-/2 +782-/5432<4*-34>>>+923*345

货物或应税劳务的名称	规格型号	单位	数量	单价	金额	税率	税额
*汽油*92 号 车用汽油	92#	升	307.522	7.20	2214.16	13%	285.84
合计					¥2214.168		¥285.84
价税合计(大写)	贰仟伍佰元整				(小写)¥2500.00		

销货单位	名　　称：中国石油重庆渝油通有限公司 纳税人识别号：5671075438655673 地 址、电 话：重庆市两江新区双彬 1 路 2 号 57694334 开户行及账号：工商银行两江新区分行 6686553320998445914	备注	

收款人：　　复核：　　开票人：　刘淼　　销货单位(章)：

44 －2

中国工商银行 （渝）

转账支票存根

ⅨⅡ30121479

附加信息________________

出票日期 2020 年 6 月 26 日

收款人：	中国石油重庆渝油通有限公司
金　额：	¥2500.00
用　途：	油费
备　注：	

单位主管：钱银冠　会计：孙微

【业务 45】

45 －1

5007645343　　**重庆增值税普通发票**　　No. 6774534

（全国统一发票监制章　国家税务总局监制）

记 账 联　　开票日期：2020 年 06 月 27 日

购货单位	名　　称：甘肃希成有限责任公司 纳税人识别号：455009777LZS 地 址、电 话：兰州上海路 48X 号 09317777000 开户行及账号：民生银行安宁支行 7333456788994444MSA	密码区	517766<98/198533204+<<<-100 63<+64<->876*98</8765*369+/ />+216>285778678-<>786-/2 +782-/5432<48968-8680

货物或应税劳务的名称	规格型号	单位	数量	单价	金额	税率	税额
*技术研发服务*产品研发服务					94339.62	6%	5660.38
合计					¥94339.62		¥5660.38
价税合计(大写)	ⓧ壹拾万圆整				（小写）¥100000.00		

销货单位	名　　称：重庆兴俊有限责任公司 纳税人识别号：500106500040000 地 址、电 话：重庆市陈家桥镇 1136 号 023-83930000 开户行及账号：工行陈家桥营业部 9988900018006767025	备注	（重庆兴俊有限责任公司 500106500040000 发票专用章）

收款人：　　复核：　　开票人：肖晓　　销货单位（章）：

第一联：记账联　销货方记账凭证

45 －2

中国工商银行陈家桥营业部进账单（回单）

2020年06月27日　　NO. 3486

汇款人	全　称	甘肃希成有限责任公司	收款人	全　称	重庆兴俊有限责任公司
	账　号	6222876533314788GHG		账　号	9988900018006767025
	开户银行	工行广州南沙区支行		开户银行	工行陈家桥营业部

	千	百	十	万	千	百	十	元	角	分
人民币（大写）壹拾万元整		¥	1	0	0	0	0	0	0	0

票据种类	转账支票	中国工商银行陈家桥营业部 2020年06月27日 转讫 收款人开户行盖章
票据张数	1张	
单位主管　会计 复核　记账		

【业务46】

46 －1

508698976757　　**重庆增值税专用发票**　　No. 6576778

全国统一发票监制章 国家税务总局监制

记 账 联　　开票日期：2020年06月27日

购货单位	名　　称：广西通亚有限责任公司 纳税人识别号：477399777LZS 地 址、电 话：柳州兴通大道685号 07717878000 开户行及账号：工行兴宁广阳营业部 6222777788889898NNX			密码区	517766<98/198533204+<<<-100 63<+64<->876*98</8765*369+/ />+216>285778678-<>786-/2 +782-/5432<48968-8680		
货物或应税劳务的名称	规格型号	单位	数量	单价	金额	税率	税额
实木套装门		套	-20	1550.00	-31000.00	13%	-4030.00
合计					¥-31000.00		¥-4030.00
价税合计（大写）	ⓧ负叁万伍仟零叁拾圆整				（小写）¥-35030.00		
销货单位	名　　称：重庆兴俊有限责任公司 纳税人识别号：500106500040000 地 址、电 话：重庆市陈家桥镇1136号 023-83930000 开户行及账号：工行陈家桥营业部 9988900018006767025			备注	重庆兴俊有限责任公司 500106500040000 发票专用章		

收款人：　　复核：　　开票人：肖晓　　销货单位（章）：

第一联：记账联　销货方记账凭证

46－2

产品入库单

2020 年 6 月 30 日

送存部门：销售部　　　　　　　　仓库：产成品库　　单号：01

产品名称	计量单位	入库数量	金额
实木套装门	套	20	

第三联交财务科

库管员：肖晓　　　　　　　　送存人：胡光一

46－3

业务回单（付款）

日期：2020 年 06 月 27 日
回单编号：19002899967
付款人户名：重庆兴俊有限责任公司　　　　付款人开户行：工行陈家桥营业部
付款人账号：9988900018006767025
收款人户名：广西通亚有限责任公司　　　　收款人开户行：工商银行巴南区分行
收款人账号：6222777788889898NNX
金额：叁万伍仟零叁拾元整　　　　小写：35030.00 元
业务（品种）种类：　同行发报　凭证种类：0000000　　凭证号码：000000000000000
摘要：电话费　　用途：　　　　币种：人民币
交易机构：0310000105 记账柜员：000034 交易代码：52139　渠道:网上银行

附言：
支付交易序号：98898366 报文种类：大客户发起汇兑业务 委托日期：2020-06-27
业务类型：普通汇兑

自助回单机专用章
(867)

本回单为第 1 次打印，注意重复　打印日期：2020 年 06 月 27 日　打印柜员：6　验证码：BBGT243A100

【业务47】

47－1

5001065123　　重庆市增值税专用发票　　No. 5000666719

发票联

开票日期：2020年06月28日

购货单位	名　　称：重庆兴俊有限责任公司 纳税人识别号：500106500040000 地 址、电 话：重庆市陈家桥镇1136号 023-83930000 开户行及账号：工行陈家桥营业部 9988900018006767025	密码区	517766<98/198533204+<<<-55%% 63<+64<->876*98</8765*369+// />+216>2>7/3-+47561<>786-/66 +782-/5432<4*-34>>>+923*3458

货物或应税劳务的名称	规格型号	单位	数量	单价	金额	税率	税额
水费	非居民用水	立方米	6500	3.35	21775.00	13%	2830.75
合计					¥21775.00		¥2830.75
价税合计（大写）	ⓧ贰万肆仟陆佰零伍圆柒角伍分				（小写）¥24605.75		

销货单位	名　　称：重庆沙坪坝水务有限公司 纳税人识别号：500345565844563 地 址、电 话：重庆市沙坪坝区小龙坎街道路145号 87553344 开户行及账号：工商银行沙坪坝支行 6787789833209985679	备注	重庆沙坪坝水务有限公司 500345565844563 发票专用章

收款人：　　复核：　　开票人：张华　　销货单位（章）：

第三联：发票联 购货方记账凭证

47－2

用水消耗统计表

2020年6月

受益部门	用水量（吨）	单价	金额
生产部门	4900	3.35	
管理部门	1000	3.35	
销售部门	600	3.35	
合计	6500		

主管：上官月　　审核：孙微　　统计制表：赵森

47 －3

业务回单（付款）

日期：2020 年 06 月 28 日
回单编号：19002897898
付款人户名：重庆兴俊有限责任公司　　　　付款人开户行：工行陈家桥营业部
付款人账号：9988900018006767025
收款人户名：重庆沙坪坝水务有限公司　　　　收款人开户行：工商银行沙坪坝支行
收款人账号：6787789833209985679
金额：贰万肆仟陆佰零伍元柒角伍分　　　　小写：24605.75 元
业务（品种）种类：　同行发报　凭证种类：0000001　　凭证号码：0000000000003450
摘要：水费　　　用途：　　　　　　　　　币种：人民币
交易机构：0310000107 记账柜员：000577 交易代码：52768　渠道:网上银行

附言：
支付交易序号：98898314 报文种类：大客户发起汇兑业务 委托日期：2020-06-28
业务类型：普通汇兑

自助回单机专用章

本回单为第 1 次打印，注意重复　　打印日期：2020 年 06 月 28 日　　打印柜员：2　验证码：BBGT243A19785

【业务 48】

48 －1

5001065047　　　　**重庆市增值税专用发票**　　　　No. 5000691176

发票联

开票日期：2020 年 06 月 28 日

购货单位	名　　称：重庆兴俊有限责任公司 纳税人识别号：500106500040000 地 址、电 话：重庆市陈家桥镇 1136 号 023-83930000 开户行及账号：工行陈家桥营业部 9988900018006767025	密码区	517766<98/198533204+<<<-666#@ 63<+64<->876*98</8765*369+//0 />+216>2>7/3-+47561<>786-/7*9 +782-/5432<4*-34>>>+900/**888

货物或应税劳务的名称	规格型号	单位	数量	单价	金额	税率	税额
电费	工业用电	度	45000	0.75	33750.00	13%	4387.50
合计					¥33750.00		¥4387.50
价税合计(大写)	ⓧ叁万捌仟壹佰叁拾柒圆伍角整				（小写）¥38137.50		

销货单位	名　　称：国网重庆电力有限公司沙坪坝分公司 纳税人识别号：500345565867788 地 址、电 话：重庆市沙坪坝区沙滨路 18 号 87432211 开户行及账号：工商银行沙坪坝支行 6787789833209981231	备注	国网重庆电力有限公司沙坪坝分公司 500345565867788 发票专用章

收款人：　　　复核：　　　开票人：刘升　　　销货单位（章）：

第三联：发票联　购货方记账凭证

48 －2

电量消耗统计表

2020 年 6 月

受益部门	用电量（度）	单价	金额
生产部门	31000	0.75	
管理部门	11000	0.75	
销售部门	3000	0.75	
合计	45000		

主管：上官月　　审核：孙 微　　统计制表：赵 森

48 －3

业务回单（付款）

日期：2020 年 06 月 28 日
回单编号：19002865776
付款人户名：重庆兴俊有限责任公司　　付款人开户行：工行陈家桥营业部
付款人账号：9988900018006767025
收款人户名：国网重庆电力有限公司沙坪坝分公司　　收款人开户行：工商银行沙坪坝支行
收款人账号：6787789833209981231
金额：叁万捌仟壹佰叁拾柒元伍角整　　小写：38137.50 元
业务（品种）种类：同行发报 凭证种类：0000001　　凭证号码：0000000000005656
摘要：电费　　用途：　　币种：人民币
交易机构：031000089 记账柜员：00067 交易代码：526758　渠道:网上银行

附言：
支付交易序号：98898314 报文种类：大客户发起汇兑业务 委托日期：2020-06-28
业务类型：普通汇兑

本回单为第 1 次打印，注意重复　打印日期：2020 年 06 月 28 日　打印柜员：4　验证码：BBGT243A8678

中国工商银行重庆陈家桥支行
自助回单机专用章
（267）

【业务 49】

49－1

收　　据

2020 年 6 月 28 日　　　　No. 1017567

交款单位名称

（或姓名）　销售部李浩

交　来　10 套复合套装门的零售收入

人　民　币　（大写）柒仟元整　　¥7000.00

备　注

复核：　　出纳：肖晓　　经手人：周浩

现金收讫

财务专用章

49－2

出 库 单

2020 年 6 月 28 日

领货部门：销售部　　仓库：产成品库　　单号：6

材料名称	规格型号	计量单位	出库数量	金额
复合套装门		套	10	

第三联交财务科

库管员：肖晓　　领货人：胡光一

【业务 50】

50 – 1

中国工商银行 现金存款凭证（四联式）

2020 年 6 月 28 日

客户填写	收款人名称	重庆兴俊有限责任公司	收款人开户银行	工行陈家桥营业部
	收款人账号	9988900018006767025	款项来源	现金收入
	交款金额	人民币（大写）柒仟元整		亿 千 百 十 万 千 百 十 元 角 分 ¥ 7 0 0 0 0 0
银行打印	收款人名称	重庆兴俊有限责任公司	中国工商银行股份有限公司 陈家桥营业部 2020.06.28 业务核算章	
	收款人账号	9988900018006767025		
	交款金额	CNY7000.00		
	交易日期	2020.06.23	复核：	经办 1578

银行收款打印后，交款人确认 肖晓

【业务 51】

51 – 1

5001065099 黑龙江省增值税专用发票 No. 5000692123

全国统一发票监制章 黑龙江 国家税务总局监制

发 票 联

开票日期：2020 年 06 月 29 日

购货单位	名 称：重庆兴俊有限责任公司 纳税人识别号：500106500040000 地 址、电 话：重庆市陈家桥镇 1136 号 83930000 开户行及账号：工行陈家桥营业部 9988900018006767025			密码区	517766<98/198533204+<<<-12690 63<+64<->876*98</8765*369+//# />+216>2>7/3-+47561<>786-/220 +782-/5432<4*-34>>>+923*34556		
货物或应税劳务的名称	规格型号	单位	数量	单价	金额	税率	税额
指接板		张	2000	120.00	240000.00	13%	31200.00
指接板					-24000.00	13%	-3120.00
合计					¥216000.00		¥28080.00
价税合计（大写）	ⓧ贰拾肆万肆仟零捌拾元整				（小写）¥244080.00		
销货单位	名 称：黑龙江开周木业有限公司 纳税人识别号：555677333HJM 地 址、电 话：黑龙江佳木斯 5689J 04546666200 开户行及账号：交通银行佳木斯营业部 3214660077886666JMS			备注	订单号 8796726742 黑龙江开周木业有限公司 555677333HJM 发票专用章		

收款人： 复核： 开票人：毛明博 销货单位（章）

第三联：发票联 购货方记账凭证

51－2

收　料　单

收料仓库：原材料库　　2020 年 06 月 29 日　　收料单编号：190605

材料名称	单位	数　量		单价	材料金额	运杂费	实际成本
		应收数	实收数				
指接板	张	2000	2000	108.00	216000.00		216000.00
合　计							¥216000.00
备　注							

主管：肖晨霞　　质量检验员：张青华　　入库验收：杨　华　　仓库保管：秦国立

【业务 52】

52－1

现金盘点表

单位名称：重庆兴俊有限责任公司　　2020 年 6 月 29 日

实存金额	账存金额	清查结果		备注
		盘盈	盘亏	
14696.00	14846.00		150.00	

盘点人（签章）：孙微　　出纳员（签章）：肖晓

【业务 53】

53 －1

现金盘点报告表

单位名称：重庆兴俊有限责任公司　　2020 年 6 月 29 日

实存金额	账存金额	清查结果		备注
		盘盈	盘亏	
14696.00	14846.00		150.00	
处理意见： 出纳保管不善，由其赔偿。 钱琅冠 2020 年 6 月 29 日				

重庆兴俊有限责任公司

【业务 54】

54 －1

中国工商银行　**借款利息清单**

科目：　　　　　　　　　　2020 年 06 月 30 日

贷款户账号	998890001800676 7025	结算户账号	9988900018006767025
户名	重庆兴俊有限责任公司		
计息起讫日期	2020 年 6 月 1 日—2020 年 6 月 30 日		
计息总积数		利率	利息金额
200000.00		6%	1000

中国工商银行股份有限公司重庆花溪工业园区支行
2020 年 6 月 30 日
讫

【业务55】(尾差计入最后一个项目)

55－1

领料凭证汇总表

类别 用途	成品木方（立方米）	金额	木方（立方米）	金额	指接板（张）	金额	油漆（公斤）	金额	合计
生产实木套装门	45						500		
生产复合套装门			40		100		300		
委托加工	10						200		
车间一般耗用							50		
合计	55		40		100		1050		

主管：上官月　　　审核：上官月　　　制表人：孙傲

55－2

包装物领用汇总表

类别 用途	三层纸板（套）	金额	五层纸板（套）	金额	打包带（卷）	金额	合计
生产实木套装门			200		150		
生产复合套装门	300				120		
委托加工	20				40		
车间一般耗用			20		50		
合计	320		220		360		

主管：上官月　　　审核：上官月　　　制表人：孙傲

55－3

领　料　单

2020年6月10日

领料部门：生产车间　　用途：实木套装门　　仓库：原材料库　　单号：102

材料名称	规格型号	计量单位	出库数量	金额
成品木方		立方米	45	
油漆		公斤	500	

第三联交财务科

库管员：肖晓　　　领料人：赵森

55－4

领　料　单

2020年6月18日

领料部门：生产车间　　用途：复合套装门　　仓库：原材料库　　单号：103

材料名称	规格型号	计量单位	出库数量	金额
木方		立方米	40	
指接板		张	100	
油漆		公斤	300	

第三联交财务科

库管员：肖晓　　　　领料人：赵森

55－5

领　料　单

2020年6月18日

领料部门：生产车间　　用途：一般耗用　　仓库：原材料库　　单号：104

材料名称	规格型号	计量单位	出库数量	金额
油漆		公斤	50	

第三联交财务科

库管员：肖晓　　　　领料人：赵森

55－6

领　料　单

2020年6月19日

领料部门：生产车间　　用途：实木套装门　　仓库：周转材料库　　单号：202

材料名称	规格型号	计量单位	出库数量	金额
五层纸板		套	200	
打包带		卷	150	

第三联交财务科

库管员：肖晓　　　　领料人：赵森

55 – 7

领　料　单

2020 年 6 月 20 日

领料部门：生产车间　　用途：复合套装门　　仓库：周转材料库　　单号：203

材料名称	规格型号	计量单位	出库数量	金额
三层纸板		套	300	
打包带		卷	120	

第三联交财务科

库管员：肖晓　　　　领料人：赵淼

55 – 8

领　料　单

2020 年 6 月 23 日

领料部门：生产车间　　用途：一般耗用　　仓库：周转材料库　　单号：204

材料名称	规格型号	计量单位	出库数量	金额
五层纸板		套	20	
打包带		卷	50	

第三联交财务科

库管员：肖晓　　　　领料人：赵淼

【业务 56】

56 – 1

产品入库单

2020 年 6 月 30 日

送存部门：委托加工　　仓库：产成品库　　单号：02

材料名称	计量单位	入库数量	金额
实木套装门	套	100	

第三联交财务科

库管员：肖晓　　　　送存人：赵淼

【业务 57】

57 －1

重庆兴俊有限责任公司2020年6月工资计算表															
部门	姓名	基本工资	津贴	奖金	请假扣款	应发合计	医疗保险+生育（2%+5）	养老保险（8%）	失业保险（0.5%）	住房公积金（8%）	税前工资	个税专项附加扣除	计税基础	代扣税	实发合计
行政部	钱银冠	8000	2000	1000	0	11000	225	880	55	880	8960	1000	7960	88.8	8871.2
	赵大仁	3500	1500	1000	0	6000	125	480	30	480	4885	1000	3885	0	4885
	杨姗姗	3500	1500	1200	0	6200	129	496	31	496	5048	1000	4048	0	5048
	合计	15000	5000	3200	0	23200	469	1856	116	1856	18903	3000	15903	88.8	18814.2
财务部	上官月	4000	1300	1000	0	6300	131	504	31.5	504	5129.5	1500	3629.5	0	5129.5
	孙傲	4000	1300	1000	-20	6280	130.6	502.4	31.4	502.4	5113.2	1500	3613.2	0	5113.2
	肖晓	4500	1300	1000	0	6800	141	544	34	544	5537	1000	4537	0	5537
	合计	12500	3900	3000	-20	19380	392.6	1550.4	96.9	1550.4	15789.7	4000	11789.7	0	15789.7
生产部	赵淼	3800	1800	1200	-40	6760	140.2	540.8	33.8	540.8	5504.4	1500	4004.4	0	5504.4
	郭开心	3800	1800	2000	0	7600	157	608	38	608	6189	2000	4189	0	6189
	宋流连	3800	1800	800	0	6400	133	512	32	512	5211	1500	3711	0	5211
	伍芳莲	3800	1800	900	0	6500	135	520	32.5	520	5292.5	1000	4292.5	0	5292.5
	吴张双	3800	1800	850	0	6450	134	516	32.25	516	5251.75	1000	4251.75	0	5251.75
	蔡玲林	3800	1800	1000	0	6600	137	528	33	528	5374	1000	4374	0	5374
	钱可放	3800	1800	1100	0	6700	139	536	33.5	536	5455.5	1000	4455.5	0	5455.5
	龚旭东	3800	1800	1200	0	6800	141	544	34	544	5537	2000	3537	0	5537
	魏周宝	3800	1800	950	-60	6490	134.8	519.2	32.45	519.2	5284.35	1000	4284.35	0	5284.35
	李涛晨	3800	1800	900	0	6500	135	520	32.5	520	5292.5	1000	4292.5	0	5292.5
	周洁好	3800	1800	1150	0	6750	140	540	33.75	540	5496.25	1000	4496.25	0	5496.25
	合计	41800	19800	12050	-100	73550	1476	5884	367.75	5884	59938.25	14000	45938.25	0	59938.25
采购部	肖晨霞	4000	1000	1600	0	6600	137	528	33	528	5374	1000	4374	0	5374
	张青平	4000	1000	1200	0	6200	129	496	31	496	5048	1000	4048	0	5048
	合计	8000	2000	2800	0	12800	261	1024	64	1024	10427	2000	8427	0	10427
销售部	胡光一	3500	3000	1500	0	8000	165	640	40	640	6515	1000	5515	15.45	6499.55
	周浩	3500	1000	1000	0	5500	115	440	27.5	440	4477.5	1000	3477.5	0	4477.5
	合计	7000	4000	2500	0	13500	275	1080	67.5	1080	10997.5	2000	8997.5	15.45	10982.05
合计		84300	34700	23550	-120	142430	2853.6	11394.4	712.15	11394.4	116075.5	25000	91075.45	104.25	115971.2

【业务 58】

58 －1

重庆兴俊有限责任公司2020年6月五险一金明细表								
部门	姓名	应发合计	医疗保险+生育（10%）	养老保险（16%）	失业保险（0.5%）	工伤保险（0.6%）	住房公积金（8%）	社保和住房公积金合计
行政部	钱银冠	11000	1100	1760	55	66	880	3861
	赵大仁	6000	600	960	30	36	480	2106
	杨姗姗	6200	620	992	31	37.2	496	2176.2
	合计	23200	2320	3712	116	139.2	1856	8143.2
财务部	上官月	6300	630	1008	31.5	37.8	504	2211.3
	孙傲	6280	628	1004.8	31.4	37.68	502.4	2204.28
	肖晓	6800	680	1088	34	40.8	544	2386.8
	合计	19380	1938	3100.8	96.9	116.28	1550.4	6802.38
生产部	赵淼	6760	676	1081.6	33.8	40.56	540.8	2372.76
	郭开心	7600	760	1216	38	45.6	608	2667.6
	宋流连	6400	640	1024	32	38.4	512	2246.4
	伍芳莲	6500	650	1040	32.5	39	520	2281.5
	吴张双	6450	645	1032	32.25	38.7	516	2263.95
	蔡玲林	6600	660	1056	33	39.6	528	2316.6
	钱可放	6700	670	1072	33.5	40.2	536	2351.7
	龚旭东	6800	680	1088	34	40.8	544	2386.8
	魏周宝	6490	649	1038.4	32.45	38.94	519.2	2277.99
	李涛晨	6500	650	1040	32.5	39	520	2281.5
	周洁好	6750	675	1080	33.75	40.5	540	2369.25
	合计	73550	7355	11768	367.75	441.3	5884	25816.05
采购部	肖晨霞	6600	660	1056	33	39.6	528	2316.6
	张青平	6200	620	992	31	37.2	496	2176.2
	合计	12800	1280	2048	64	76.8	1024	4492.8
销售部	胡光一	8000	800	1280	40	48	640	2808
	周浩	5500	550	880	27.5	33	440	1930.5
	合计	13500	1350	2160	67.5	81	1080	4738.5
合计		142430	14243	22788.8	712.15	854.58	11394.4	49992.93

【业务 59】

59 －1

固定资产折旧计算表

2020 年 6 月 30 日

名称	厂房	办公楼	热压机	汽车	打印一体机	电脑	雕刻机	精裁锯	踩台机
残值率	4%	4%	4%	4%	4%	4%	4%	4%	4%
使用部门	生产部	行政部	生产部	销售部	财务部	财务部	生产部	生产部	生产部
入账日期	2014-5-12	2014-5-21	2014-5-18	2014-5-22	2017-6-16	2017-6-1	2014-5-25	2014-5-30	2014-5-26
原值	1 300 000	200 000	624 750	150 000	6 000	5 000	80 000	30 000	8 000
折旧方法	平均年限法	平均年限法	平均年限法	平均年限法	平均年限法	平均年限法	平均年限法	平均年限法	平均年限法
预计使用年限	40 年	40 年	10 年	10 年	5 年	5 年	10年	10年	10年
累计折旧	187 200	28 800	359 856	86 400	3 456	2 880	45440	17040	4544
本月折旧额									

主管：上官月　　　　审核：上官月　　　　制表人：孙微

【业务 60】

60 －1

制造费用分配表

2020 年 6 月　　　　单位：元

分配对象	分配标准（生产工时）	分配率	分配金额
实木套装门	700 小时		
复合套装门	300 小时		
合计			

主管：上官月　　　　审核：上官月　　　　制表：孙微

【业务 61】

61 －1

产品成本计算单

产品：实木套装门　　　　2020 年 6 月 30 日

完工产品数量：500 套　　　　期末在产品数量：

成本项目	期初在产品成本	本月发生成本	生产费用合计	单位成本	完工产品成本	月末在产品成本
直接材料	126000					39613.70
直接人工	30600					24977.75
制造费用	18000					14230.00
合计	180000					78821.45

审核：上官月　　　　编制：孙微

61 －2

产品成本计算单

产品：复合套装门　　　　2020年6月30日

完工产品数量：700套　　　　　　　　期末在产品数量：

成本项目	期初在产品成本	本月发生成本	生产费用合计	单位成本	完工产品成本	月末在产品成本
直接材料	82 530					19183.00
直接人工	23580					6935.54
制造费用	11790					4960.26
合计						

审核：上官月　　　　　　　　编制：孙微

61 －3

产品入库单

2020年6月30日

送存部门：车间　　　　仓库：产成品库　　　单号：03

材料名称	计量单位	入库数量	金额
实木套装门	套	500	
复合套装门	套	700	

第三联交财务科

库管员：肖晓　　　　　　送存人：赵森

【业务62】

62 －1

已售产品成本计算表

2020年6月30日

产品名称	单位	本月销售		
		数量（件）	单位成本	金额
实木套装门	套	1180		
复合套装门	套	810		
合计				

审核：上官月　　　　　　　　编制：孙微

【业务 63】

63－1

增值税计算表

2020年 6月 30 日　　　　　　　单位：元

项目	行次	金 额
本月销项税额	1	
本月进项税额	2	
本月进项税额转出	3	
上期留抵税额	4	
本月应交未交增值税额	5	

审核：上官月　　　　　　　编制：孙微

63－2

发票确认汇总

尊敬的重庆兴俊有限责任公司，税号为998890001800676 7025。

本次为所属期 2020 年 6 月第一次发票勾选确认，共勾选了 17 张发票，其中：

（1）有效勾选发票 17 张；

（2）勾选且发扫描认证发票 17 张；

（3）勾选不可抵扣发票 0 张。

本次有效勾选统计如下：

	数量（份）	金额（元）	税额（元）
增值税专用发票	16	2470074.08	214249.23
机动车发票			
货运发票			
通行费发票	1	1747.57	52.43
合计	17	2471821.598	214301.66

截止本次勾选确认，共确认 1 次，累计勾选 17 张发票，其中：

（1）有效勾选发票 17 张；

（2）勾选且发扫描认证发票 17 张；

（3）勾选不可抵扣发票 0 张。

累计有效勾选统计如下：

	数量（份）	金额（元）	税额（元）
增值税专用发票	16	2470074.08	214249.23
机动车发票			
货运发票			
通行费发票	1	1747.57	52.43
合计	17	2471821.598	214301.66

打印日期：2020-07-16

【业务 64】

64 －1

本月应交城建税及教育费附加计算表

2020 年　6 月　30 日

税　种	计税依据			税率	应纳税金额
	增值税	消费税	合计		
城市维护建设税		—		7%	
教育费附加		—		3%	
地方教育费附加		—		2%	
合　计					

审核：上官月　　　　　　　　编制：[illegible]

【业务 65】

企业所得税计算表

2020年6月　　　　单位：元

项目	行次	金 额
利润总额本年累计数	1	
企业所得税率	2	
应纳税额本年累计数	3	
已预缴应纳税额	4	
本期应预缴应纳税额	5	

审核：上官月　　　　　　　　编制：[illegible]

【业务 66】结转损益

二、重庆兴俊有限责任公司报表填报

资产负债表

年　　月

会小企 01 表

编制单位：

单位：元

资产	行次	期末余额	年初余额	负债和所有者权益	行次	期末余额	年初余额
流动资产：				流动负债：			
货币资金	1			短期借款	31		
短期投资	2			应付票据	32		
应收票据	3			应付账款	33		
应收账款	4			预收账款	34		
预付账款	5			应付职工薪酬	35		
应收股利	6			应交税费	36		
应收利息	7			应付利息	37		
其他应收款	8			应付利润	38		
存货	9			其他应付款	39		
其中：原材料	10			其他流动负债	40		
在产品	11			流动负债合计	41		
库存商品	12			非流动负债：			
周转材料	13			长期借款	42		
其他流动资产	14			长期应付款	43		
流动资产合计	15			递延收益	44		
非流动资产：				其他非流动负债	45		
长期债券投资	16			非流动负债合计	46		
长期股权投资	17			负债合计	47		
固定资产原价	18						
减：累计折旧	19						
固定资产账面价值	20						
在建工程	21						
工程物资	22						
固定资产清理	23						
生产性生物资产	24			所有者权益（或股东权益）：			
无形资产	25			实收资本（或股本）	48		
开发支出	26			资本公积	49		
长期待摊费用	27			盈余公积	50		
其他非流动资产	28			未分配利润	51		
非流动资产合计	29			所有者权益(或股东权益)合计	52		
资产总计	30			负债和所有者权益（或股东权益）总计	53		

利　润　表

年　　月　　　　　　　　　　会小企 02 表

编制单位：　　　　　　　　　　　　　　　　　　　　单位：元

项　　目	行次	本年累计金额	本月金额
一、营业收入	1		
减：营业成本	2		
税金及附加	3≥4+5+6+7+8+9+10		
其中：消费税	4		
营业税	5		
城市维护建设税	6		
资源税	7		
土地增值税	8		
城镇土地使用税、房产税、车船税、印花税	9		
教育费附加、矿产资源补偿费、排污费	10		
销售费用	11≥12+13		
其中：商品维修费	12		
广告费和业务宣传费	13		
管理费用	14≥15+16+17		
其中：开办费	15		
业务招待费	16		
研究费用	17		
财务费用	18≥19		
其中：利息费用（收入以“-”填列）	19		
加：投资收益（亏损以“-”填列）	20		
二、营业利润	21=1-2-3-11-14-18+20		
加：营业外收入	22		
其中：政府补助	23		
减：营业外支出	24≥25+26+27+28+29		
其中：坏账损失	25		
无法回收的长期债券投资损失	26		
无法回收的长期股权投资损失	27		
自然灾害等不可抗力因素造成的损失	28		
税收滞纳金	29		
三、利润总额（亏损总额以“-”号填列）	30=21+22-24		
减：所得税费用	31		
四、净利润（净亏损以“-”号填列）	32=30-31		

任务三　完成重庆兴俊有限责任公司2020年6月纳税申报

一、一般纳税人增值税纳税申报

增值税纳税申报表

（一般纳税人适用）

税款所属期：自　　年　月　日至　　年　月　日　　　填表日期：　　年　月　日　　金额单位：元至角分

纳税人识别号：　　　　　　　　　　　　　　　　　　所属行业：

纳税人名称：　　　　　　　　法定代表人姓名：　　　　注册地址：　　　　　　生产经营地址：

开户银行及账号：　　　　　　登记注册类型：　　　　　　　　　　　　　　　　电话号码：

项　目		栏次	一般项目		即征即退项目	
			本月数	本年累计	本月数	本年累计
销售额	（一）按适用税率计算销售额	1				
	其中：应税货物销售额	2				
	应税劳务销售额	3				
	纳税检查调整的销售额	4				
	（二）按简易办法计税销售额	5				
	其中：纳税检查调整的销售额	6				
	（三）免、抵、退办法出口销售额	7				
	（四）免税销售额	8				
	其中：免税货物销售额	9				
	免税劳务销售额	10				
税款计算	销项税额	11				
	进项税额	12				
	上期留抵税额	13				
	进项税额转出	14				
	免、抵、退应退税额	15				
	按适用税率计算的纳税检查应补缴税额	16				
	应抵扣税额合计	17 = 12 + 13 − 14 − 15 + 16				
	实际抵扣税额	18（如17，<11，则为17，否则为11）				
	应纳税额	19 = 11 − 18				
	期末留抵税额	20 = 17 − 18				
	简易计税办法计算的应纳税额	21				
	按简易计税办法计算的纳税检查应补缴税额	22				
	应纳税额减征额	23				
	应纳税额合计	24 = 19 + 21 − 23				

续表

	项　目	栏次	一般项目		即征即退项目	
税款缴纳	期初未缴税额（多缴为负数）	25				
	实收出口开具专用缴款书退税额	26				
	本期已缴税额	27 = 28 + 29 + 30 + 31				
	①分次预缴税额	28				
	②出口开具专用缴款书预缴税额	29				
	③本期缴纳上期应纳税额	30				
	④本期缴纳欠缴税额	31				
	期末未缴税额（多缴为负数）	32 = 24 + 25 + 26 − 27				
	其中：欠缴税额（≥0）	33 = 25 + 26 − 27				
	本期应补（退）税额	34 = 24 − 28 − 29				
	即征即退实际退税额	35				
	期初未缴查补税额	36				
	本期入库查补税额	37				
	期末未缴查补税额	38 = 16 + 22 + 36 − 37				

授权申明	如果你已委托代理人申报，请填写下列资料： 为代理一切税务事宜，现授权 （地址）　　　　　　为本纳税人的代理申报人，任何与本申报表有关的往来文件，都可以寄予此人。 授权人签字：	申报人申明	本纳税申报表是根据国家税法法律法规及相关规定填报的，我确定它是真实的、可靠的、完整的。 声明人签字：

主管税务机关：　　　　　　　　　　接受人：　　　　　　　　　　接受日期：

填表说明：

本纳税申报表填写说明（以下简称本表及填写说明）适用于增值税一般纳税人（以下简称纳税人）。

一、名词解释

（一）本表及填写说明所称“货物”，是指增值税的应税货物。

（二）本表及填写说明所称“劳务”，是指增值税的应税加工、修理、修配劳务。

（三）本表及填写说明所称“服务、不动产和无形资产”，是指销售服务、不动产和无形资产。

（四）本表及填写说明所称“按适用税率计税”“按适用税率计算”和“一般计税方法”，均指按“应纳税额 = 当期销项税额 − 当期进项税额”公式计算增值税应纳税额的计税方法。

（五）本表及填写说明所称“按简易办法计税”“按简易征收办法计算”和“简易计税方法”，均指按“应纳税额 = 销售额 × 征收率”公式计算增值税应纳税额的计税方法。

（六）本表及填写说明所称“扣除项目”，是指纳税人销售服务、不动产和无形资产，在确定销售额时，按照有关规定允许其从取得的全部价款和价外费用中扣除价款的项目。

二、《增值税纳税申报表（一般纳税人适用）》填写说明

（一）“税款所属时间”：指纳税人申报的增值税应纳税额的所属时间，应填写具体的起止年、月、日。

（二）“填表日期”：指纳税人填写本表的具体日期。

（三）“纳税人识别号”：填写纳税人的税务登记证件号码。

（四）“所属行业”：按照国民经济行业分类与代码中的小类行业填写。

（五）“纳税人名称”：填写纳税人单位名称全称。

（六）“法定代表人姓名”：填写纳税人法定代表人的姓名。

（七）“注册地址”：填写纳税人税务登记证件所注明的详细地址。

（八）“生产经营地址”：填写纳税人实际生产经营地的详细地址。

（九）“开户银行及账号”：填写纳税人开户银行的名称和纳税人在该银行的结算账户号码。

（十）“登记注册类型”：按纳税人税务登记证件的栏目内容填写。

（十一）“电话号码”：填写可联系到纳税人的常用电话号码。

（十二）“即征即退项目”列：填写纳税人按规定享受增值税即征即退政策的货物、劳务和服务、不动产、无形资产的征（退）税数据。

（十三）“一般项目”列：填写除享受增值税即征即退政策以外的货物、劳务和服务、不动产、无形资产的征（免）税数据。

（十四）“本年累计”列：一般填写本年度内各月“本月数”之和。其中，第13、20、25、32、36、38栏及第18栏“实际抵扣税额”“一般项目”列的“本年累计”分别按本填写说明第（二十七）（三十四）（三十九）（四十六）（五十）（五十二）（三十二）条要求填写。

（十五）第1栏“（一）按适用税率计税销售额”：填写纳税人本期按一般计税方法计算缴纳增值税的销售额，包含：在财务上不作销售但按税法规定应缴纳增值税的视同销售和价外费用的销售额；外贸企业作价销售进料加工复出口货物的销售额；税务、财政、审计部门检查后按一般计税方法计算调整的销售额。

营业税改征增值税的纳税人，服务、不动产和无形资产有扣除项目的，本栏应填写扣除之前的不含税销售额。

本栏“一般项目”列“本月数”=《附列资料（一）》第9列第1至5行之和－第9列第6、7行之和；本栏“即征即退项目”列“本月数”=《附列资料（一）》第9列第6、7行之和。

（十六）第2栏“其中：应税货物销售额”：填写纳税人本期按适用税率计算增值税的应税货物的销售额。包含在财务上不作销售但按税法规定应缴纳增值税的视同销售货物和价外费用销售额，以及外贸企业作价销售进料加工复出口货物的销售额。

（十七）第3栏“应税劳务销售额”：填写纳税人本期按适用税率计算增值税的应税劳务的销售额。

（十八）第4栏“纳税检查调整的销售额”：填写纳税人因税务、财政、审计部门检查，并按一般计税方法在本期计算调整的销售额。但享受增值税即征即退政策的货物、劳务和服务、不动产、无形资产，经纳税检查属于偷税的，不填入“即征即退项目”列，而应填入“一般项目”列。

营业税改征增值税的纳税人，服务、不动产和无形资产有扣除项目的，本栏应填写扣除之前的不含税销售额。

本栏“一般项目”列“本月数”=《附列资料（一）》第7列第1至5行之和。

（十九）第5栏“按简易办法计税销售额”：填写纳税人本期按简易计税方法计算增值税的销售额。包含纳税检查调整按简易计税方法计算增值税的销售额。

营业税改征增值税的纳税人，服务、不动产和无形资产有扣除项目的，本栏应填写扣除之前的不含税销售额；服务、不动产和无形资产按规定汇总计算缴纳增值税的分支机构，其当期按预征率计算缴纳增值税的销售额也填入本栏。

本栏“一般项目”列“本月数”≥《附列资料（一）》第9列第8至13b行之和－第9列第14、15行之和；本栏“即征即退项目”列“本月数”≥《附列资料（一）》第9列第14、15行之和。

（二十）第6栏“其中：纳税检查调整的销售额”：填写纳税人因税务、财政、审计部门检查，并按简易计税方法在本期计算调整的销售额。但享受增值税即征即退政策的货物、劳务和服务、不动产、无形资产，经纳税检查属于偷税的，不填入“即征即退项目”列，而应填入“一般项目”列。

营业税改征增值税的纳税人，服务、不动产和无形资产有扣除项目的，本栏应填写扣除之前的不含税销售额。

（二十一）第7栏“免、抵、退办法出口销售额”：填写纳税人本期适用免、抵、退税办法的出口货物、劳务和服务、无形资产的销售额。

营业税改征增值税的纳税人，服务、无形资产有扣除项目的，本栏应填写扣除之前的销售额。

本栏“一般项目”列“本月数”=《附列资料（一）》第9列第16、17行之和。

（二十二）第8栏“免税销售额”：填写纳税人本期按照税法规定免征增值税的销售额和适用零税率的销售额，但零税率的销售额中不包括适用免、抵、退税办法的销售额。

营业税改征增值税的纳税人，服务、不动产和无形资产有扣除项目的，本栏应填写扣除之前的免税销售额。

本栏“一般项目”列“本月数”=《附列资料（一）》第9列第18、19行之和。

（二十三）第9栏“其中：免税货物销售额”：填写纳税人本期按照税法规定免征增值税的货物销售额及适用零税率的货物销售额，但零税率的销售额中不包括适用免、抵、退税办法出口货物的销售额。

（二十四）第10栏“免税劳务销售额”：填写纳税人本期按照税法规定免征增值税的劳务销售额及适用零税率的劳务销售额，但零税率的销售额中不包括适用免、抵、退税办法的劳务的销售额。

（二十五）第11栏“销项税额”：填写纳税人本期按一般计税方法计税的货物、劳务和服务、不动产、无形资产的销项税额。

营业税改征增值税的纳税人，服务、不动产和无形资产有扣除项目的，本栏应填写扣除之后的销项税额。

本栏“一般项目”列“本月数”＝《附列资料（一）》（第10列第1、3、4a行之和－第10列第6行）＋（第14列第2、4、5行之和－第14列第7行）；

本栏“即征即退项目”列“本月数”＝《附列资料（一）》第10列第6行＋第14列第7行。

（二十六）第12栏“进项税额”：填写纳税人本期申报抵扣的进项税额。

本栏“一般项目”列“本月数”＋“即征即退项目”列“本月数”＝《附列资料（二）》第12栏“税额”。

（二十七）第13栏“上期留抵税额”

1. 上期留抵税额按规定须挂账的纳税人，按以下要求填写本栏的“本月数”和“本年累计”。

上期留抵税额按规定须挂账的纳税人是指试点实施之日前一个税款所属期的申报表第20栏“期末留抵税额”“一般货物、劳务和应税服务”列“本月数”大于零，且兼有营业税改征增值税服务、不动产和无形资产的纳税人（下同）。其试点实施之日前一个税款所属期的申报表第20栏“期末留抵税额”“一般货物、劳务和应税服务”列“本月数”，以下称为货物和劳务挂账留抵税额。

（1）本栏“一般项目”列“本月数”：试点实施之日的税款所属期填写“0”；以后各期按上期申报表第20栏“期末留抵税额”“一般项目”列“本月数”填写。

（2）本栏“一般项目”列“本年累计”：反映货物和劳务挂账留抵税额本期期初余额。试点实施之日的税款所属期按试点实施之日前一个税款所属期的申报表第20栏“期末留抵税额”“一般货物、劳务和应税服务”列“本月数”填写；以后各期按上期申报表第20栏“期末留抵税额”“一般项目”列“本年累计”填写。

（3）本栏“即征即退项目”列“本月数”：按上期申报表第20栏“期末留抵税额”“即征即退项目”列“本月数”填写。

2. 其他纳税人，按以下要求填写本栏“本月数”和“本年累计”。

其他纳税人是指除上期留抵税额按规定须挂账的纳税人之外的纳税人（下同）。

（1）本栏“一般项目”列“本月数”：按上期申报表第20栏“期末留抵税额”“一般项目”列“本月数”填写。

（2）本栏“一般项目”列“本年累计”：填写“0”。

（3）本栏“即征即退项目”列“本月数”：按上期申报表第20栏“期末留抵税额”“即征即退项目”列“本月数”填写。

（二十八）第14栏“进项税额转出”：填写纳税人已经抵扣，但按税法规定本期应转出的进项税额。

本栏“一般项目”列“本月数”＋“即征即退项目”列“本月数”＝《附列资料（二）》第13栏“税额”。

（二十九）第15栏“免、抵、退应退税额”：反映税务机关退税部门按照出口货物、劳务和服务、无形资产免、抵、退办法审批的增值税应退税额。

（三十）第16栏“按适用税率计算的纳税检查应补缴税额”：填写税务、财政、审计部门检查，按一般计税方法计算的纳税检查应补缴的增值税税额。

本栏“一般项目”列“本月数”≤《附列资料（一）》第8列第1至5行之和＋《附列资料（二）》第19栏。

（三十一）第17栏“应抵扣税额合计”：填写纳税人本期应抵扣进项税额的合计数。按表中所列公式计算填写。

（三十二）第18栏“实际抵扣税额”

1. 上期留抵税额按规定须挂账的纳税人，按以下要求填写本栏的“本月数”和“本年累计”。

（1）本栏“一般项目”列“本月数”：按表中所列公式计算填写。

（2）本栏“一般项目”列“本年累计”：填写货物和劳务挂账留抵税额本期实际抵减一般货物和劳务应纳税额的数额。将“货物和劳务挂账留抵税额本期期初余额”与“一般计税方法的一般货物及劳务应纳税额”两个数据相比较，取二者中小的数据。

其中：货物和劳务挂账留抵税额本期期初余额＝第13栏“上期留抵税额”“一般项目”列“本年累计”；

一般计税方法的一般货物及劳务应纳税额 = （第 11 栏“销项税额”“一般项目”列“本月数” – 第 18 栏“实际抵扣税额”“一般项目”列“本月数”）×一般货物及劳务销项税额比例；

一般货物及劳务销项税额比例 = （《附列资料（一）》第 10 列第 1、3、4a 行之和 – 第 10 列第 6 行）÷第 11 栏“销项税额”“一般项目”列“本月数”×100%。

（3）本栏“即征即退项目”列“本月数”：按表中所列公式计算填写。

2. 其他纳税人，按以下要求填写本栏的“本月数”和“本年累计”：

（1）本栏“一般项目”列“本月数”：按表中所列公式计算填写。

（2）本栏“一般项目”列“本年累计”：填写“0”。

（3）本栏“即征即退项目”列“本月数”：按表中所列公式计算填写。

（三十三）第 19 栏“应纳税额”：反映纳税人本期按一般计税方法计算并应缴纳的增值税额。按以下公式计算填写：

1. 本栏“一般项目”列“本月数” = 第 11 栏“销项税额”“一般项目”列“本月数” – 第 18 栏“实际抵扣税额”“一般项目”列“本月数” – 第 18 栏“实际抵扣税额”“一般项目”列“本年累计”。

2. 本栏“即征即退项目”列“本月数” = 第 11 栏“销项税额”“即征即退项目”列“本月数” – 第 18 栏“实际抵扣税额”“即征即退项目”列“本月数”。

（三十四）第 20 栏“期末留抵税额”

1. 上期留抵税额按规定须挂账的纳税人，按以下要求填写本栏的“本月数”和“本年累计”：

（1）本栏“一般项目”列“本月数”：反映试点实施以后，货物、劳务和服务、不动产、无形资产共同形成的留抵税额。按表中所列公式计算填写。

（2）本栏“一般项目”列“本年累计”：反映货物和劳务挂账留抵税额，在试点实施以后抵减一般货物和劳务应纳税额后的余额。按以下公式计算填写：

本栏“一般项目”列“本年累计” = 第 13 栏“上期留抵税额”“一般项目”列“本年累计” – 第 18 栏“实际抵扣税额”“一般项目”列“本年累计”。

（3）本栏“即征即退项目”列“本月数”：按表中所列公式计算填写。

2. 其他纳税人，按以下要求填写本栏“本月数”和“本年累计”：

（1）本栏“一般项目”列“本月数”：按表中所列公式计算填写。

（2）本栏“一般项目”列“本年累计”：填写“0”。

（3）本栏“即征即退项目”列“本月数”：按表中所列公式计算填写。

（三十五）第 21 栏“简易计税办法计算的应纳税额”：反映纳税人本期按简易计税方法计算并应缴纳的增值税额，但不包括按简易计税方法计算的纳税检查应补缴税额。按以下公式计算填写：

本栏“一般项目”列“本月数” = 《附列资料（一）》（第 10 列第 8、9a、10、11 行之和 – 第 10 列第 14 行） + （第 14 列第 9b、12、13a、13b 行之和 – 第 14 列第 15 行）

本栏“即征即退项目”列“本月数” = 《附列资料（一）》第 10 列第 14 行 + 第 14 列第 15 行。

营业税改征增值税的纳税人，服务、不动产和无形资产按规定汇总计算缴纳增值税的分支机构，应将预征增值税额填入本栏。预征增值税额 = 应预征增值税的销售额 × 预征率。

（三十六）第 22 栏“按简易计税办法计算的纳税检查应补缴税额”：填写纳税人本期因税务、财政、审计部门检查并按简易计税方法计算的纳税检查应补缴税额。

（三十七）第 23 栏“应纳税额减征额”：填写纳税人本期按照税法规定减征的增值税应纳税额。包含按照规定可在增值税应纳税额中全额抵减的增值税税控系统专用设备费用以及技术维护费。

当本期减征额小于或等于第 19 栏“应纳税额”与第 21 栏“简易计税办法计算的应纳税额”之和时，按本期减征额实际填写；当本期减征额大于第 19 栏“应纳税额”与第 21 栏“简易计税办法计算的应纳税额”之和时，按本期第 19 栏与第 21 栏之和填写。本期减征额不足抵减部分结转下期继续抵减。

（三十八）第 24 栏“应纳税额合计”：反映纳税人本期应缴增值税的合计数。按表中所列公式计算填写。

（三十九）第 25 栏“期初未缴税额（多缴为负数）”：“本月数”按上一税款所属期申报表第 32 栏“期末未缴税额（多缴为负数）”“本月数”填写。“本年累计”按上年度最后一个税款所属期申报表第 32 栏“期末未缴税额（多缴为负数）”“本年累计”填写。

（四十）第 26 栏“实收出口开具专用缴款书退税额”：本栏不填写。

（四十一）第 27 栏“本期已缴税额”：反映纳税人本期实际缴纳的增值税额，但不包括本期入库的查补税款。按表中所列公式计算填写。

（四十二）第 28 栏“①分次预缴税额”：填写纳税人本期已缴纳的准予在本期增值税应纳税额中抵减的税额。

营业税改征增值税的纳税人，分以下几种情况填写：

1. 服务、不动产和无形资产按规定汇总计算缴纳增值税的总机构，其可以从本期增值税应纳税额中抵减的分支机构已缴纳的税款，按当期实际可抵减数填入本栏，不足抵减部分结转下期继续抵减。

2. 销售建筑服务并按规定预缴增值税的纳税人，其可以从本期增值税应纳税额中抵减的已缴纳的税款，按当期实际可抵减数填入本栏，不足抵减部分结转下期继续抵减。

3. 销售不动产并按规定预缴增值税的纳税人，其可以从本期增值税应纳税额中抵减的已缴纳的税款，按当期实际可抵减数填入本栏，不足抵减部分结转下期继续抵减。

4. 出租不动产并按规定预缴增值税的纳税人，其可以从本期增值税应纳税额中抵减的已缴纳的税款，按当期实际可抵减数填入本栏，不足抵减部分结转下期继续抵减。

（四十三）第 29 栏“②出口开具专用缴款书预缴税额”：本栏不填写。

（四十四）第 30 栏“③本期缴纳上期应纳税额”：填写纳税人本期缴纳上一税款所属期应缴未缴的增值税额。

（四十五）第 31 栏“④本期缴纳欠缴税额”：反映纳税人本期实际缴纳和留抵税额抵减的增值税欠税额，但不包括缴纳入库的查补增值税额。

（四十六）第 32 栏“期末未缴税额（多缴为负数）”：“本月数”反映纳税人本期期末应缴未缴的增值税额，但不包括纳税检查应缴未缴的税额。按表中所列公式计算填写。“本年累计”与“本月数”相同。

（四十七）第 33 栏“其中：欠缴税额（≥0）”：反映纳税人按照税法规定已形成欠税的增值税额。按表中所列公式计算填写。

（四十八）第 34 栏“本期应补（退）税额”：反映纳税人本期应纳税额中应补缴或应退回的数额。按表中所列公式计算填写。

（四十九）第 35 栏“即征即退实际退税额”：反映纳税人本期因符合增值税即征即退政策规定，而实际收到的税务机关退回的增值税额。

（五十）第 36 栏“期初未缴查补税额”：“本月数”按上一税款所属期申报表第 38 栏“期末未缴查补税额”“本月数”填写。“本年累计”按上年度最后一个税款所属期申报表第 38 栏“期末未缴查补税额”“本年累计”填写。

（五十一）第 37 栏“本期入库查补税额”：反映纳税人本期因税务、财政、审计部门检查而实际入库的增值税额，包括按一般计税方法计算并实际缴纳的查补增值税额和按简易计税方法计算并实际缴纳的查补增值税额。

（五十二）第 38 栏“期末未缴查补税额”：“本月数”反映纳税人接受纳税检查后应在本期期末缴纳而未缴纳的查补增值税额。按表中所列公式计算填写，“本年累计”与“本月数”相同。

增值税纳税申报表附列资料（一）

本期销售情况明细

项目及栏次				开具增值税专用发票		开具其他发票		未开具发票		纳税检查调整		合计			服务、不动产和无形资产扣除项目本期实际扣除金额	扣除后	
				销售额	销项（应纳）税额	销售额	销项（应纳）税额	销售额	销项（应纳）税额	销售额	销项（应纳）税额	销售额	销项（应纳）税额	价税合计		含税（免税）销售额	销项（应纳）税额
				1	2	3	4	5	6	7	8	9＝1＋3＋5＋7	10＝2＋4＋6＋8	11＝9＋10	12	13＝11－12	14＝13÷（100%＋税率或征收率）×税率或征收率
一、一般计税方法计税	全部征税项目	13%税率的货物及加工修理修配劳务	1														
		13%税率的服务、不动产和无形资产	2														
		9%税率的货物及加工修理修配劳务	3														
		9%税率的服务、不动产和无形资产	4														
		6%税率	5														
	其中：即征即退项目	即征即退货物及加工修理修配劳务	6														
		即征即退服务、不动产和无形资产	7														
二、简易计税方法计税	全部征税项目	6%征收率	8														
		5%征收率的货物及加工修理修配劳务	9a														
		5%征收率的服务、不动产和无形资产	9b														

续表

项目及栏次				开具增值税专用发票		开具其他发票		未开具发票		纳税检查调整		合计			服务、不动产和无形资产扣除项目本期实际扣除金额	扣除后	
				销售额	销项（应纳）税额	销售额	销项（应纳）税额	销售额	销项（应纳）税额	销售额	销项（应纳）税额	销售额	销项（应纳）税额	价税合计		含税（免税）销售额	销项（应纳）税额
				1	2	3	4	5	6	7	8	9 = 1 + 3 + 5 + 7	10 = 2 + 4 + 6 + 8	11 = 9 + 10	12	13 = 11 − 12	14 = 13 ÷ （100% + 税率或征收率）× 税率或征收率
二、简易计税方法计税	全部征税项目	4%征收率	10														
		3%征收率的货物及加工修理修配劳务	11														
		3%征收率的服务、不动产和无形资产	12														
		预征率 0.0000%	13a														
		预征率 0.0000%	13b														
		预征率 0.0000%	13c														
	其中：即征即退项目	即征即退货物及加工修理修配劳务	14														
		即征即退服务、不动产和无形资产	15														
三、免抵退税	货物及加工修理修配劳务		16														
	服务、不动产和无形资产		17														
四、免税	货物及加工修理修配劳务		18														
	服务、不动产和无形资产		19														

填表说明：

（一）“税款所属时间”“纳税人名称”的填写同主表。

（二）各列说明

1. 第1至2列“开具增值税专用发票”：反映本期开具增值税专用发票（含税控机动车销售统一发票，下同）的情况。

2. 第3至4列“开具其他发票”：反映除增值税专用发票以外本期开具的其他发票的情况。

3. 第5至6列“未开具发票”：反映本期未开具发票的销售情况。

4. 第7至8列“纳税检查调整”：反映经税务、财政、审计部门检查并在本期调整的销售情况。

5. 第9至11列“合计”：按照表中所列公式填写。

营业税改征增值税的纳税人，服务、不动产和无形资产有扣除项目的，第1至11列应填写扣除之前的征（免）税销售额、销项（应纳）税额和价税合计额。

6. 第12列“服务、不动产和无形资产扣除项目本期实际扣除金额”：营业税改征增值税的纳税人，服务、不动产和无形资产有扣除项目的，按《附列资料（三）》第5列对应各行次数据填写，其中本列第5栏等于《附列资料（三）》第5列第3行与第4行之和；服务、不动产和无形资产无扣除项目的，本列填写“0”。其他纳税人不填写。

营业税改征增值税的纳税人，服务、不动产和无形资产按规定汇总计算缴纳增值税的分支机构，当期服务、不动产和无形资产有扣除项目的，填入本列第13行。

7. 第13列“扣除后”“含税（免税）销售额”：营业税改征增值税的纳税人，服务、不动产和无形资产有扣除项目的，本列各行次 = 第11列对应各行次 - 第12列对应各行次。其他纳税人不填写。

8. 第14列“扣除后”“销项（应纳）税额”：营业税改征增值税的纳税人，服务、不动产和无形资产有扣除项目的，按以下要求填写本列，其他纳税人不填写。

（1）服务、不动产和无形资产按照一般计税方法计税

本列各行次 = 第13列 ÷（100% + 对应行次税率）× 对应行次税率

本列第7行“按一般计税方法计税的即征即退服务、不动产和无形资产”不按本列的说明填写。具体填写要求见“各行说明”第2条第（2）项第③点的说明。

（2）服务、不动产和无形资产按照简易计税方法计税

本列各行次 = 第13列 ÷（100% + 对应行次征收率）× 对应行次征收率

本列第13行“预征率 %”不按本列的说明填写。具体填写要求见“各行说明”第4条第（2）项。

（3）服务、不动产和无形资产实行免抵退税或免税的，本列不填写。

（三）各行说明

1. 第1至5行“一、一般计税方法计税”“全部征税项目”各行：按不同税率和项目分别填写按一般计税方法计算增值税的全部征税项目。有即征即退征税项目的纳税人，本部分数据中既包括即征即退征税项目，又包括不享受即征即退政策的一般征税项目。

2. 第6至7行“一、一般计税方法计税”“其中：即征即退项目”各行：只反映按一般计税方法计算增值税的即征即退项目。按照税法规定不享受即征即退政策的纳税人，不填写本行。即征即退项目是全部征税项目的其中数。

（1）第6行“即征即退货物及加工修理修配劳务”：反映按一般计税方法计算增值税且享受即征即退政策的货物和加工修理修配劳务。本行不包括服务、不动产和无形资产的内容。

①本行第9列“合计”“销售额”栏：反映按一般计税方法计算增值税且享受即征即退政策的货物及加工修理修配劳务的不含税销售额。该栏不按第9列所列公式计算，应按照税法规定据实填写。

②本行第10列“合计”“销项（应纳）税额”栏：反映按一般计税方法计算增值税且享受即征即退政策的货物及加工修理修配劳务的销项税额。该栏不按第10列所列公式计算，应按照税法规定据实填写。

（2）第7行“即征即退服务、不动产和无形资产”：反映按一般计税方法计算增值税且享受即征即退政策的服务、不动产和无形资产。本行不包括货物及加工修理修配劳务的内容。

①本行第 9 列“合计”“销售额”栏：反映按一般计税方法计算增值税且享受即征即退政策的服务、不动产和无形资产的不含税销售额。服务、不动产和无形资产有扣除项目的，按扣除之前的不含税销售额填写。该栏不按第 9 列所列公式计算，应按照税法规定据实填写。

②本行第 10 列“合计”“销项（应纳）税额”栏：反映按一般计税方法计算增值税且享受即征即退政策的服务、不动产和无形资产的销项税额。服务、不动产和无形资产有扣除项目的，按扣除之前的销项税额填写。该栏不按第 10 列所列公式计算，应按照税法规定据实填写。

③本行第 14 列“扣除后”“销项（应纳）税额”栏：反映按一般计税方法征收增值税且享受即征即退政策的服务、不动产和无形资产实际应计提的销项税额。服务、不动产和无形资产有扣除项目的，按扣除之后的销项税额填写；服务、不动产和无形资产无扣除项目的，按本行第 10 列填写。该栏不按第 14 列所列公式计算，应按照税法规定据实填写。

3. 第 8 至 12 行“二、简易计税方法计税”“全部征税项目”各行：按不同征收率和项目分别填写按简易计税方法计算增值税的全部征税项目。有即征即退征税项目的纳税人，本部分数据中既包括即征即退项目，也包括不享受即征即退政策的一般征税项目。

4. 第 13a 至 13c 行“二、简易计税方法计税”“预征率　　%”：反映营业税改征增值税的纳税人，服务、不动产和无形资产按规定汇总计算缴纳增值税的分支机构，预征增值税销售额、预征增值税应纳税额。其中，第 13a 行“预征率　　%”适用于所有实行汇总计算缴纳增值税的分支机构试点纳税人；第 13b、13c 行“预征率　　%”适用于部分实行汇总计算缴纳增值税的铁路运输试点纳税人。

（1）第 13a 至 13c 行第 1 至 6 列按照销售额和销项税额的实际发生数填写。

（2）第 13a 至 13c 行第 14 列，纳税人按“应预征缴纳的增值税 = 应预征增值税销售额 × 预征率”公式计算后据实填写。

5. 第 14 至 15 行“二、简易计税方法计税”“其中：即征即退项目”各行：只反映按简易计税方法计算增值税的即征即退项目。按照税法规定不享受即征即退政策的纳税人，不填写本行。即征即退项目是全部征税项目的其中数。

（1）第 14 行“即征即退货物及加工修理修配劳务”：反映按简易计税方法计算增值税且享受即征即退政策的货物及加工修理修配劳务。本行不包括服务、不动产和无形资产的内容。

①本行第 9 列“合计”“销售额”栏：反映按简易计税方法计算增值税且享受即征即退政策的货物及加工修理修配劳务的不含税销售额。该栏不按第 9 列所列公式计算，应按照税法规定据实填写。

②本行第 10 列“合计”“销项（应纳）税额”栏：反映按简易计税方法计算增值税且享受即征即退政策的货物及加工修理修配劳务的应纳税额。该栏不按第 10 列所列公式计算，应按照税法规定据实填写。

（2）第 15 行“即征即退服务、不动产和无形资产”：反映按简易计税方法计算增值税且享受即征即退政策的服务、不动产和无形资产。本行不包括货物及加工修理修配劳务的内容。

①本行第 9 列“合计”“销售额”栏：反映按简易计税方法计算增值税且享受即征即退政策的服务、不动产和无形资产的不含税销售额。服务、不动产和无形资产有扣除项目的，按扣除之前的不含税销售额填写。该栏不按第 9 列所列公式计算，应按照税法规定据实填写。

②本行第 10 列“合计”“销项（应纳）税额”栏：反映按简易计税方法计算增值税且享受即征即退政策的服务、不动产和无形资产的应纳税额。服务、不动产和无形资产有扣除项目的，按扣除之前的应纳税额填写。该栏不按第 10 列所列公式计算，应按照税法规定据实填写。

③本行第 14 列“扣除后”“销项（应纳）税额”栏：反映按简易计税方法计算增值税且享受即征即退政策的服务、不动产和无形资产实际应计提的应纳税额。服务、不动产和无形资产有扣除项目的，按扣除之后的应纳税额填写；服务、不动产和无形资产无扣除项目的，按本行第 10 列填写。

6. 第 16 行“三、免抵退税”“货物及加工修理修配劳务”：反映适用免、抵、退税政策的出口货物、加工修理修配劳务。

7. 第 17 行“三、免抵退税”“服务、不动产和无形资产”：反映适用免、抵、退税政策的服务、不动产和无形资产。

8. 第 18 行“四、免税”“货物及加工修理修配劳务”：反映按照税法规定免征增值税的货物及劳务和适用零税率的出口货物及劳务，但零税率的销售额中不包括适用免、抵、退税办法的出口货物及劳务。

9. 第 19 行“四、免税”“服务、不动产和无形资产”：反映按照税法规定免征增值税的服务、不动产、无形资产和适用零税率的服务、不动产、无形资产，但零税率的销售额中不包括适用免、抵、退税办法的服务、不动产和无形资产。

增值税纳税申报表附列资料（二）

本期进项税额明细

税款所属时间：　　年　月　日至　　年　月　日

纳税人名称：　　　　　　　　　　　　　　　　　　　　　　　　金额单位：元至角分

一、申报抵扣的进项税额

项目	栏次	份数	金额	税额
（一）认证相符的增值税专用发票	1 = 2 + 3			
其中：本期认证相符且本期申报抵扣	2			
前期认证相符且本期申报抵扣	3			
（二）其他抵扣凭证	4 = 5 + 6 + 7 + 8a + 8b			
其中：海关进口增值税专用缴款书	5			
农产品收购发票或者销售发票	6			
代扣代缴税收缴款凭证	7		——	
加计扣除农产品进项税额	8a	——	——	
其他	8b			
（三）本期用于构建不动产的扣税凭证	9			
（四）本期用于抵扣的旅客运输服务扣税凭证	10			
（五）外贸企业进项税额抵扣证明	11	——	——	
当期申报抵扣进项税额合计	12 = 1 + 4 + 11			

二、进项税额转出额

项目	栏次	税额
本期进项税额转出额	13 = 14 至 23 之和	
其中：免税项目用	14	
集体福利、个人消费	15	
非正常损失	16	
简易计税方法征税项目用	17	
免抵退税办法不得抵扣的进项税额	18	
纳税检查调减进项税额	19	
红字专用发票信息表注明的进项税额	20	
上期留抵税额抵减欠税	21	
上期留抵税额退税	22	
其他应作进项税额转出的情形	23	

三、待抵扣进项税额

项目	栏次	份数	金额	税额
（一）认证相符的增值税专用发票	24	——	——	——
期初已认证相符但未申报抵扣	25			
本期认证相符且本期未申报抵扣	26			
期末已认证相符但未申报抵扣	27			
其中：按照税法规定不允许抵扣	28			
（二）其他扣税凭证	29 = 30 至 33 之和			
其中：海关进口增值税专用缴款书	30			
农产品收购发票或者销售发票	31			
代扣代缴税收缴款凭证	32		——	
其他	33			
	34			

四、其他

项目	栏次	份数	金额	税额
本期认证相符的增值税专用发票	35			
代扣代缴税额	36	——	——	

填写说明：

（一）“税款所属时间”“纳税人名称”的填写同主表。

（二）第1至12栏“一、申报抵扣的进项税额”：分别反映纳税人按税法规定符合抵扣条件，在本期申报抵扣的进项税额。

1. 第1栏“（一）认证相符的增值税专用发票”：反映纳税人取得的认证相符本期申报抵扣的增值税专用发票的情况。该栏应等于第2栏“本期认证相符且本期申报抵扣”与第3栏“前期认证相符且本期申报抵扣”数据之和。（此处增值税专用发票均不包含从小规模纳税人处购进农产品时取得的专用发票，但购进农产品未分别核算用于生产销售13%税率货物和其他货物服务的农产品进项税额情况除外。）

2. 第2栏“其中：本期认证相符且本期申报抵扣”：反映本期认证相符且本期申报抵扣的增值税专用发票的情况。本栏是第1栏的其中数，本栏只填写本期认证相符且本期申报抵扣的部分。

适用取消增值税发票认证规定的纳税人，当期申报抵扣的增值税发票数据，也填报在本栏中。

（此处增值税专用发票均不包含从小规模纳税人处购进农产品时取得的专用发票，但购进农产品未分别核算用于生产销售17%税率货物和其他货物服务的农产品进项税额情况除外。）

3. 第3栏“前期认证相符且本期申报抵扣”：反映前期认证相符且本期申报抵扣的增值税专用发票的情况。

辅导期纳税人依据税务机关告知的稽核比对结果通知书及明细清单注明的稽核相符的增值税专用发票填写本栏。本栏是第1栏的其中数，只填写前期认证相符且本期申报抵扣的部分。

（此处增值税专用发票均不包含从小规模纳税人处购进农产品时取得的专用发票，但购进农产品未分别核算用于生产销售17%税率货物和其他货物服务的农产品进项税额情况除外。）

4. 第4栏“（二）其他扣税凭证”：反映本期申报抵扣的除增值税专用发票之外的其他扣税凭证的情况。具体包括：海关进口增值税专用缴款书、农产品收购发票或者销售发票（含农产品核定扣除的进项税额）、代扣代缴税收完税凭证、加计扣除农产品进项税额和其他符合政策规定的抵扣凭证。该栏应等于第5至8b栏之和。

5. 第5栏“海关进口增值税专用缴款书”：反映本期申报抵扣的海关进口增值税专用缴款书的情况。按规定执行海关进口增值税专用缴款书先比对后抵扣的，纳税人需依据税务机关告知的稽核比对结果通知书及明细清单注明的稽核相符的海关进口增值税专用缴款书填写本栏。

6. 第6栏“农产品收购发票或者销售发票”：反映纳税人本期购进农业生产者自产农产品取得（开具）的农产品销售发票或收购发票及从小规模纳税人处购进农产品时取得增值税专用发票情况。

“税额”栏 = 农产品销售发票或者收购发票上注明的农产品买价 ×9% + 增值税专用发票上注明的金额 ×9%

上述公式中的“增值税专用发票”是指纳税人从小规模纳税人处购进农产品时取得的专用发票。

执行农产品增值税进项税额核定扣除办法的，填写当期允许抵扣的农产品增值税进项税额，不填写“份数”“金额”。

7. 第7栏“代扣代缴税收缴款凭证”：填写本期按规定准予抵扣的完税凭证上注明的增值税额。

8. 第8a栏“加计扣除农产品进项税额”：填写纳税人将购进的农产品用于生产销售或委托受托加工13%税率货物时，为维持原农产品扣除力度不变加计扣除的农产品进项税额。该栏不填写“份数”“金额”。

9. 第8b栏“其他”：反映按规定本期可以申报抵扣的其他扣税凭证情况。

纳税人按照规定不得抵扣且未抵扣进项税额的固定资产、无形资产、不动产，发生用途改变，用于允许抵扣进项税额的应税项目，可在用途改变的次月将按公式计算出的可以抵扣的进项税额，填入“税额”栏。

10. 第9栏“（三）本期用于购建不动产的扣税凭证”：反映按规定本期用于购建不动产并适用分两年抵扣规定的扣税凭证上注明的金额和税额。购建不动产是指纳税人2016年5月1日后取得并在会计制度上按固定资产核算的不动产或者2016年5月1日后取得的不动产在建工程。

取得不动产，包括以直接购买、接受捐赠、接受投资入股、自建以及抵债等各种形式取得不动产，不包括房地产开发企业自行开发的房地产项目。

本栏次包括第1栏中本期用于购建不动产的增值税专用发票和第4栏中本期用于购建不动产的其他扣税凭证。

本栏“金额”“税额” ≤第1栏 + 第4栏且本栏“金额”“税额” ≥0。

纳税人按照规定不得抵扣且未抵扣进项税额的不动产，发生用途改变，用于允许抵扣进项税额的应税项目，可在用途改变的次月将按公式计算出的可以抵扣的进项税额，填入“税额”栏。

本栏“税额”列 =《附列资料（五）》第2列“本期不动产进项税额增加额”。

11. 第10栏“（四）本期用于抵扣的旅客运输服务扣税凭证”：纳税人购进国内旅客运输服务，其进项税额允许从销项税额中抵扣。纳税人取得不同的运输服务票据，其进项税额的计算方法有所不同。

纳税人取得增值税专用发票或电子普通发票的，为发票上注明的税额；取得航空运输电子客票行程单的，为“（票价 + 燃油附加费）÷（1 +9%）×9%”；取得铁路车票的，为“票面金额 ÷（1 +9%）×9%”；取得公路、水路等其他客票的，考虑此类运输单位多选择简易征税方式，且客票票面无法判断运输单位使用何种计税方法，暂按3%征收率换算不含税价款，其进项税额为“票面金额 ÷（1 +3%）×3%”。

旅客运输服务的进项抵扣需关注以下六个方面：一是该政策仅适用于国内旅客运输服务。二是除增值税专用发票或电子普通发票外，其他旅客运输服务扣税凭证，必须注明旅客身份信息，方可计税抵扣，手写无效。三是因民航发展基金属于政府性基金，不计入航空企业的营业收入，故航空运输服务可抵扣进项税额的计算基数不包括民航发展基金。四是旅客运输服务进项抵扣需符合进项税额抵扣的基本规定，如用于免税、简易计税等项目的旅客运输服务，其进项税额不得抵扣。五是旅客运输服务必须是与本单位建立合法用工关系人员发生的。六是票据必须是2019年4月1日之后取得的。

12. 第11栏“（五）外贸企业进项税额抵扣证明”：填写本期申报抵扣的税务机关出口退税部门开具的《出口货物转内销证明》列明允许抵扣的进项税额。

13. 第12栏“当期申报抵扣进项税额合计”：反映本期申报抵扣进项税额的合计数。按表中所列公式计算填写。

（三）第13至23栏“二、进项税额转出额”各栏：分别反映纳税人已经抵扣但按规定应在本期转出的进项税额明细情况。

1. 第13栏“本期进项税额转出额”：反映已经抵扣但按规定应在本期转出的进项税额合计数。按表中所列公式计算填写。

2. 第14栏“免税项目用”：反映用于免征增值税项目，按规定应在本期转出的进项税额。

3. 第15栏“集体福利、个人消费”：反映用于集体福利或者个人消费，按规定应在本期转出的进项税额。

4. 第16栏“非正常损失”：反映纳税人发生非正常损失，按规定应在本期转出的进项税额。

5. 第17栏“简易计税方法征税项目用”：反映用于按简易计税方法征税项目，按规定应在本期转出的进项税额。

营业税改征增值税的纳税人，服务、不动产和无形资产按规定汇总计算缴纳增值税的分支机构，当期应由总机构汇总的进项税额也填入本栏。

6. 第18栏“免抵退税办法不得抵扣的进项税额”：反映按照免、抵、退税办法的规定，由于征税税率与退税税率存在税率差，在本期应转出的进项税额。

7. 第19栏“纳税检查调减进项税额”：反映税务、财政、审计部门检查后而调减的进项税额。

8. 第20栏“红字专用发票信息表注明的进项税额”：填写主管税务机关开具的《开具红字增值税专用发票信息表》注明的在本期应转出的进项税额。

9. 第21栏“上期留抵税额抵减欠税”：填写本期经税务机关同意，使用上期留抵税额抵减欠税的数额。

10. 第22栏“上期留抵税额退税”：填写本期经税务机关批准的上期留抵税额退税额。

11. 第23栏“其他应作进项税额转出的情形”：反映除上述进项税额转出情形外，其他应在本期转出的进项税额。

（四）第24至34栏“三、待抵扣进项税额”各栏：分别反映纳税人已经取得，但按税法规定不符合抵扣条件，暂不予在本期申报抵扣的进项税额情况及按税法规定不允许抵扣的进项税额情况。

1. 第24至28栏均为增值税专用发票的情况。

2. 第25栏“期初已认证相符但未申报抵扣”：反映前期认证相符，但按照税法规定暂不予抵扣及不允许抵扣，结存至本期的增值税专用发票情况。辅导期纳税人填写认证相符但未收到稽核比对结果的增值税专用发票期初情况。（此处增值税专用发票均不包含从小规模纳税人处购进农产品时取得的专用发票，但购进农产品未分别核算用于生产销售13%税率货物和其他货物服务的农产品进项税额情况除外。）

3. 第26栏“本期认证相符且本期未申报抵扣”：反映本期认证相符，但按税法规定暂不予抵扣及不允许抵扣，而未申报抵扣的增值税专用发票情况。辅导期纳税人填写本期认证相符但未收到稽核比对结果的增值税专用发票情况。（此处增值税专用发票均不包含从小规模纳税人处购进农产品时取得的专用发票，但购进农产品未分别核算用于生产销售13%税率货物和其他货物服务的农产品进项税额情况除外。）

4. 第27栏“期末已认证相符但未申报抵扣”：反映截至本期期末，按照税法规定仍暂不予抵扣及不允许抵扣且已认证相符的增值税专用发票情况。辅导期纳税人填写截至本期期末已认证相符但未收到稽核比对结果的增值税专用发票期末情况。（此处增值税专用发票均不包含从小规模纳税人处购进农产品时取得的专用发票，但购进农产品未分别核算用于生产销售13%税率货物和其他货物服务的农产品进项税额情况除外。）

5. 第28栏“其中：按照税法规定不允许抵扣”：反映截至本期期末已认证相符但未申报抵扣的增值税专用发票中，按照税法规定不允许抵扣的增值税专用发票情况。（此处增值税专用发票均不包含从小规模纳税人处购进农产品时取得的专用发票，但购进农产品未分别核算用于生产销售13%税率货物和其他货物服务的农产品进项税额情况除外。）

6. 第29栏“（二）其他扣税凭证”：反映截至本期期末仍未申报抵扣的除增值税专用发票之外的其他扣税凭证情况。具体包括：海关进口增值税专用缴款书、农产品收购发票或者销售发票、代扣代缴税收完税凭证和其他符合政策规定的抵扣凭证。该栏应等于第30至33栏之和。

7. 第30栏“海关进口增值税专用缴款书”：反映已取得但截至本期期末仍未申报抵扣的海关进口增值税专用缴款书情况，包括纳税人未收到稽核比对结果的海关进口增值税专用缴款书情况。

8. 第31栏“农产品收购发票或者销售发票”：反映已取得但截至本期期末仍未申报抵扣的农产品收购发票和农产品销售普通发票及从小规模纳税人处购进农产品时取得增值税专用发票情况。

9. 第32栏“代扣代缴税收缴款凭证”：反映已取得但截至本期期末仍未申报抵扣的代扣代缴税收完税凭证情况。

10. 第33栏“其他”：反映已取得但截至本期期末仍未申报抵扣的其他扣税凭证的情况。

（五）第35至36栏“四、其他”各栏。

1. 第35栏“本期认证相符的增值税专用发票”：反映本期认证相符的增值税专用发票的情况。

2. 第36栏“代扣代缴税额”：填写纳税人根据《中华人民共和国增值税暂行条例》第十八条扣缴的应税劳务增值税额与根据营业税改征增值税有关政策规定扣缴的服务、不动产和无形资产增值税额之和。

二、附加税纳税申报

城市维护建设税、教育费附加、地方教育附加税（费）申报表

税款所属期：　　年　月　日至　　年　月　日

纳税人识别号（统一社会信用代码）：

纳税人名称：

金额单位：人民币元（列至角分）

<table>
<tr><td colspan="5" rowspan="3">本期是否适用增值税小规模纳税人减征政策
（减免性质代码——城市维护建设税：07049901，减免性质代码——教育费附加：61049901，减免性质代码——地方教育附加：99049901）</td><td rowspan="3">□是□否</td><td colspan="4">减征比例——城市维护建设税（%）</td><td colspan="2">0.00</td></tr>
<tr><td colspan="4">减征比例——教育费附加（%）</td><td colspan="2">0.00</td></tr>
<tr><td colspan="4">减征比例——地方教育附加（%）</td><td colspan="2">0.00</td></tr>
<tr><td rowspan="3">税（费）种</td><td colspan="5">计税（费）依据</td><td rowspan="3">税率（征收率）</td><td rowspan="3">本期应纳税（费）额</td><td colspan="2">本期减免税（费）额</td><td rowspan="3">本期增值税小规模纳税人减征额</td><td rowspan="3">本期已缴税（费）额</td><td rowspan="3">本期应补（退）税（费）额</td></tr>
<tr><td colspan="2">增值税</td><td rowspan="2">消费税</td><td rowspan="2">营业税</td><td rowspan="2">合计</td><td rowspan="2">减免性质代码</td><td rowspan="2">减免税（费）额</td></tr>
<tr><td>增值税</td><td>免抵税额</td></tr>
<tr><td></td><td>1</td><td>2</td><td>3</td><td>4</td><td>5 = 1 + 2 + 3 + 4</td><td>6</td><td>7 = 5 × 6</td><td>8</td><td>9</td><td>10</td><td>11</td><td>12 = 7 − 9 − 10 − 11</td></tr>
<tr><td>增值税城建税（市区）</td><td></td><td></td><td></td><td></td><td></td><td></td><td></td><td></td><td></td><td></td><td></td><td></td></tr>
<tr><td>增值税教育费附加</td><td></td><td></td><td></td><td></td><td></td><td></td><td></td><td></td><td></td><td></td><td></td><td></td></tr>
<tr><td>增值税地方教育费附加</td><td></td><td></td><td></td><td></td><td></td><td></td><td></td><td></td><td></td><td></td><td></td><td></td></tr>
<tr><td>合计</td><td></td><td></td><td></td><td></td><td></td><td></td><td></td><td></td><td></td><td></td><td></td><td></td></tr>
<tr><td colspan="13">以下由纳税人填写</td></tr>
<tr><td>纳税人声明</td><td colspan="12">此纳税申报表是根据《中华人民共和国城市维护建设税暂行条例》《国务院征收教育费附加的暂行规定》《财政部关于统一地方教育附加政策有关问题的通知》和国家有关税收规定填报的，是真实的、可靠的、完整的。</td></tr>
<tr><td colspan="13"></td></tr>
<tr><td>纳税人签章</td><td colspan="2">代理人签章</td><td colspan="3"></td><td colspan="2">代理人身份证号</td><td colspan="5"></td></tr>
<tr><td colspan="3">计税依据修改原因</td><td colspan="10"></td></tr>
</table>

填写说明：

1. “纳税人识别号（统一社会信用代码）”，填报税务机关核发的纳税人识别号或有关部门核发的统一社会信用代码。“纳税人名称”，填报营业执照、税务登记证等证件载明的纳税人名称。

2. “本期是否适用增值税小规模纳税人减征政策（减免性质代码_ _ 城市维护建设税：07049901，减免性质代码_ 教育费附加：61049901，减免性质代码_ 地方教育附加：99049901）”：纳税人自增值税一般纳税人按规定转登记为小规模纳税人的，自成为小规模纳税人的当月起适用减征优惠。增值税小规模纳税人按规定登记为一般纳税人的，自一般纳税人生效之日起不再适用减征优惠；增值税年应税销售额超过小规模纳税人标准应当登记为一般纳税人而未登记，经税务机关通知，逾期仍不办理登记的，自逾期次月起不再适用减征优惠。纳税人本期适用增值税小规模纳税人减征政策的，勾选“是”；否则，勾选“否”。

3. “减征比例（%）”，当地省级政府根据财税〔2019〕13 号文件确定的减征比例，系统自动带出。

4. 第 1 栏“一般增值税”，填写本期缴纳的一般增值税税额。

5. 第 2 栏“免抵税额”，填写增值税免抵税额。

6. 第 3 栏“消费税”，填写本期缴纳的消费税税额。

7. 第 4 栏“营业税”，填写本期补缴以前年度的营业税税额，其附加不适用减征规定。

8. 第 5 栏“合计”，反映本期缴纳的增值税、消费税、营业税税额合计。

9. 第 6 栏“税率（征收率）”，填写城市维护建设税、教育费附加、地方教育附加的税率或征收率。

10. 第 7 栏“本期应纳税（费）额”，反映本期按适用税率（征收率）计算缴纳的应纳税额。计算公式为：7 = 5 × 6。

11. 第 8 栏“减免性质代码”，该项按照国家税务总局制定下发的最新《减免税政策代码目录》中的最细项减免性质代码填写。有减免税情况的必填。

12. 第 9 栏“减免税（费）额”，反映本期减免的税额。

13. 第 10 栏“本期增值税小规模纳税人减征额”，反映符合条件的增值税小规模纳税人减征的税额。计算公式为：10 =（7 − 9）× 减征比例。

14. 第 11 栏“本期已缴税（费）额”，填写本期应纳税（费）额中已经缴纳的部分。

15. 第 12 栏“本期应补（退）税额”，计算公式为：12 = 7 − 9 − 10 − 11。

三、一般纳税人企业所得税纳税申报

中华人民共和国

A200000　　企业所得税季度月（季）度预缴纳税申报表（A类）

税款所属时间：

纳税人识别号（统一社会信用代码）：

纳税人名称：　　　　金额单位：人民币元（列至角分）

<table>
<tr><td colspan="2">预缴方式</td><td colspan="2">□按照实际利润额预缴□按照上一年度应纳税所得额平均额预缴□按照</td></tr>
<tr><td colspan="2">企业类型</td><td colspan="2">□一般企业□跨地区经营汇总纳税企业总机构□跨地区经营汇总纳税企业分支机构</td></tr>
<tr><td colspan="4">预缴税款计算</td></tr>
<tr><td colspan="2">行次</td><td>项目</td><td>本年累计金额</td></tr>
<tr><td>1</td><td colspan="2">营业收入</td><td></td></tr>
<tr><td>2</td><td colspan="2">营业成本</td><td></td></tr>
<tr><td>3</td><td colspan="2">利润总额</td><td></td></tr>
<tr><td>4</td><td colspan="2">加：特定业务计算的应纳税所得额</td><td></td></tr>
<tr><td>5</td><td colspan="2">减：不征税收入</td><td></td></tr>
<tr><td>6</td><td colspan="2">减：免税收入、减计收入、所得减免等优惠金额（填写A201010）</td><td></td></tr>
<tr><td>7</td><td colspan="2">减：固定资产加速折旧（扣除）调减额（填写A201020）</td><td></td></tr>
<tr><td>8</td><td colspan="2">减：弥补以前年度亏损</td><td></td></tr>
<tr><td>9</td><td colspan="2">实际利润额（3+4-5-6-7-8）\ 按照上一纳税年度应纳税所得额平均额确定的应纳税所得额</td><td></td></tr>
<tr><td>10</td><td colspan="2">税率（25%）</td><td></td></tr>
<tr><td>11</td><td colspan="2">应纳所得税额（9×10）</td><td></td></tr>
<tr><td>12</td><td colspan="2">减：减免所得税额（填写A201030）</td><td></td></tr>
<tr><td>13</td><td colspan="2">减：实际已缴纳所得税额</td><td></td></tr>
<tr><td>14</td><td colspan="2">减：特定业务预缴（征）所得税额</td><td></td></tr>
<tr><td>15</td><td colspan="2">本期应补（退）所得税额（11-12-13-14）\ 税务机关确定的本期应纳所得税额</td><td></td></tr>
<tr><td colspan="4">汇总纳税企业总分机构税款计算</td></tr>
<tr><td>16</td><td rowspan="4">总机构填报</td><td>总机构本期分摊应补（退）所得税额（17+18+19）</td><td></td></tr>
<tr><td>17</td><td>其中：总机构分摊应补（退）所得税额（15×总机构分摊比例0.00%）</td><td></td></tr>
<tr><td>18</td><td>财政集中分配应补（退）所得税额（15×财政集中分配比例0.00%）</td><td></td></tr>
<tr><td>19</td><td>总机构具有主体生产经营职能的部门分摊所得税额（15×全部分支机构分摊比例0.00%×总机构具有主体生产经营职能部门分摊比例0.00000000%）</td><td></td></tr>
<tr><td>20</td><td rowspan="2">分支机构填报</td><td>分支机构本期分摊比例</td><td></td></tr>
<tr><td>21</td><td>分支机构本期分摊应补（退）所得税额</td><td></td></tr>
</table>

续表

附报信息			
高新技术企业	□是□否	科技型中小企业	□是□否
技术入股递延纳税事项	□是□否		
按季度填报信息			
季初从业人数		季末从业人数	
季初资产总额（万元）		季末资产总额（万元）	
国家限制或禁止行业	□是□否	小型微利企业	□是□否
谨声明：本纳税申报表是根据国家税收法律法规及相关规定填报的，是真实的、可靠的、完整的。 纳税人（签章）：　　年　月　日			
经办人： 经办人身份证号： 代理机构签章： 代理机构统一社会信用代码：		受理人： 受理税务机关（章）： 受理日期：　　年　月　日	

国家税务总局监制

填报说明：

一、适用范围

本表适用于实行查账征收企业所得税的居民企业纳税人（以下简称“纳税人”）在月（季）度预缴纳税申报时填报。执行《跨地区经营汇总纳税企业所得税征收管理办法》（国家税务总局公告2012年第57号发布）的跨地区经营汇总纳税企业的分支机构，在年度纳税申报时填报本表。省（自治区、直辖市和计划单列市）税务机关对仅在本省（自治区、直辖市和计划单列市）内设立不具有法人资格分支机构的企业，参照《跨地区经营汇总纳税企业所得税征收管理办法》征收管理的，企业的分支机构在年度纳税申报时填报本表。

二、表头项目

（一）税款所属期间

1. 月（季）度预缴纳税申报

正常情况填报税款所属期月（季）度第一日至税款所属期月（季）度最后一日；年度中间开业的纳税人，在首次月（季）度预缴纳税申报时，填报开始经营之日至税款所属月（季）度最后一日，以后月（季）度预缴纳税申报时按照正常情况填报；年度中间终止经营活动的纳税人，在终止经营活动当期纳税申报时，填报税款所属期月（季）度第一日至终止经营活动之日，以后月（季）度预缴纳税申报表不再填报。

2. 纳税申报

（一）纳税人识别号（统一社会信用代码）

填报税务机关核发的纳税人识别号或有关部门核发的统一社会信用代码。

（二）纳税人名称

填报营业执照、税务登记证等证件载明的纳税人名称。

三、有关项目填报说明

（一）预缴方式

纳税人根据情况选择。

“按照上一纳税年度应纳税所得额平均额预缴”和“按照税务机关确定的其他方法预缴”两种预缴方式属于税务行政许可事项，纳税人需要履行行政许可相关程序。

（二）企业类型

纳税人根据情况选择。

纳税人为《跨地区经营汇总纳税企业所得税征收管理办法》规定的跨省、自治区、直辖市和计划单列市设立不具有法人资格分支机构的跨地区经营汇总纳税企业，总机构选择“跨地区经营汇总纳税企业总机构”；仅在同一省、自治区、直辖市和计划单列市内设立不具有法人资格分支机构的跨地区经营汇总纳税企业，并且总机构、分支机构参照《跨地区经营汇总纳税企业所得税征收管理办法》规定征收管理的，总机构选择“跨地区经营汇总纳税企业总机构”。

纳税人为《跨地区经营汇总纳税企业所得税征收管理办法》规定的跨省、自治区、直辖市和计划单列市设立不具有法人资格分支机构的跨地区经营汇总纳税企业，分支机构选择“跨地区经营汇总纳税企业分支机构”；仅在同一省、自治区、直辖市和计划单列市内设立不具有法人资格分支机构的跨地区经营汇总纳税企业，并且总机构、分支机构参照《跨地区经营汇总纳税企业所得税征收管理办法》规定征收管理的，分支机构选择“跨地区经营汇总纳税企业分支机构”。

上述企业以外的其他企业选择“一般企业”。

（三）预缴税款计算

预缴方式选择“按照实际利润额预缴”的纳税人填报第1行至第15行，预缴方式选择“按照上一纳税年度应纳税所得额平均额预缴”的纳税人填报第9、10、11、12、13、15行，预缴方式选择“按照税务机关确定的其他方法预缴”的纳税人填报第15行。

1. 第1行“营业收入”：填报纳税人截至本税款所属期末，按照国家统一会计制度规定核算的本年累计营业收入。

如：以前年度已经开始经营且按季度预缴纳税申报的纳税人，第二季度预缴纳税申报时本行填报本年1月1日至6月30日期间的累计营业收入。

2. 第2行“营业成本”：填报纳税人截至本税款所属期末，按照国家统一会计制度规定核算的本年累计营业成本。

3. 第3行“利润总额”：填报纳税人截至本税款所属期末，按照国家统一会计制度规定核算的本年累计利润总额。

4. 第4行“特定业务计算的应纳税所得额”：从事房地产开发等特定业务的纳税人，填报按照税收规定计算的特定业务的应纳税所得额。房地产开发企业销售未完工开发产品取得的预售收入，按照税收规定的预计计税毛利率计算的预计毛利额填入此行。企业开发产品完工后，其未完工预售环节按照税收规定的预计计税毛利率计算的预计毛利额在汇算清缴时调整，月（季）度预缴纳税申报时不调整。本行填报金额不得小于本年上期申报金额。

5. 第5行“不征税收入”：填报纳税人已经计入本表“利润总额”行次但属于税收规定的不征税收入的本年累计金额。

6. 第6行“免税收入、减计收入、所得减免等优惠金额”：填报属于税收规定的免税收入、减计收入、所得减免等优惠的本年累计金额。

本行根据《免税收入、减计收入、所得减免等优惠明细表》（A201010）填报。

7. 第7行“固定资产加速折旧（扣除）调减额”：填报固定资产税收上享受加速折旧优惠计算的折旧额大于同期会计折旧额期间，发生纳税调减的本年累计金额。

本行根据《固定资产加速折旧（扣除）明细表》（A201020）填报。

8. 第8行“弥补以前年度亏损”：填报纳税人截至税款所属期末，按照税收规定在企业所得税税前弥补的以前年度尚未弥补亏损的本年累计金额。

当本表第3+4-5-6-7行≤0时，本行=0。

9. 第9行“实际利润额 \ 按照上一纳税年度应纳税所得额平均额确定的应纳税所得额”：预缴方式选择“按照实际利润额预缴”的纳税人，根据本表相关行次计算结果填报，第9行=第3+4-5-6-7-8行；预缴方式选择“按照上一纳税年度应纳税所得额平均额预缴”的纳税人，填报按照上一纳税年度应纳税所得额平均额计算的本年累计金额。

10. 第10行“税率（25%）”：填报25%。

11. 第11行“应纳所得税额”：根据相关行次计算结果填报。第11行=第9×10行，且第11行≥0。

12. 第12行“减免所得税额”：填报纳税人截至税款所属期末，按照税收规定享受的减免企业所得税的本年累计金额。

本行根据《减免所得税额明细表》（A201030）填报。

13. 第13行“实际已缴纳所得税额”：填报纳税人按照税收规定已在此前月（季）度申报预缴企业所得税的本年累计金额。

建筑企业总机构直接管理的跨地区设立的项目部，按照税收规定已经向项目所在地主管税务机关预缴企业所得税的金额不填本行，而是填入本表第14行。

14. 第14行“特定业务预缴（征）所得税额”：填报建筑企业总机构直接管理的跨地区设立的项目部，按照税收规定已经向项目所在地主管税务机关预缴企业所得税的本年累计金额。

本行本期填报金额不得小于本年上期申报的金额。

15. 第15行“本期应补（退）所得税额 \ 税务机关确定的本期应纳所得税额”：按照不同预缴方式，分情况填报：

预缴方式选择“按照实际利润额预缴”以及“按照上一纳税年度应纳税所得额平均额预缴”的纳税人根据本表相关行次计算填报。第15行=第11-12-13-14行，当第11-12-13-14行<0时，本行填0；其中，企业所得税收入全额

归属中央且按比例就地预缴企业的分支机构，以及在同一省、自治区、直辖市和计划单列市内的按比例就地预缴企业的分支机构，第 15 行 = 第 11 行 × 就地预缴比例 - 第 12 行 × 就地预缴比例 - 第 13 行 - 第 14 行，当第 15 行 = 第 11 行 × 就地预缴比例 - 第 12 行 × 就地预缴比例 - 第 13 行 - 第 14 行 <0 时，本行填 0。

预缴方式选择“按照税务机关确定的其他方法预缴”的纳税人填报本期应纳企业所得税的金额。

（四）汇总纳税企业总分机构税款计算

企业类型选择“跨地区经营汇总纳税企业总机构”的纳税人填报第 16、17、18、19 行；企业类型选择“跨地区经营汇总纳税企业分支机构”的纳税人填报第 20、21 行。

1. 第 16 行“总机构本期分摊应补（退）所得税额”：跨地区经营汇总纳税企业的总机构根据相关行次计算结果填报，第 16 行 = 第 17 + 18 + 19 行。

2. 第 17 行“总机构分摊应补（退）所得税额（15 × 总机构分摊比例______%）”：根据相关行次计算结果填报，第 17 行 = 第 15 行 × 总机构分摊比例。其中：跨省、自治区、直辖市、计划单列市经营的汇总纳税企业“总机构分摊比例”填报 25%，同一省（自治区、直辖市、计划单列市）内跨地区经营汇总纳税企业“总机构分摊比例”按照各省（自治区、直辖市和计划单列市）确定的总机构分摊比例填报。

3. 第 18 行“财政集中分配应补（退）所得税额（15 × 财政集中分配比例______%）”：根据相关行次计算结果填报，第 18 行 = 第 15 行 × 财政集中分配比例。其中：跨省（自治区、直辖市和计划单列市）经营的汇总纳税企业“财政集中分配比例”填报 25%，同一省（自治区、直辖市、计划单列市）内跨地区经营汇总纳税企业“财政集中分配比例”按照各省（自治区、直辖市和计划单列市）确定的财政集中分配比例填报。

4. 第 19 行“总机构具有主体生产经营职能的部门分摊所得税额（15 × 全部分支机构分摊比例______% × 总机构具有主体生产经营职能部门分摊比例______%）”：根据相关行次计算结果填报，第 19 行 = 第 15 行 × 全部分支机构分摊比例 × 总机构具有主体生产经营职能部门分摊比例。其中：跨省（自治区、直辖市和计划单列市）经营的汇总纳税企业“全部分支机构分摊比例”填报 50%，同一省（自治区、直辖市、计划单列市）内跨地区经营汇总纳税企业“分支机构分摊比例”按照各省（自治区、直辖市和计划单列市）确定的分支机构分摊比例填报；“总机构具有主体生产经营部门分摊比例”按照设立的具有主体生产经营职能的部门在参与税款分摊的全部分支机构中的分摊比例填报。

5. 第 20 行“分支机构本期分摊比例”：跨地区经营汇总纳税企业分支机构填报其总机构出具的本期《企业所得税汇总纳税分支机构所得税分配表》“分配比例”列次中列示的本分支机构的分配比例。

6. 第 21 行“分支机构本期分摊应补（退）所得税额”：跨地区经营汇总纳税企业分支机构填报其总机构出具的本期《企业所得税汇总纳税分支机构所得税分配表》“分配所得税额”列次中列示的本分支机构应分摊的所得税额。

四、附报信息

企业类型选择“跨地区经营汇总纳税企业分支机构”的，不填报“附报信息”所有项目。

（一）小型微利企业

本栏次为必报项目，按照以下规则选择：

1. 以前年度成立企业。

上一纳税年度汇算清缴符合小型微利企业条件，且本期本表第 9 行“实际利润额 \ 按照上一纳税年度应纳税所得额平均额确定的应纳税所得额”填报的金额符合小型微利企业应纳税所得额条件的纳税人，选择“是”。

上一纳税年度汇算清缴符合小型微利企业条件，但本期本表第 9 行“实际利润额 \ 按照上一纳税年度应纳税所得额平均额确定的应纳税所得额”填报的金额不符合小型微利企业应纳税所得额条件的纳税人，选择“否”。

上一纳税年度汇算清缴不符合小型微利企业条件，但预计本年度资产总额、从业人数、从事行业符合小型微利企业条件且本期本表第 9 行“实际利润额 \ 按照上一纳税年度应纳税所得额平均额确定的应纳税所得额”填报的金额符合小型微利企业应纳税所得额条件的纳税人，选择“是”。

上一纳税年度汇算清缴不符合小型微利企业条件，预计本年度资产总额、从业人数、从事行业不符合小型微利企业条件或者本期本表第 9 行“实际利润额 \ 按照上一纳税年度应纳税所得额平均额确定的应纳税所得额”填报的金额不符合小型微利企业应纳税所得额条件的纳税人，选择“否”。

2. 本年度成立企业。

本年度新成立企业，预计本年度资产总额、从业人数、从事行业符合小型微利企业条件且本期本表第 9 行“实际利润额 \ 按照上一纳税年度应纳税所得额平均额确定的应纳税所得额”填报的金额符合小型微利企业应纳税所得额条件的纳税人，选择“是”。

本年度新成立企业，预计本年度资产总额、从业人数、从事行业不符合小型微利企业条件或者本期本表第 9 行“实际利润额 \ 按照上一纳税年度应纳税所得额平均额确定的应纳税所得额”填报的金额不符合小型微利企业应纳税所得额条件的纳税人，选择“否”。

3. 以前年度成立企业在本年度第一季度预缴企业所得税时，如未完成上一纳税年度汇算清缴，无法判断上一纳税年度是否符合小型微利企业条件的，可暂按照上一纳税年度第四季度的预缴企业所得税情况判别。

（二）科技型中小企业

本栏次为必报项目。

符合条件的纳税人可以按照《科技型中小企业评价办法》进行自主评价，并按照自愿原则到“全国科技型中小企业信息服务平台”填报企业信息，经公示无异议后纳入“全国科技型中小企业信息库”。凡是取得本年“科技型中小企业入库登记编号”且编号有效的纳税人，选择“是”；未取得本年“科技型中小企业入库登记编号”或者已取得本年“科技型中小企业入库登记编号”但被科技管理部门撤销登记编号的纳税人，选择“否”。

（三）高新技术企业

本栏次为必报项目。

根据《高新技术企业认定管理办法》《高新技术企业认定管理工作指引》等文件规定，符合条件的纳税人履行相关认定程序后取得“高新技术企业证书”。凡是取得“高新技术企业证书”且在有效期内的纳税人，选择“是”；未取得“高新技术企业证书”或者“高新技术企业证书”不在有效期内的纳税人，选择“否”。

（四）技术入股递延纳税事项

本栏次为必报项目。

根据《财政部　国家税务总局关于完善股权激励和技术入股有关所得税政策的通知》（财税〔2016〕101 号）文件规定，企业以技术成果投资入股到境内居民企业，被投资企业支付的对价全部为股票（权）的，企业可以选择适用递延纳税优惠政策。本年内发生以技术成果投资入股且选择适用递延纳税优惠政策的纳税人，选择“是”；本年内未发生以技术成果投资入股或者以技术成果投资入股但选择继续按现行有关税收政策执行的纳税人，选择“否”。

（五）期末从业人数

本栏次为必报项目。

纳税人填报税款所属期期末从业人员的数量。从业人数是指与企业建立劳动关系的职工人数和企业接受的劳务派遣用工人数之和。汇总纳税企业总机构填报包括分支机构在内的所有从业人数。

五、表内、表间关系

（一）表内关系

1. 预缴方式选择“按照实际利润额预缴”的纳税人，第 9 行 = 第 3 + 4 − 5 − 6 − 7 − 8 行。

2. 第 11 行 = 第 9 × 10 行。

3. 预缴方式选择“按照实际利润额预缴”“按照上一纳税年度应纳税所得额平均额预缴”的纳税人，第 15 行 = 第 11 − 12 − 13 − 14 行。当第 11 − 12 − 13 − 14 行 < 0 时，第 15 行 = 0。

其中，企业所得税收入全额归属中央且按比例就地预缴企业的分支机构，以及在同一省、自治区、直辖市和计划单列市内的按比例就地预缴企业的分支机构，第 15 行 = 第 11 行 × 就地预缴比例 − 第 12 行 × 就地预缴比例 − 第 13 行 − 第 14 行。当第 15 行 = 第 11 行 × 就地预缴比例 − 第 12 行 × 就地预缴比例 − 第 13 行 − 第 14 行 < 0 时，第 15 行 = 0。

4. 第 16 行 = 第 17 + 18 + 19 行。

5. 第 17 行 = 第 15 行 × 总机构分摊比例。

6. 第 18 行 = 第 15 行 × 财政集中分配比例。

7. 第 19 行 = 第 15 行 × 全部分支机构分摊比例 × 总机构具有主体生产经营职能部门分摊比例。

（二）表间关系

1. 第 6 行 = 表 A201010 第 41 行。

2. 第 7 行 = 表 A201020 第 5 行第 5 列。

3. 第 12 行 = 表 A201030 第 30 行。

4. 第 15 行 = 表 A202000“应纳所得税额”栏次填报的金额。

5. 第 17 行 = 表 A202000“总机构分摊所得税额”栏次填报的金额。

6. 第 18 行 = 表 A202000“总机构财政集中分配所得税额”栏次填报的金额。

7. 第 19 行 = 表 A202000“分支机构情况”中对应总机构独立生产经营部门行次的“分配所得税额”列次填报的金额。

减免所得税优惠明细表

行次	项目	本年累计金额
1	一、符合条件的小型微利企业减免企业所得税	
2	二、国家需要重点扶持的高新技术企业减按15%的税率征收企业所得税	
3	三、经济特区和上海浦东新区新设立的高新技术企业在区内取得的所得定期减免企业所得税	
4	四、受灾地区农村信用社免征企业所得税	
5	五、动漫企业自主开发、生产动漫产品定期减免企业所得税	
6	六、线宽小于0.8微米（含）的集成电路生产企业减免所得税	
7	七、线宽小于0.25微米（含）的集成电路生产企业减按15%税率征收所得税	
8	八、投资额超过80亿元的集成电路生产企业减按15%税率征收所得税	
9	九、线宽小于0.25微米的集成电路生产企业减免企业所得税	
10	十、投资额超过80亿元的集成电路生产企业减免企业所得税	
11	十一、线宽小于130纳米的集成电路生产企业减免所得税	
12	十二、线宽小于65纳米或投资额超过150亿元的集成电路生产企业减免所得税	
13	十三、新办集成电路设计企业减免企业所得税	
14	十四、国家规划布局内集成电路设计企业可减按10%的税率征收企业所得税	
15	十五、符合条件的软件企业减免企业所得税	
16	十六、国家规划布局内重点软件企业可减按10%的税率征收企业所得税	
17	十七、符合条件的集成电路封装、测试企业定期减免企业所得税	
18	十八、符合条件的集成电路关键专用材料生产企业、集成电路专用设备生产企业定期减免企业所得税	
19	十九、经营性文化事业单位转制为企业的免征企业所得税	
20	二十、符合条件的生产和装配伤残人员专门用品企业免征企业所得税	
21	二十一、技术先进型服务企业（服务外包类）减按15%税率征收所得税	
22	二十二、技术先进型服务企业（服务贸易类）减按15%税率征收所得税	
23	二十三、设在西部地区的鼓励类产业企业减按15%税率征收所得税	
24	二十四、新疆困难地区新办企业定期减免企业所得税	
25	二十五、新疆喀什、霍尔果斯特殊经济开发区新办企业定期减免企业所得税	
26	二十六、广东横琴、福建平潭、深圳前海等地区的鼓励类产业企业减按15%税率征收所得税	
27	二十七、北京东奥组委、北京冬奥会测试赛赛事组委会免征企业所得税	
28	二十八、其他（28.1+28.2）	
28.1	1. 从事污染防治的第三方企业减按15%税率征收所得税	
28.2	2. 其他	
29	二十九、民族自治地方的自治机关对本民族自治地方的企业应缴纳的企业所得税中属于地方分享的部分减征或免征（□免征□减征：减征幅度0.00%）	
30	合计（1+2+3+4+5+6+…+28+29）	

填表说明：

本表为《中华人民共和国企业所得税月（季）度预缴纳税申报表（A类）》（A200000）附表，适用于享受减免所得税额优惠的实行查账征收企业所得税的居民企业纳税人填报。纳税人根据税收规定，填报本年发生的累计优惠情况。

一、有关项目填报说明

1. 第1行“一、符合条件的小型微利企业减免企业所得税”：根据相关税收政策规定的，从事国家非限制和禁止行业的企业，并符合应纳税所得额、从业人数、资产总额条件的，其所得减按50%计入应纳税所得额，按20%的税率缴纳企业所得税。本行填报本期《中华人民共和国企业所得税月（季）度预缴纳税申报表（A类）》（A200000）第9行×15%的金额。

2. 第2行“二、国家需要重点扶持的高新技术企业减按15%的税率征收企业所得税”：填报享受国家重点扶持的高新技术企业优惠的本年累计减免税额。

3. 第3行“三、经济特区和上海浦东新区新设立的高新技术企业在区内取得的所得定期减免企业所得税”：根据《国务院关于经济特区和上海浦东新区新设立高新技术企业实行过渡性税收优惠的通知》（国发〔2007〕40号）、《财政部 国家税务总局关于贯彻落实国务院关于实施企业所得税过渡优惠政策有关问题的通知》（财税〔2008〕21号）等规定，经济特区和上海浦东新区内，在2008年1月1日（含）之后完成登记注册的国家需要重点扶持的高新技术企业，在经济特区和上海浦东新区内取得的所得，自取得第一笔生产经营收入所属纳税年度起，第一年至第二年免征企业所得税，第三年至第五年按照25%法定税率减半征收企业所得税。本行填报免征、减征企业所得税的本年累计金额。

对于跨经济特区和上海浦东新区的高新技术企业，其区内所得优惠填写本行，区外所得优惠填报本表第2行。经济特区和上海浦东新区新设立的高新技术企业定期减免税期满后，只享受15%税率优惠的，填报本表第2行。

4. 第4行“四、受灾地区农村信用社免征企业所得税”：填报受灾地区农村信用社免征企业所得税的金额。鲁甸农村信用社按照《财政部 海关总署 国家税务总局关于支持鲁甸地震灾后恢复重建有关税收政策问题的通知》（财税〔2015〕27号）规定免征的所得税额，在本行填列。本行填报本期《中华人民共和国企业所得税月（季）度预缴纳税申报表（A类）》（A200000）第9行×25%的金额。

5. 第5行“五、动漫企业自主开发、生产动漫产品定期减免企业所得税”：根据《财政部 国家税务总局关于扶持动漫产业发展有关税收政策问题的通知》（财税〔2009〕65号）等规定，经认定的动漫企业自主开发、生产动漫产品，享受软件企业所得税优惠政策。即在2017年12月31日前自获利年度起，第一年至第二年免征所得税，第三年至第五年按照25%的法定税率减半征收所得税，并享受至期满为止。本行填报根据本期《中华人民共和国企业所得税月（季）度预缴纳税申报表（A类）》（A200000）第9行计算的免征、减征企业所得税的本年累计金额。

6. 第6行“六、线宽小于0.8微米（含）的集成电路生产企业减免企业所得税”：根据《财政部 国家税务总局关于进一步鼓励软件产业和集成电路产业发展企业所得税政策的通知》（财税〔2012〕27号）、《财政部 国家税务总局 发展改革委 工业和信息化部关于软件和集成电路产业企业所得税优惠政策有关问题的通知》（财税〔2016〕49号）、《财政部 税务总局 国家发展改革委 工业和信息化部关于集成电路生产企业有关企业所得税政策问题的通知》（财税〔2018〕27号）等规定，2017年12月31日前设立的线宽小于0.8微米（含）的集成电路生产企业，自获利年度起计算优惠期，第一年至第二年免征企业所得税，第三年至第五年按照25%的法定税率减半征收企业所得税，并享受至期满为止。本行填报根据本期《中华人民共和国企业所得税月（季）度预缴纳税申报表（A类）》（A200000）第9行计算的免征、减征企业所得税的本年累计金额。

7. 第7行“七、线宽小于0.25微米的集成电路生产企业减按15%税率征收企业所得税”：根据《财政部 国家税务总局关于进一步鼓励软件产业和集成电路产业发展企业所得税政策的通知》（财税〔2012〕27号）、《财政部 国家税务总局 发展改革委 工业和信息化部关于软件和集成电路产业企业所得税优惠政策有关问题的通知》（财税〔2016〕49号）等规定，线宽小于0.25微米的集成电路生产企业，享受15%税率。本行填报本期《中华人民共和国企业所得税月（季）度预缴纳税申报表（A类）》（A200000）第9行×10%的金额。

8. 第8行“八、投资额超过80亿元的集成电路生产企业减按15%税率征收企业所得税”：根据《财政部 国家税务总局关于进一步鼓励软件产业和集成电路产业发展企业所得税政策的通知》（财税〔2012〕27号）、《财政部 国家税务总局 发展改革委 工业和信息化部关于软件和集成电路产业企业所得税优惠政策有关问题的通知》（财税〔2016〕49号）等规定，投资额超过80亿元的集成电路生产企业，享受15%税率。本行填报本期《中华人民共和国企业所得税月（季）度预缴纳税申报表（A类）》（A200000）第9行×10%的金额。

9. 第9行“九、线宽小于0.25微米的集成电路生产企业减免企业所得税”：根据《财政部 国家税务总局关于进一步鼓励软件产业和集成电路产业发展企业所得税政策的通知》（财税〔2012〕27号）、《财政部 国家税务总局 发展改革委 工业和信息化部关于软件和集成电路产业企业所得税优惠政策有关问题的通知》（财税〔2016〕49号）、《财政部 税务总局 国家发展改革委 工业和信息化部关于集成电路生产企业有关企业所得税政策问题的通知》（财税〔2018〕27号）等规定，2017年12月31日前设立的线宽小于0.25微米的集成电路生产企业，经营期在15年以上的，自获利年度起计算优惠期，第一年至第五年免征企业所得税，第六年至第十年按照25%的法定税率减半征收企业所得税，并享受至期满为止。本行填报根据本期《中华人民共和国企业所得税月（季）度预缴纳税申报表（A类）》（A200000）第9行计算的免征、减征企业所得税的本年累计金额。

10. 第10行："十、投资额超过80亿元的集成电路生产企业减免企业所得税"：根据《财政部 国家税务总局关于进一步鼓励软件产业和集成电路产业发展企业所得税政策的通知》（财税〔2012〕27号）、《财政部 国家税务总局 发展改革委 工业和信息化部关于软件和集成电路产业企业所得税优惠政策有关问题的通知》（财税〔2016〕49号）、《财政部 税务总局 国家发展改革委 工业和信息化部关于集成电路生产企业有关企业所得税政策问题的通知》（财税〔2018〕27号）等规定，2017年12月31日前设立的投资额超过80亿元的集成电路生产企业，经营期在15年以上的，自获利年度起计算优惠期，第一年至第五年免征企业所得税，第六年至第十年按照25%的法定税率减半征收企业所得税，并享受至期满为止。本行填报根据本期《中华人民共和国企业所得税月（季）度预缴纳税申报表（A类）》（A200000）第9行计算的免征、减征企业所得税的本年累计金额。

11. 第11行"十一、线宽小于130纳米的集成电路生产企业减免企业所得税"：根据《财政部 国家税务总局 发展改革委 工业和信息化部关于软件和集成电路产业企业所得税优惠政策有关问题的通知》（财税〔2016〕49号）、《财政部 税务总局 国家发展改革委 工业和信息化部关于集成电路生产企业有关企业所得税政策问题的通知》（财税〔2018〕27号）等规定，2018年1月1日后投资新设的集成电路线宽小于130纳米，且经营期在10年以上的集成电路生产企业，自获利年度起第一年至第二年免征企业所得税，第三年至第五年按照25%的法定税率减半征收企业所得税，并享受至期满为止。本行填报根据本期《中华人民共和国企业所得税月（季）度预缴纳税申报表（A类）》（A200000）第9行计算的免征、减征企业所得税的本年累计金额。

12. 第12行"十二、线宽小于65纳米或投资额超过150亿元的集成电路生产企业减免企业所得税"：根据《财政部 国家税务总局 发展改革委 工业和信息化部关于软件和集成电路产业企业所得税优惠政策有关问题的通知》（财税〔2016〕49号）、《财政部 税务总局 国家发展改革委 工业和信息化部关于集成电路生产企业有关企业所得税政策问题的通知》（财税〔2018〕27号）等规定，2018年1月1日后投资新设的集成电路线宽小于65纳米或投资额超过150亿元，且经营期在15年以上的集成电路生产企业，自获利年度起第一年至第五年免征企业所得税，第六年至第十年按照25%的法定税率减半征收企业所得税，并享受至期满为止。本行填报根据本期《中华人民共和国企业所得税月（季）度预缴纳税申报表（A类）》（A200000）第9行计算的免征、减征企业所得税的本年累计金额。

13. 第13行"十三、新办集成电路设计企业减免企业所得税"：根据《财政部 国家税务总局关于进一步鼓励软件产业和集成电路产业发展企业所得税政策的通知》（财税〔2012〕27号）、《财政部 国家税务总局 发展改革委 工业和信息化部关于软件和集成电路产业企业所得税优惠政策有关问题的通知》（财税〔2016〕49号）等规定，我国境内新办的集成电路设计企业，在2017年12月31日前自获利年度起计算优惠期，第一年至第二年免征企业所得税，第三年至第五年按照25%的法定税率减半征收企业所得税，并享受至期满为止。本行填报根据本期《中华人民共和国企业所得税月（季）度预缴纳税申报表（A类）》（A200000）第9行计算的免征、减征企业所得税的本年累计金额。

14. 第14行"十四、国家规划布局内集成电路设计企业可减按10%的税率征收企业所得税"：根据《财政部 国家税务总局关于进一步鼓励软件产业和集成电路产业发展企业所得税政策的通知》（财税〔2012〕27号）、《财政部 国家税务总局 发展改革委 工业和信息化部关于软件和集成电路产业企业所得税优惠政策有关问题的通知》（财税〔2016〕49号）等规定，国家规划布局内的集成电路设计企业，如当年未享受免税优惠的，可减按10%税率征收企业所得税。本行填报本期《中华人民共和国企业所得税月（季）度预缴纳税申报表（A类）》（A200000）第9行×15%的金额。

15. 第15行"十五、符合条件的软件企业减免企业所得税"：根据《财政部 国家税务总局关于进一步鼓励软件产业和集成电路产业发展企业所得税政策的通知》（财税〔2012〕27号）、《财政部 国家税务总局 发展改革委 工业和信息化部关于软件和集成电路产业企业所得税优惠政策有关问题的通知》（财税〔2016〕49号）等规定，我国境内新办的符合条件的软件企业，在2017年12月31日前自获利年度起计算优惠期，第一年至第二年免征企业所得税，第三年至第五年按照25%的法定税率减半征收企业所得税，并享受至期满为止。本行填报根据本期《中华人民共和国企业所得税月（季）度预缴纳税申报表（A类）》（A200000）第9行计算的免征、减征企业所得税的本年累计金额。

16. 第 16 行“十六、国家规划布局内重点软件企业可减按 10% 的税率征收企业所得税”：根据《财政部　国家税务总局关于进一步鼓励软件产业和集成电路产业发展企业所得税政策的通知》（财税〔2012〕27 号）、《财政部 国家税务总局 发展改革委 工业和信息化部关于软件和集成电路产业企业所得税优惠政策有关问题的通知》（财税〔2016〕49 号）等规定，国家规划布局内的重点软件企业，如当年未享受免税优惠的，可减按 10% 税率征收企业所得税。本行填报本期《中华人民共和国企业所得税月（季）度预缴纳税申报表（A 类）》（A200000）第 9 行 ×15% 的金额。

17. 第 17 行“十七、符合条件的集成电路封装、测试企业定期减免企业所得税”：根据《财政部　国家税务总局　发展改革委　工业和信息化部关于进一步鼓励集成电路产业发展企业所得税政策的通知》（财税〔2015〕6 号）规定，符合条件的集成电路封装、测试企业，在 2017 年（含 2017 年）前实现获利的，自获利年度起第一年至第二年免征企业所得税，第三年至第五年按照 25% 的法定税率减半征收企业所得税，并享受至期满为止；2017 年前未实现获利的，自 2017 年起计算优惠期，享受至期满为止。本行填报根据本期《中华人民共和国企业所得税月（季）度预缴纳税申报表（A 类）》（A200000）第 9 行计算的免征、减征企业所得税的本年累计金额。

18. 第 18 行“十八、符合条件的集成电路关键专用材料生产企业、集成电路专用设备生产企业定期减免企业所得税”：根据《财政部　国家税务总局　发展改革委　工业和信息化部关于进一步鼓励集成电路产业发展企业所得税政策的通知》（财税〔2015〕6 号）规定，符合条件的集成电路关键专用材料生产企业、集成电路专用设备生产企业，在 2017 年（含 2017 年）前实现获利的，自获利年度起第一年至第二年免征企业所得税，第三年至第五年按照 25% 的法定税率减半征收企业所得税，并享受至期满为止；2017 年前未实现获利的，自 2017 年起计算优惠期，享受至期满为止。本行填报根据本期《中华人民共和国企业所得税月（季）度预缴纳税申报表（A 类）》（A200000）第 9 行计算的免征、减征企业所得税的本年累计金额。

19. 第 19 行“十九、经营性文化事业单位转制为企业的免征企业所得税”：根据《财政部　国家税务总局　中宣部关于继续实施文化体制改革中经营性文化事业单位转制为企业若干税收政策的通知》（财税〔2014〕84 号）等规定，从事新闻出版、广播影视和文化艺术的经营性文化事业单位转制为企业的，自转制注册之日起免征企业所得税。本行填报本期《中华人民共和国企业所得税月（季）度预缴纳税申报表（A 类）》（A200000）第 9 行 ×25% 的金额。

20. 第 20 行“二十、符合条件的生产和装配伤残人员专门用品企业免征企业所得税”：根据《财政部　国家税务总局　民政部关于生产和装配伤残人员专门用品企业免征企业所得税的通知》（财税〔2016〕111 号）等规定，符合条件的生产和装配伤残人员专门用品的企业免征企业所得税。本行填报本期《中华人民共和国企业所得税月（季）度预缴纳税申报表（A 类）》（A200000）第 9 行 ×25% 的金额。

21. 第 21 行“二十一、技术先进型服务企业减按 15% 的税率征收企业所得税”：根据《财政部　国家税务总局　商务部 科技部 国家发展改革委关于完善技术先进型服务企业有关企业所得税政策问题的通知》（财税〔2014〕59 号）、《财政部 国家税务总局 商务部 科技部 国家发展改革委关于新增中国服务外包示范城市适用技术先进型服务企业所得税政策的通知》（财税〔2016〕108 号）、《财政部 税务总局 商务部 科技部 国家发展改革委关于将技术先进型服务企业所得税政策推广至全国实施的通知》（财税〔2017〕79 号）等规定，对经认定的技术先进型服务企业，减按 15% 的税率征收企业所得税。本行填报本期《中华人民共和国企业所得税月（季）度预缴纳税申报表（A 类）》（A200000）第 9 行 ×10% 的金额。

22. 第 22 行“服务贸易类技术先进型服务企业减按 15% 的税率征收企业所得税”：根据相关政策规定，经认定的技术先进型服务企业（服务贸易类）减按 15% 的税率征收企业所得税。本行填报本期《中华人民共和国企业所得税月（季）度预缴纳税申报表（A 类）》（A200000）第 9 行 ×10% 的金额。

23. 第 23 行“二十三、设在西部地区的鼓励类产业企业减按 15% 的税率征收企业所得税”：根据《财政部　海关总署　国家税务总局关于深入实施西部大开发战略有关税收政策问题的通知》（财税〔2011〕58 号）、《国家税务总局关于深入实施西部大开发战略有关企业所得税问题的公告》（国家税务总局公告 2012 年第 12 号）、《财政部 海关总署 国家税务总局关于赣州市执行西部大开发税收政策问题的通知》（财税〔2013〕4 号）、《西部地区鼓励类产业目录》（中华人民共和国国家发展和改革委员会令第 15 号）、《国家税务总局关于执行〈西部地区鼓励类产业目录〉有关企业所得税问题的公告》（国家税务总局公告 2015 年第 14 号）等规定，对设在西部地区的鼓励类产业企业减按 15% 的税率征收企业所得税；对设在赣州市的鼓励类产业的内资和外商投资企业减按 15% 税率征收企业所得税。本行填报根据本期《中华人民共和国企业所得税月（季）度预缴纳税申报表（A 类）》（A200000）第 9 行计算的减征企业所得税的本年累计金额。

跨地区经营汇总纳税企业总机构和分支机构因享受该项优惠政策适用不同税率的，本行填报按照《国家税务总局关于印发〈跨地区经营汇总纳税企业所得税征收管理办法〉的公告》（国家税务总局公告 2012 年第 57 号）第十八条规定计算的减免税额。

24. 第24行“二十四、新疆困难地区新办企业定期减免企业所得税”：根据《财政部　国家税务总局关于新疆困难地区新办企业所得税优惠政策的通知》（财税〔2011〕53号）、《财政部 国家税务总局 国家发展改革委 工业和信息化部关于完善新疆困难地区重点鼓励发展产业企业所得税优惠目录的通知》（财税〔2016〕85号）等规定，对在新疆困难地区新办的属于《新疆困难地区重点鼓励发展产业企业所得税优惠目录》范围内的企业，自取得第一笔生产经营收入所属纳税年度起，第一年至第二年免征企业所得税，第三年至第五年减半征收企业所得税。本行填报根据本期《中华人民共和国企业所得税月（季）度预缴纳税申报表（A类）》（A200000）第9行计算的免征、减征企业所得税的本年累计金额。

25. 第25行“二十五、新疆喀什、霍尔果斯特殊经济开发区新办企业定期免征企业所得税”：根据《财政部　国家税务总局关于新疆喀什 霍尔果斯两个特殊经济开发区企业所得税优惠政策的通知》（财税〔2011〕112号）、《财政部 国家税务总局 国家发展改革委 工业和信息化部关于完善新疆困难地区重点鼓励发展产业企业所得税优惠目录的通知》（财税〔2016〕85号）等规定，对在新疆喀什、霍尔果斯两个特殊经济开发区内新办的属于《新疆困难地区重点鼓励发展产业企业所得税优惠目录》范围内的企业，自取得第一笔生产经营收入所属纳税年度起，五年内免征企业所得税。本行填报根据本期《中华人民共和国企业所得税月（季）度预缴纳税申报表（A类）》（A200000）第9行计算的免征企业所得税的本年累计金额。

26. 第26行“二十六、广东横琴、福建平潭、深圳前海等地区的鼓励类产业企业减按15%税率征收企业所得税”：根据《财政部　国家税务总局关于广东横琴新区、福建平潭综合实验区、深圳前海深港现代化服务业合作区企业所得税优惠政策及优惠目录的通知》（财税〔2014〕26号）、《财政部　税务总局关于平潭综合实验区企业所得税优惠目录增列有关旅游产业项目的通知》（财税〔2017〕75号）等规定，对设在广东横琴新区、福建平潭综合实验区和深圳前海深港现代服务业合作区的鼓励类产业企业减按15%的税率征收企业所得税。本行填报根据本期《中华人民共和国企业所得税月（季）度预缴纳税申报表（A类）》（A200000）第9行计算的减征企业所得税的本年累计金额。

27. 第27行“二十七、北京冬奥组委、北京冬奥会测试赛赛事组委会免征企业所得税”：根据《财政部　税务总局　海关总署关于北京2022年冬奥会和冬残奥会税收政策的通知》（财税〔2017〕60号）等规定，为支持发展奥林匹克运动，确保北京2022年冬奥会和冬残奥会顺利举办，对北京冬奥组委免征应缴纳的企业所得税，北京冬奥会测试赛赛事组委会取得的收入及发生的涉税支出比照执行北京冬奥组委的税收政策。本行填报本期《中华人民共和国企业所得税月（季）度预缴纳税申报表（A类）》（A200000）第9行×25%的金额。

28. 第28行“二十八、其他”：填报纳税人享受的本表未列明的减免企业所得税优惠的优惠事项名称、减免税代码及免征、减征企业所得税的本年累计金额。

29. 第29行“二十九、民族自治地方的自治机关对本民族自治地方的企业应缴纳的企业所得税中属于地方分享的部分免征或减征（免征减征：减征幅度______%）”：根据《中华人民共和国企业所得税法》《财政部 国家税务总局关于贯彻落实国务院关于实施企业所得税过渡优惠政策有关问题的通知》（财税〔2008〕21号）、《中华人民共和国民族区域自治法》等规定，实行民族区域自治的自治区、自治州、自治县的自治机关对本民族自治地方的企业应缴纳的企业所得税中属于地方分享的部分，可以决定免征或减征，自治州、自治县决定减征或者免征的，须报省、自治区、直辖市人民政府批准。

纳税人填报该行次时，根据享受政策的类型选择“免征”或“减征”，二者必选其一。选择“免征”是指免征企业所得税税收地方分享部分；选择“减征：减征幅度______%”是指减征企业所得税税收地方分享部分。此时需填写“减征幅度”，减征幅度填写范围为1至100，表示企业所得税税收地方分享部分的减征比例。通常情况下，本行填报［《中华人民共和国企业所得税月（季）度预缴纳税申报表（A类）》（A200000）第11行“应纳所得税额”－本表第1行至第28行合计金额］×40%×减征幅度。例如：地方分享部分减半征收，则选择“减征”，并在“减征幅度”后填写“50%”。

30. 第30行“合计”：根据相关行次计算结果填报。本行＝第1＋2＋3＋4＋5＋…＋29行。

二、表内、表间关系

（一）表内关系：第30行＝第1＋2＋3＋4＋5＋…＋29行。

（二）表间关系：第30行＝表A200000第12行。

项目三

小型商业财税一体会计综合实训

任务一 了解重庆天泽商贸有限公司基本情况

一、重庆天泽商贸有限公司会计政策和核算方法

（1）公司执行《小企业会计准则》（2013 年）和财政部颁发的《会计基础工作规范》《会计基础工作规范说明》。

（2）公司经重庆市国家税务局认定为一般纳税人企业，按照 2019 年 4 月最新税率执行。增值税税率 13%，城市维护建设税税率 7%，教育费附加费率 3%，企业所得税率 25%（企业所得税实行查账计征，按季计算并预缴、年终汇算清缴）。

（3）存货按实际成本计价，发出存货成本均采用“先进先出法”计算。所有核算保留两位小数点，尾差计入期末存货成本。

（4）工薪所得个人所得税按七级超额累进税率计算代扣代缴。职工缴费工资为每月应发工资合计，具体比例如表 3－1 所示。

表 3－1　　单位和个人五险一金计提比例

养老保险		医疗保险＋生育保险		失业保险		工伤保险	
个人 8%	单位 16%	个人 2% ＋5	单位 10%	个人 0.5%	单位 0.5%	个人 0	单位 0.6%

（5）固定资产折旧采用年限平均法，按个别折旧率计提折旧；

（6）产品按“品种法”计算成本。

注意：

（1）职工个人应缴纳的社会保险费、住房公积金由企业每月代扣代缴。

（2）分配率保留小数点后两位，其余计算结果四舍五入保留小数点后两位。

（3）本期取得的进项税额均在本月已认证抵扣。

二、重庆天泽商贸有限公司基础资料

（一）基本资料

重庆天泽商贸有限公司是一家商业企业，批发、零售：糖果、糕点，经国家税务部门认定为增值税一般纳税人。

单位地址：重庆市江津区桥头乡镇0038×号

法人代表：银良雨

邮政编码：402260

联系电话：023－00930027

开户行：农行江津区桥头支行

账号：6228 4890 0018 0002 0AS

纳税登记号：500106700082000

1. 单位名称：重庆天泽商贸有限公司，简称天泽公司
2. 会计期间：2020年9月
3. 本币代码：RMB；本币名称：人民币
4. 企业类型：商业
5. 行业性质：小企业会计准则
6. 会计主管：令狐灵光
7. 数据精度：保留两位小数。百分率保留到小数点后两位小数，如1.33%。涉及分配以最后出现的名称为准进行调“整”。

（二）员工信息

1. 财务部人员（见表3－2）

表3－2

编号	姓名	岗位
1	令狐灵光	会计主管
2	吴敬	会计人员
3	郑玄	出纳、开票人员
4	王逸少	库管人员

2. 职员档案信息（见表3-3）

表3-3

职员编号	职员姓名	所属部门	职员岗位
1	银良雨	行政部	董事长
2	冯万毕	行政部	总经理
3	陈永贵	行政部	行政人员
4	令狐灵光	财务部	财务主管
5	吴敬	财务部	会计人员
6	郑玄	财务部	出纳、开票
7	王逸少	财务部	库管
8	沈梦溪	采购部	采购经理
9	韩武子	采购部	采购人员
10	朱重九	销售部	销售经理
11	秦瑞	销售部	销售人员
12	许江	销售部	销售人员

（三）公司结构（见表3-4）

表3-4

部门编码	部门名称
1	行政部
2	财务部
3	采购部
4	销售部

（四）公司主要客户信息（见表3－5）

表3－5

代码	客户名称	地址	纳税人识别号	开户行及账号	开票人	送货人	电话
01	重庆渝格超市	重庆江北区人和大道45LA号	500106788000XTA	工行重庆江北陈桥支行 6222 3456 0000 2378 TYT	冯洋	余实儿	02376869900
02	四川燕南飞商贸有限公司	成都青羊区景光路369P号	522337000222HSD	招商银行成都青羊支行 6187 3333 2008 0000 ZSI	铁好一	昌平管	02869008900
03	广东楠楠超市	广州南京路五一大道000T号	733887000111GOS	工行广州南沙区支行 6222 8765 3331 0088 GHP	曹立	雷发谷	02085870000
04	吉林阳光商贸有限责任公司	吉林南京路正真街057W号	756334000888LPP	工行吉林和平支行 5333 8900 2221 7000 GAS	熊金	腾是凯	0246970000
05	兰州成成百货有限公司	兰州上海路480X号	455009000777LLL	民生银行兰州安宁支行 7333 4567 0099 4444 MKL	齐可	傅卡可	09317760000
06	北京群群百货有限公司	北京建新路400A号	544336222000BJT	建行北京北环路营业部 4718 5598 0000 3077 JHC	潘如一	康福仁	01066510000
07	柳州通通超市	柳州兴通大道456S号	477399000777LZY	工行柳州广阳营业部 6222 7777 8888 9800 NNB	孔伍甲	谭木	07717876000
08	石家庄达达超市	石家庄天湖大道209C号	534666000789HJU	工行石家庄桥西营业部 6222 3232 0099 2222 GAC	黄希旺	牟好	0311775000

（五）主要供应商档案信息（见表3-6）

表3-6

代码	供应商名称	地址	纳税人识别号	开户行及账号	开票人	送货人	电话
01	重庆红南食品有限公司	重庆红槽房正街23HK	510223000990HCF	民生银行沙坪坝支行 7333 34459 0002 0222 HCF	和乐乐	肖克	02377772200
02	成都富贵糖果有限公司	成都平武路880M	345889222000PWX	农行成都平武支行 4718 3344 7765 0000 MWP	柳清清	邵纯洋	02867334400
03	昆明新发食品有限公司	昆明丽江路470L	444778000333YKJ	农行昆明新大街营业部 4718 3399 7822 0000 YNL	张大爱	萧门清	08883331700
04	吉林开开糕点有限公司	长春佳木大道689J	555677000333HJM	交通银行长春佳木斯营业部 3214 6600 7788 6600 JMS	蔡明明	冉梦	04546696200
05	武汉唐宝食品有限公司	武汉襄阳大道067X	666778000334HXY	工行武汉襄阳路支行 6222 3377 4444 0078 HXY	欧阳可可	熊旷玲	07100001220
06	重庆顺达糖果有限公司	重庆大渡口解放街605D	510888000334DDK	工行重庆大渡口营业部 6222 4455 7788 0099 DDK	曲沙沙	陆家新	02387002200
07	云南通宝糖业有限公司	昆明武汉路560H	778444000578WHY	农行昆明汉阳路营业部 4718 5555 8009 1111 WHY	王银	夏爽	02766990000
08	广西达哒糖业有限公司	南宁广田镇701G	510339000887GLS	工行南宁广田镇营业所 6222 3333 0001 0078 GLS	万超	刘共新	02387003300

（六）企业开户银行（见表3－7）

表3－7

编号	开户银行	银行账户	开户行性质
1	农行江津区桥头支行	6228 4890 0018 0002 0AS	基本户
2	工行江津区渝陪路支行	6222 4300 1000 3323 000	一般户

（七）期初余额

1. 期初余额表（见表3－8）

表3－8

科目代码	科目名称	账页格式	辅助核算	余额方向	金额（元）
1001	库存现金	三栏式	日记账	借	32 000.00
1002	银行存款	三栏式		借	458 161.50
100201	农行江津区桥头支行	三栏式	日记账	借	358 499.00
100202	建设银行江津支行	三栏式	日记账	借	99 662.50
1012	其他货币资金	三栏式		借	80 000.00
101201	银行汇票存款	三栏式		借	80 000.00
1121	应收票据			借	120 000.00
112101	四川雁南飞商贸有限公司				120 000.00
1122	应收账款	三栏式	客户往来		366 000.00
1221	其他应收款	三栏式		借	24 500.00
122101	冯万毕			借	1 500.00
122102	陈永贵			借	16 000.00
122103	令狐灵光			借	5 000.00
122104	韩武子			借	2 000.00
122105	杨侯			借	
122106	朱重九			借	
122107	秦瑞			借	
1405	库存商品	三栏式		借	262 300.00
140501	糖果	数量金额式		借	90 600.00
140502	糕点	数量金额式		借	171 700.00
1411	周转材料	三栏式		借	34 750.00
141101	包装物	三栏式		借	34 750.00
14110101	三层纸箱	数量金额式（个）		借	10 000 2000 个
14110102	五层纸箱	数量金额式（个）		借	24 000 3000 个

续表

科目代码	科目名称	账页格式	辅助核算	余额方向	金额（元）
14110103	打包带	数量金额式（卷）		借	750 50卷
1601	固定资产	三栏式		借	867 500.00
1602	累计折旧	三栏式		贷	258 640.00
1606	固定资产清理	三栏式		借	
1701	无形资产	三栏式		借	
170101	商标权	三栏式		借	
1702	累计摊销	三栏式		贷	
1801	长期应收款	三栏式		借	21142.12
1901	待处理财产损溢	三栏式		借	
190101	待处理流动资产损溢	三栏式		借	
2001	短期借款	三栏式		贷	100 000.00
200101	建设银行江津支行				100 000.00
2201	应付票据	三栏式		贷	65 000.00
220101	兰州成成百货有限公司	三栏式			65 000.00
2202	应付账款	三栏式	供应商往来	贷	333 000.00
2203	预收账款	三栏式		贷	
2211	应付职工薪酬	三栏式		贷	90 010.93
221101	工资	三栏式		贷	64 447.80
221102	福利费	三栏式		贷	
221103	工会经费	三栏式		贷	
221104	职工教育经费	三栏式		贷	
221105	社会保险费	三栏式		贷	20 929.33
221106	非货币性福利	三栏式		贷	
221107	住房公积金	三栏式		贷	4633.80
2221	应交税费	三栏式		借	117 630.49
222101	应交增值税	多栏式		贷	
22210101	进项税额			贷	
22210102	已交税金			贷	
22210103	转出未交增值税			贷	
22210104	减免税款			贷	
22210105	销项税额			贷	
22210106	出口退税			贷	
22210107	进项税额转出			贷	
22210108	转出多交增值税			贷	
22210109	销项税额递减			贷	

续表

科目代码	科目名称	账页格式	辅助核算	余额方向	金额（元）
222102	未交增值税	三栏式		贷	25 000.00
222103	预交增值税	三栏式		贷	
222104	待抵扣进项税额	三栏式		贷	
222105	待认证进项税额	三栏式		贷	
222106	待转销项税额	三栏式		贷	
222107	增值税留抵税额	三栏式		贷	
222108	简易计税	三栏式		贷	
222109	代扣代交增值税	三栏式		贷	
222110	应交消费税	三栏式		贷	
222111	应交资源税	三栏式		贷	
222112	应交企业所得税	三栏式		借	89 596.25
222113	应交土地增值税	三栏式		贷	
222114	应交城市建设维护税	三栏式		贷	1 750.00
222115	应交房产税	三栏式		贷	
222116	应交土地使用税	三栏式		贷	
222117	应交教育费附加	三栏式		贷	750.00
222118	应交地方教育费附加	三栏式		贷	500.00
222119	应交个人所得税	三栏式		贷	34.24
2241	其他应付款	三栏式		贷	12 747.95
224101	社会保险费	三栏式		贷	8114.15
224102	住房公积金	三栏式		贷	4633.80
3001	实收资本	三栏式		贷	1 000 000.00
300101	银良雨	三栏式		贷	500 000.00
300102	冯万毕	三栏式		贷	500 000.00
3002	资本公积	三栏式		贷	
300201	资本溢价	三栏式		贷	
3101	盈余公积	三栏式		贷	100 000.00
310101	法定盈余公积	三栏式		贷	100 000.00
310102	任意盈余公积	三栏式		贷	
3104	利润分配	三栏式		贷	99 728.00
310401	其他转入	三栏式		贷	
310402	提取法定盈余公积	三栏式		贷	
310403	应付普通股股利	三栏式		贷	
310404	转作资本的普通股利	三栏式		贷	
310405	未分配利润	三栏式		贷	99 728.00
3103	本年利润	多栏式		贷	268 788.75

续表

科目代码	科目名称	格式	辅助核算	方向	1—8月累计金额（元）
5001	主营业务收入	多栏式		贷	29 500 000.00
500101	糖果				16 480 000.00
500102	糕点				13 020 000.00
5401	主营业务成本	多栏式		借	28 670 000.00
540101	糖果				16 991 200.00
540102	糕点				11 678 800.00
5051	其他业务收入	多栏式		贷	15 500.00
505101	纸板收入				15 500.00
5402	其他业务成本	多栏式		借	12 950.00
540201	纸板成本				12 950.00
5301	营业外收入	多栏式		贷	
530101	违约金收入				6 000.00
5711	营业外支出	多栏式		借	
571101	捐赠支出				1 500.00
5403	税金及附加	多栏式		借	9 000.00
540301	城市维护建设税				5 250.00
540302	教育费附加				2 250.00
540303	地方教育费附加				1 500.00
5601	销售费用	多栏式		借	220 365.00
560101	广告费			借	93 000.00
560102	折旧费			借	7 200.00
560103	职工薪酬			借	75 000.00
560104	业务宣传费			借	24 000.00
560105	差旅费			借	10 500.00
560106	住房公积金			借	
560107	社会保险费			借	10 665.00
560109	其他			借	
5602	管理费用	多栏式		借	241 800.00
560201	办公费			借	16 800.00
560202	差旅费			借	15 000.00
560203	业务招待费			借	60 000.00
560204	职工薪酬			借	147 000.00
560205	折旧费			借	3 000.00
560206	非货币性福利			借	
560207	住房公积金			借	

续表

科目代码	科目名称	格式	辅助核算	方向	1—8 月累计金额（元）
560208	社会保险费			借	
560209	其他			借	
5603	财务费用	多栏式		借	7500.00
560301	利息			借	7500.00
560302	手续费			借	
560303	现金折扣			借	
560309	其他			借	
5801	所得税费用	三栏式		借	89596.25

2. 相关明细账

（1）应收账款明细（见表 3－9）。

表 3－9

代码	客户名称	摘要	时间	方向	金额
01	重庆渝格超市	销售	2018. 2. 5	借	34 000
02	四川燕南飞商贸有限公司	销售	2018. 2. 9	借	128 000
03	广东楠楠超市	销售	2018. 2. 10	借	30 000
04	吉林阳光商贸有限责任公司	销售	2018. 1. 8	借	48 000
05	兰州成成百货有限公司	销售	2018. 1. 20	借	50 000
06	北京群群百货有限公司	销售	2018. 1. 20	借	17 000
07	柳州通通超市	销售	2018. 1. 21	借	23 000
08	石家庄达达超市	销售	2018. 1. 22	借	36 000

（2）应付账款明细（见表 3－10）。

表 3－10

代码	供应商名称	摘要	时间	方向	金额
01	重庆红南食品有限公司	采购	2018. 2. 20	贷	50 000
02	成都富贵糖果有限公司	采购	2018. 2. 24	贷	30 000
03	昆明新发食品有限公司	采购	2018. 2. 25	贷	68 000
04	吉林开开糕点有限公司	采购	2018. 1. 9	贷	10 000
05	武汉唐宝食品有限公司	采购	2018. 2. 15	贷	32 000
06	重庆顺达糖果有限公司	采购	2018. 1. 25	贷	96 000
07	云南通宝糖业有限公司	采购	2018. 1. 12	贷	20 000
08	广西达哒糖业有限公司	采购	2018. 1. 20	贷	27 000

（3）2020 年 8 月初固定资产资料（见表 3 – 11）。

表 3 – 11

名称	办公楼	打印一体机	汽车	电脑	打印一体机	电脑	电脑	办公家具
类别	建筑物	办公设施	办公设施	办公设施	办公设施	办公设施	办公设施	办公设施
残值率	4%	4%	4%	4%	4%	4%	4%	4%
使用部门	行政部	行政部	销售部	销售部	财务部	财务部	采购部	行政部
入账日期	2016 – 2 – 11	2016 – 2 – 16	2016 – 2 – 22	2016 – 2 – 1	2016 – 2 – 16	2016 – 2 – 1	2016 – 2 – 1	2016 – 2 – 5
增加方式	直接购入	直接购入	直接购入	直接购入	直接购入	直接购入	直接购入	直接购入
原值	500 000	12 000	250 000	8 500	12 000	8 500	8 500	68 000
折旧方法	平均年限法	平均年限法	平均年限法	平均年限法	平均年限法	平均年限法	平均年限法	平均年限法
预计使用年限	40 年	5 年	10 年	5 年	5 年	5 年	5 年	5 年
对应折旧科目	管理费用	管理费用	销售费用	销售费用	管理费用	管理费用	管理费用	管理费用
累计折旧	53 000	10 176	106 000	7 208	10 176	7 208	7 208	57 664

（八）会计信息化实施设置参考

1. 账套基本信息

账套名称：重庆天泽商贸有限公司

启用期间：2020 年 9 月

单位名称：重庆天泽商贸有限公司，单位简称：天泽公司

企业类型：商业

行业性质：小企业会计准则（2011 年）（按行业性质预置科目），账套主管为：令狐灵光

基础信息：存货、供应商、客户均无分类，无外币核算

编码方案：科目编码 42222，部门编码级次 122，结算方式编码级次 12

启用模块：总账、工资、固定资产

启用日期：2020 年 9 月 1 日

其他基本信息见公司“基本资料”

2. 部门档案（参见“公司结构”）

3. 职员档案（参见“员工信息”）

4. 客户档案（参加“公司主要客户信息”）

5. 供应商档案（参见“公司供应商信息”）

6. 会计科目（参见“期初余额表”）

7. 凭证类别：记账凭证

8. 结算方式（见表 3 – 12）

表 3 – 12

结算方式编码	结算方式名称	票据管理
1	现金结算	是
2	支票结算	是
201	现金支票	是
202	转账支票	是
3	银行汇票	是
4	商业汇票	是
401	商业承兑汇票	是
402	银行承兑汇票	是
5	汇兑	否
6	其他	否

9. 开户银行（参见“企业开户银行”）

10. 总账参数设置（见表 3 – 13）

表 3－13

编号	参数设置
1	制单序时控制；资金及往来赤字控制；可以使用其他系统受控科目； 允许查看他人填制的凭证；允许修改、作废他人填制的凭证
2	凭证系统编号
3	出纳凭证必须由出纳签字

注：其他选项保留系统默认设置。

11. 期初余额（参见“期初余额表”及相关明细账）

12. 工资设置

（1）业务控制参数：

①工资类别个数：单个

②核算币种：人民币（RMB）

③要求代扣个人所得税，不进行扣零处理

④人员编码长度：2 位

⑤启用日期：2020 年 9 月 1 日

⑥其他为默认值

（2）人员类别设置：董事长、总经理、行政人员、财务主管、会计、出纳、库管、采购经理、采购人员、销售经理、销售人员。

（3）人员档案（见表 3－14）。

表 3－14

职员编号	职员姓名	所属部门	人员类别
01	银良雨	行政部	董事长
02	冯万毕	行政部	总经理
03	陈永贵	行政部	行政人员
04	令狐灵光	财务部	财务主管
05	吴敬	财务部	会计
06	郑玄	财务部	出纳
07	王逸少	财务部	库管
08	沈梦溪	采购部	采购经理
09	韩武子	采购部	采购人员
10	朱重九	销售部	销售经理
11	秦瑞	销售部	销售人员
12	许江	销售部	销售人员

（4）工资项目（见表3-15）。

表3-15

项目名称	类别	长度	小数位数	工资增减项
基本工资	数字	8	2	增项
津贴	数字	8	2	增项
奖金	数字	8	2	增项
请假扣款	数字	8	2	减项
应发合计	数字	10	2	增项
养老保险	数字	8	2	减项
失业保险	数字	8	2	减项
医疗保险（含生育保险）	数字	8	2	减项
住房公积金	数字	8	2	减项
税前工资	数字	8	2	其他
专项附加扣除	数字	8	2	其他
计税基数	数字	8	2	其他
代扣税	数字	10	2	减项
扣款合计	数字	8	2	减项
实发合计	数字	10	2	增项

（5）公式设置（见表3-16）。

表3-16

基本工资	董事长4000元，总经理3200元，财务主管3500元，会计3200元，出纳3000元，库管3000元，行政人员3000元，采购经理2500元，采购人员2300元，销售经理3000元，销售人员2500元。 （采用iff函数进行设置） iff（人员类别="董事长"，4000，iff（人员类别="总经理"，3200，iff（人员类别="财务主管"，3500，iff（人员类别="会计"，3200，iff（人员类别="出纳" or 人员类别="库管" or 人员类别="销售经理" or 人员类别="行政人员"，3000，if（人员类别="采购经理"，2500，if（人员类别="采购人员"，2300，2500）））））））
奖金	董事长、财务主管3000元，总经理、行政人员、会计、出纳、库管2000元，采购经理、销售经理1800元，采购人员、销售人员1500元。 （采用iff函数进行设置） iff（人员类别="董事长" or 人员类别="财务主管"，3000，iff（人员类别="总经理" or 人员类别="行政人员" or 人员类别="会计" or 人员类别="出纳" or 人员类别="库管"，2000，iff（人员类别="采购经理" or 人员类别="销售经理"，1800，1500）））

续表

养老保险	应发合计×8/100
失业保险	应发合计×0.5/100
医疗保险（含生育保险）	应发合计×2/100+5
住房公积金	应发合计×8/100
应发合计	基本工资+奖金+津贴-请假扣款
税前工资	应发合计-医疗保险（含生育保险）-养老保险-失业保险-住房公积金
计税基数	税前工资-专项附加扣除
扣款合计	医疗保险+养老保险+失业保险+住房公积金+代扣税
实发合计	应发合计-扣款合计

注：津贴、请假扣款金额根据业务资料录入。

（6）工资分摊设置（见表3-17）。

表3-17

工资公摊 / 部门		分摊项目：应发合计　分摊比例：100%	
		借方科目	贷方科目
行政部	董事长	管理费用——职工薪酬	应付职工薪酬——工资
行政部	总经理	管理费用——职工薪酬	
行政部	行政人员	管理费用——职工薪酬	
财务部	财务主管	管理费用——职工薪酬	
财务部	会计	管理费用——职工薪酬	
财务部	出纳	管理费用——职工薪酬	
财务部	库管	管理费用——职工薪酬	
采购部	采购经理	管理费用——职工薪酬	
采购部	采购人员	管理费用——职工薪酬	
销售部	销售经理	销售费用——职工薪酬	
销售部	销售人员	销售费用——职工薪酬	

（7）单位负责的社保和住房公积金分摊设置（见表 3－18）。

表 3－18

项目 \ 分摊设置 \ 部门人员			行政部	财务部	采购部	销售部
			董事长 总经理 行政人员	财务主管 会计 出纳 库管	采购经理 采购人员	销售经理 销售人员
养老保险	分摊项目： 应发合计 比例：16%	借方科目	管理费用——职工薪酬			销售费用——职工薪酬
		贷方科目	应付职工薪酬——社会保险费			
失业保险	分摊项目： 应发合计 比例：0.5%	借方科目	管理费用——职工薪酬			销售费用——职工薪酬
		贷方科目	应付职工薪酬——社会保险费			
医疗保险 （含生育保险）	分摊项目： 应发合计 比例：10%	借方科目	管理费用——职工薪酬			销售费用——职工薪酬
		贷方科目	应付职工薪酬——社会保险费			
住房公积金	分摊项目： 应发合计 比例：8%	借方科目	管理费用——职工薪酬			销售费用——职工薪酬
		贷方科目	应付职工薪酬——社会保险费			
工伤保险	分摊项目： 应发合计 比例：0.6%	借方科目	管理费用——职工薪酬			销售费用——职工薪酬
		贷方科目	应付职工薪酬——社会保险费			

（8）代扣个人社保、住房公积金和个人所得税设置（见表3－19）。

表3－19

部门 \ 分摊设置 \ 分摊项目		代扣 养老保险		代扣 失业保险		代扣 医疗保险 （含生育保险）		代扣 住房公积金		代扣 个人所得税	
		分摊项目： 养老保险 比例：100%		分摊项目： 失业保险 比例：100%		分摊项目： 医疗保险 （含生育保险） 比例：100%		分摊项目： 住房公积金 比例：100%		分摊项目： 代扣税 比例：100%	
		借方科目	贷方科目	借方科目	贷方科目	借方科目	贷方科目	借方科目	贷方科目	借方科目	贷方科目
行政部	董事长 总经理 行政人员	应付职工薪酬——工资	其他应付款——社会保险费	应付职工薪酬——工资	其他应付款——社会保险费	应付职工薪酬——工资	其他应付款——社会保险费	应付职工薪酬——工资	其他应付款——住房公积金	应付职工薪酬——工资	应交税费——应交个人所得税
财务部	财务主管 会计 出纳 出纳										
采购部	采购经理 采购人员										
销售部	销售经理 销售人员										

13. 固定资产设置

（1）业务控制参数（见表3－20）。

表3－20

控制参数	参数设置
启用月份	2020. 09. 01
折旧信息	本年账套计提折旧： 折旧方法：平均年限法（一） 折旧汇总分配周期：1个月 当（月初已计提月份＝可使用月份－1）时，将剩余折旧全部提足
编码方式	固定资产类别编码方式：2－1－1－2； 固定资产编码方式：按“类别编码＋序号”自动编码，卡片序号长度为：3
财务接口	要求与总账系统进行对账， 业务发生后立即制单 对账科目：固定资产对账科目：“1601 固定资产” 累计折旧对账科目：“1602 累计折旧”
补充参数	月末结账前一定要完成制单登账业务； 固定资产缺省入账科目“1601 固定资产” 累计折旧缺省入账科目“1602 累计折旧” 可纳税调整的增加方式“直接购入” 可抵扣税额入账科目：“应交税费——应交增值税（进项税额）”
其他要求	对账不平衡的情况下不允许月末结账

（2）资产类别设置（见表3－21）。

表3－21

编码	类别名称	净残值率	计提属性	折旧方法
01	建筑物	4%	正常计提	平均年限法
02	生产设备	4%	正常计提	平均年限法
03	办公设施	4%	正常计提	平均年限法

（3）部门对应计提折旧科目设置（见表3－22）。

表3－22

部门	对应计提折旧科目
行政部	管理费用（560205）
财务部	管理费用（560205）
采购部	管理费用（560205）
销售部	销售费用（560102）

（4）增减方式对应科目设置（见表3－23）。

表3－23

增减方式目录	对应入账科目
增加方式	
直接购入	银行存款（100201）
投资者投入	实收资本（3001）
接受捐赠	营业外收入（5301）
盘盈	待处理财产损溢（1901）
在建工程	在建工程（1604）
减少方式	
出售	固定资产清理（1606）
盘亏	待处理财产损溢（1901）
捐赠转出	固定资产清理（1606）
报废	固定资产清理（1606）
毁损	固定资产清理（1606）

任务二　完成重庆天泽商贸有限公司财务处理

一、2020 年 9 月业务资料

【业务 1】

1－1

中国农业银行陈家桥营业部进账单（回单）

2020 年 09 月 01 日　　　　NO. 1343

汇款人	全　称	四川燕南飞商贸有限公司	收款人	全　称	重庆天泽商贸有限公司
	账　号	6187 3333 2008 0000 ZSI		账　号	6228 4890 0018 0002 0AS
	开户银行	招商银行成都青羊支行		开户银行	农行江津区桥头支行
人民币（大写）壹拾贰万捌仟元整					千 百 十 万 千 百 十 元 角 分 ¥ 1 2 8 0 0 0 0 0
票据种类	转账支票			收款人开户行盖章	

农行江津区桥头支行　2020年09月01日　转讫

【业务 2】

2－1

5000133730　　**四川省增值税专用发票**　　No. 01250039

全国统一发票监制章　四川　国家税务总局监制

发票联　　　　开票日期：2020 年 09 月 03 日

购货单位	名　　称：重庆天泽商贸有限公司 纳税人识别号：500106700082000 地 址、电 话：重庆市江津区桥头乡镇 0038x 号 023-00930027 开户行及账号：农行江津区桥头支行 6228 4890 0018 0002 0AS			密码区	517766<98/198533204+<<<-100 63<+64<->876*98</8765*369+/ />+216>2>7/3-+47561<>786-/2 +782-/5432<4*-34>>>+923*300		
货物或应税劳务的名称	规格型号	单位	数量	单价	金额	税率	税额
白兔奶糖		公斤	5000	29.00	145000.00	13%	18850.00
嘉嘉软糖		公斤	7000	17.00	119000.00		15470.00
棒棒糖		个	40000	0.30	12000.00		1560.00
合计					¥276000.00		¥35880.00
价税合计（大写）	ⓧ叁拾壹万壹仟捌佰捌拾元整				（小写）¥311880.00		
销货单位	名　　称：成都富贵糖果有限公司 纳税人识别号：345889222000PWX 地 址、电 话：成都平武路 880M 02867334400 开户行及账号：农行成都平武支行 4718 3344 7765 0000 MWP			备注	成都富贵糖果有限公司 345889222000PWX 发票专用章		

收款人：　　复核：　　开票人：柳清清　　销货单位（章）：

第三联：发票联　购货方记账凭证

2－2

入　库　单

收料仓库：库存商品-糖果　　　　2020 年 09 月 03 日　　　　收料单编号：01

商品名称	单位	数　量		单价	商品金额	运杂费	实际成本
		应收数	实收数				
白兔奶糖	公斤	5000	5000	29.00	145000.00		145000.00
嘉嘉软糖	公斤	7000	7000	17.00	119000.00		119000.00
棒棒糖	个	40000	40000	0.30	12000.00		12000.00
合　计							¥276000.00
备　注							

主管：令狐昊光　　质量检验员：韩武子　　入库验收：韩武子　　仓库保管：王逸少

2－3

中国工商银行 银行汇票申请书（存根）

申请日期　2020 年 09 月 03 日　　　第 09 号

申请人	重庆天泽商贸有限公司		收款人	成都富贵糖果有限公司
账号或地址	6228 4890 0018 0002 0AS		账号或地址	345889222000PWX
用途	货款		代理付款行	农行成都平武支行
汇票金额	人民币（大写）	捌万元整	千 百 十 万 千 百 十 元 角 分	¥ 8 0 0 0 0 0 0
上列款项请从我账户内支付 重庆天泽商贸有限公司 财务专用章 银良雨印 盖章			科　目（借）________ 对方科目（贷）________ 转账日期　2020 年 09 月 03 日 复核　　记账	

此联申请人留存

【业务 3】

3－1

差旅费报销单

部门：行政部　　　　2020 年 09 月 04 日　　　　NO. 001

日期	出发地	到达地	市内交通补助		伙食补贴		车（船）票	住宿费	其他	合计金额
			天数	金额	天数	金额				
9.01-9.03	重庆	北京	3	180.00	3	390.00	1962	730.00		3362
合　计			人民币（大写）叁仟叁佰陆拾贰元整							¥3362.00
备注：已预借差旅费 2000 元										

附单据 3 张

现金付讫

领导审批：银良雨　　财务主管：令狐昊光　　出纳：郑玄　　报销人：韩武子

3－2

航空运输电子客票行程单

国家税务总局监制

旅客姓名：韩武子		有效身份证号码：500106198712100080				签注：不得签转改期退票收费			
	承运人	航班号	座位号	日期	时间	客票级别/旅客类别	客票生效日期	有效截止日期	免费行李
自 北京 到 重庆	国航	CA1230	L	03SEPT	1220	L			20K
	票价		民航发展基金	附加燃油费	其他税费	合计			
	981		50			1031			
电子客票号码 W34123545			验证码 8769	连续客票		保险费			
销售单位代号 1223241		填开单位（盖章）重庆飞马航空服务有限公司			填开日期 2020-09-03				

财务专用章

3 - 3

航空运输电子客票行程单

国家税务总局监制

旅客姓名：韩武子		有效身份证号码：500106198712100080				签注：不得签转改期退票收费			
	承运人	航班号	座位等级	日期	时间	客票级别/旅客类别	客票生效日期	有效截止日期	免费行李
自 重庆 到 北京	国航	CA1231	L	01SEPT	0720	L			20K
	票价 981		民航发展基金 50		附加燃油费	其他税费	合计 1031		
电子客票号码 W34123554			验证码 175		连续客票		保险费		
销售单位代号 1223241		填开单位（盖章）……服务有限公司				填开日期 2020-09-03			

3 - 4

北京市增值税普通发票（卷票）

发票联

发票代码：252345600205

发票号码：00223123

机 打 号：1232342

机器编号：0181220223334

行业分类：服务业

收款单位：北京市途锐商务酒店

纳税人识别号：5001065012343

开票日期：2020-09-03

购买方名称：重庆天泽商贸有限公司

纳税人识别号：500106500040000

经营项目	单价	数量	金额
*生活服务*住宿费	730.00	1	730.00

合计（小写）：¥730.00

合计（大写）：柒佰叁拾元整

【业务 4】

4－1

8000133780　　**云南省增值税专用发票**　　No. 01209085

发票联

开票日期：2020 年 09 月 04 日

购货单位	名　　称：重庆天泽商贸有限公司 纳税人识别号：500106700082000 地 址、电 话：重庆市江津区桥头乡镇 0038x 号 023-00930027 开户行及账号：农行江津区桥头支行 6228 4890 0018 0002 0AS	密码区	517766<98/198533204+<<<-100 63<+64<->876*98</8765*369+/ />+216>2>7/3-+47561<>786-/2 +782-/5432<4*-34>>>+923*300

货物或应税劳务的名称	规格型号	单位	数量	单价	金额	税率	税额
棒棒糖		个	20000	0.30	-6000.00	13%	-780.00
合计					¥-6000.00		¥-780.00
价税合计（大写）	ⓧ负陆仟柒佰捌拾元整				（小写）¥-6780.00		

销货单位	名　　称：昆明新发食品有限公司 纳税人识别号：444778000333YKJ 地 址、电 话：昆明丽江路 470L　08883331700 开户行及账号：农行昆明新大街营业部 4718 3399 7822 0000 YNL	备注	昆明新发食品有限公司 444778000333YKJ 发票专用章

收款人：　　复核：　　开票人：张大爱　　销货单位（章）：

第三联：发票联 购货方记账凭证

4－2

出库单

2020 年 9 月 4 日

领货部门：销售部　　仓库：产成品库　　单号：01

材料名称	规格型号	计量单位	出库数量	金额
棒棒糖		个	20000	

库管员：王速步　　领货人：春瑞

第三联交财务科

【业务5】

5－1

5000133730　　重庆市增值税专用发票　　No. 5000692218

此联不作报销、扣税凭证使用　　开票日期：2020年09月05日

购货单位	名称：广东楠楠超市 纳税人识别号：534578784912221 地址、电话：广州南京路五一大道000T号 02085870000 开户行及账号：工行广州南沙区支行 6222 8765 3331 0088 GHP			密码区	007766<98/198533204+<<<-111 63<+64<->876*98</8765*369+/ />+216>2>7/3-+47561<>786-/9 +782-/5432<4*-34>>>+923*555		
货物或应税劳务的名称	规格型号	单位	数量	单价	金额	税率	税额
白兔奶糖		公斤	4500	36.00	162000.00	13%	21060.00
嘉嘉软糖		公斤	6000	22.00	132000.00	13%	17160.00
棒棒糖		个	40000	0.50	20000.00	13%	2600.00
合计					¥314000.00		¥40820.00
价税合计(大写)	ⓧ叁拾伍万肆仟捌佰贰拾元整				（小写）¥354820.00		
销货单位	名称：重庆天泽商贸有限公司 纳税人识别号：500107543862784 地址、电话：重庆市江津区桥头乡镇0038x号 023-00930027 开户行及账号：农行江津区桥头支行 6228 4890 0018 0002 OAS			备注	重庆天泽商贸有限公司 500107543862784 发票专用章		

收款：　　复核：　　开票人：郑玄　　销货单位（章）：

第一联：记账联　销货方记账凭证

5－2

出库单

2020年 9月5日

领货部门：销售部　　仓库：产成品库　　单号：02

材料名称	规格型号	计量单位	出库数量	金额
白兔奶糖		公斤	4500	
嘉嘉软糖		公斤	6000	
棒棒糖		个	40000	

库管员：王遥步　　领货人：秦瑀

第三联交财务科

5－3

中国农业银行进账单（回单）

2020年09月05日　　　　NO. 1246

汇款人	全　称	广东楠楠超市	收款人	全　称	重庆天泽商贸有限公司
	账　号	6222 8765 3331 0088 GHP		账　号	6228 4890 0018 0002 OAS
	开户银行	工行广州南沙区支行		开户银行	农行江津区桥头支行

	千	百	十	万	千	百	十	元	角	分
人民币（大写）叁拾贰万叁仟肆佰贰拾元整		¥	3	2	3	4	2	0	0	0

票据种类	转账支票	收款人开户行盖章
票据张数	1张	
单位主管　　会计		
复核　　记账		

农行江津区桥头支行
2020年09月05日
转讫

【业务6】

6－1

5000133730　　重庆市增值税专用发票　　No. 01250039

发票联

全国统一发票监制章 重庆 国家税务总局监制

开票日期：2020年09月05日

购货单位	名　称：重庆天泽商贸有限公司 纳税人识别号：500107543862784 地 址、电 话：重庆市江津区桥头乡镇0038x号 023-00930027 开户行及账号：农行江津区桥头支行 6228 4890 0018 0002 OAS				密码区	517766<98/198533204+<<<-100 63<+64<->876*98</8765*369+/ />+216>2>7/3-+47561<>786-/2 +782-/5432<4*-34>>>+923*300	
货物或应税劳务的名称	规格型号	单位	数量	单价	金额	税率	税额
运输服务				458.72	458.72	9%	41.28
合计					¥458.72		¥41.28
价税合计（大写）	ⓧ伍佰元整				（小写）¥500.00		
销货单位	名　称：重庆顺风物流有限公司 纳税人识别号：60046677643400 地 址、电 话：重庆市渝中区45号 67452200 开户行及账号：工商银行渝中区支行 112267889990000				备注	重庆顺风物流有限公司 60046677643400 发票专用章	

收款人：　　复核：　　开票人：陆天亮　　销货单位（章）

第三联：发票联　购货方记账凭证

6－2

中国农业银行（渝）
转账支票存根

ⅨⅡ30122331

附加信息________________

出票日期 2020 年 9 月 05 日

收款人：	重庆顺丰物流
金　额：	¥500.00
用　途：	支付运费
备　注：	

单位主管：　　会计：

【业务 7】

7－1

农业银行业务回单（付款）

日期：2020 年 09 月 06 日

回单编号：19002883029

付款人户名：重庆天泽商贸有限公司　　付款人开户行：农行江津区桥头支行

付款人账号：6228 4890 0018 0002 0AS

收款人户名：　　收款人开户行：

收款人账号（卡号）：

金额：陆万肆仟肆佰肆拾柒元捌角整

小写：¥64447.80

业务（品种）种类：同行发报 凭证种类：0000000　　凭证号码：000000000000000

摘要：工资　　用途：　　币种：人民币

交易机构：0310350134 记账柜员：000021 交易代码：53421 渠道：批量业务

附言：

支付交易序号：98898313 报文种类：大客户发起汇兑业务 委托日期：2020-09-06

自助回单机专用章

本回单为第 1 次打印，注意重复　　打印日期：2020 年 09 月 07 日　打印柜员：9　验证码：BBGT243A1005

7－2

重庆天泽商贸有限公司2020年8月工资计算表

部门	姓名	基本工资	津贴	奖金	请假扣款	应发合计	医疗保险+生育（2%+5）	养老保险（8%）	失业保险（0.5%）	住房公积金（6%）	税前工资	个税专项附加扣除	计税基础	代扣税	实发合计
行政部	银良雨	4000	2000	2500	0	8500	175	680	42.5	510	7092.5	1000	6092.5	32.78	7059.72
	冯万毕	3200	1800	2000	0	7000	145	560	35	420	5840	1500	4840	0	5840
	陈永贵	3000	1500	2000	0	6500	135	520	32.5	390	5422.5	1000	4422.5	0	5422.5
	小计	10200	5300	6500	0	22000	445	1760	110	1320	18365	3500	17365	32.78	18332.2
财务部	令狐灵光	3500	1800	2000	-50	7250	150	580	36.25	435	6048.75	1000	5048.75	1.46	6047.29
	吴敬	3200	1500	2000	0	6700	139	536	33.5	402	5589.5	2000	4589.5	0	5589.5
	郑玄	3000	1500	2000	0	6500	135	520	32.5	390	5422.5	1500	4422.5	0	5422.5
	王逸少	3000	1300	1800	0	6100	127	488	30.5	366	5088.5	1500	4088.5	0	5088.5
	小计	12700	6100	7800	-50	26550	536	2124	132.75	1593	22164.25	5000	21164.3	1.46	22162.8
采购部	沈梦溪	2500	2000	1800	-20	6280	130.6	502.4	31.4	376.8	5238.8	1500	4238.8	0	5238.8
	韩武子	2300	1800	1500	0	5600	117	448	28	336	4671	2000	3671	0	4671
	小计	4800	3800	3300	-20	11880	242.6	950.4	59.4	712.8	9914.8	3500	8914.8	0	9914.8
销售部	朱重九	3000	1500	1800	0	6300	131	504	31.5	378	5255.5	1000	4255.5	0	5255.5
	秦瑞	2500	1300	1500	-100	5200	109	416	26	312	4337	1000	3337	0	4337
	许江	2500	1300	1500	0	5300	111	424	26.5	318	4420.5	1000	3420.5	0	4420.5
	小计	8000	4100	4800	-100	16800	341	1344	84	1008	14023	3000	13023	0	14023
合计	合计	35700	19300	22400	-170	77230	1549.6	6178.4	386.15	4633.8	64482.05	15000	63482.1	34.24	64447.8

【业务8】

8－1

中华人民共和国
税收完税证明

填发日期： 2020 年 9 月 06日　　税务机关：重庆市税务局江津区征收分局

纳税人识别号	500106500040000		纳税人名称	重庆天泽商贸有限公司	
原凭证号	税种	品目名称	税款所属时期	入（退）库日期	实缴（退）金额
40009321764	企业职工基本养老保险收入	职工养老保险（单位缴纳）	2020-08-01 至 2020-08-31	2020-09-06	12356.80
40009321764	企业职工基本养老保险收入	职工养老保险（个人缴纳）	2020-08-01 至 2020-08-31	2020-09-06	6178.40
40009321764	失业保险基金收入	失业保险（单位缴纳）	2020-08-01 至 2020-08-31	2020-09-06	386.15
40009321764	失业保险基金收入	失业保险（个人缴纳）	2020-08-01 至 2020-08-31	2020-09-06	386.15
合计金额	（大写）壹万玖仟叁佰零柒元零伍角整				￥19307.50
税务机关		填票人 吴敬	备注		

妥善保管　　　　手写无效

8－2

中华人民共和国
税收完税证明

填发日期： 2020 年 9 月 06日　　税务机关：重庆市税务局江津区征收分局

纳税人识别号	500106500040000		纳税人名称	重庆天泽商贸有限公司	
原凭证号	税种	品目名称	税款所属时期	入（退）库日期	实缴（退）金额
40009321764	基本医疗保险基金收入	职工基本医疗保险（单位缴纳）	2020-08-01 至 2020-08-31	2020-09-06	7723.00
40009321764	基本医疗保险基金收入	职工基本医疗保险（个人缴纳）	2020-08-01 至 2020-08-31	2020-09-06	1544..60
40009321764	工伤保险基金收入	工伤保险	2020-08-01 至 2020-08-31	2020-09-06	463.38
合计金额	（大写）玖仟柒佰叁拾伍元玖角捌分				￥9735.98
税务机关		填票人 吴敬	备注		

妥善保管　　　　手写无效

8－3

农业银行业务回单（付款）

日期：2020 年 09 月 06 日
回单编号：19002883030
付款人户名：重庆天泽商贸有限公司　　付款人开户行：农行江津区桥头支行
付款人账号：6228 4890 0018 0002 0AS
收款人户名：重庆市税务局江津区征收分局　　　收款人开户行：工行江津区支行　　　收款人账号：510339000888902
金额：人民币贰万玖仟零叁拾捌元肆角捌分

小写：¥29038.48

业务(品种)种类：同行发报 凭证种类：0000000　　凭证号码：000000000000000
摘要：支付上月社保　　用途：支付上月社保　　币种：人民币
交易机构：0310350135 记账柜员：000012 交易代码：45345　渠道:网上银行

附言：
支付交易序号：98898324 报文种类：支付社保 委托日期：2020-09-06
业务类型：转账支付

中国农业银行江津区桥头支行 自助回单机专用章

本回单为第 1 次打印，注意重复　打印日期：2020年 09 月 0[illegible] 日　打印柜员：[illegible]　验证码：BBGT243A56009

【业务 9】

9－1

中国农业银行江津区桥头支行住房公积金汇缴书

2020年9月10日　　　　字第 422 号

<table>
<tr><td>单位名称</td><td colspan="5">重庆市公积金管理处</td><td colspan="2">汇缴：2020 年 8 月</td></tr>
<tr><td>开 户 行</td><td colspan="2">农行江津区桥头支行</td><td>账 号</td><td colspan="2">6228 4890 0018 0002 0AS</td><td colspan="2">汇缴：12 人</td></tr>
<tr><td>金 额</td><td colspan="5">人民币（大写）：玖仟贰佰陆拾柒元陆角元整</td><td colspan="2">千 百 十 万 千 百 十 元 角 分
¥ 9 2 6 7 6 0</td></tr>
<tr><td colspan="2">上次汇缴</td><td colspan="2">本次增加汇缴</td><td colspan="2">本次减少汇缴</td><td colspan="2">本次汇缴</td></tr>
<tr><td>人 数</td><td>金 额</td><td>人 数</td><td>金 额</td><td>人 数</td><td>金 额</td><td>人 数</td><td>金 额</td></tr>
<tr><td></td><td></td><td></td><td></td><td></td><td></td><td>12 人</td><td>¥9267.60</td></tr>
<tr><td colspan="2">付款行
农行江津区桥头支行</td><td colspan="2">付款账号
6228 4890 0018 0002 0AS</td><td>支票号码</td><td colspan="3">农行江津区桥头支行
2020 年 9 月 10 日
银行盖章
受理凭证专用章</td></tr>
</table>

第一联银行盖章后退单位

9－2

农业银行业务回单（付款）

日期：2020 年 09 月 06 日
回单编号：19002883030
付款人户名：重庆天泽商贸有限公司　　付款人开户行：农行江津区桥头支行
付款人账号：6228 4890 0018 0002 0AS
收款人户名：重庆市公积金管理处　　收款人开户行：工行江津区桥头支行
收款人账号：6228489000180002OAS
金额：人民币玖仟贰佰陆拾柒元陆角整

小写：¥9267.60

业务(品种)种类：同行发报 凭证种类：0000000　凭证号码：000000000000000
摘要：支付上月住房公积金　用途：支付上月住房公积金　币种：人民币
交易机构：0310350135 记账柜员：000012 交易代码：45346 渠道:网上银行

附言：
支付交易序号：98898325 报文种类：支付社保 委托日期：2020-09-06
业务类型：转账支付

本回单为第 1 次打印，注意重复　打印日期：2019 年 09 月 0[illegible] 日　打印柜员：9　验证码：
BBGT243A56009

（印章：中国农业银行江津区桥头支行 自助回单机专用章）

【业务 10】

10－1

5078133900　　广西区增值税专用发票　　No. 01245067

代开　　发票联　　开票日期：2020 年 09 月 07 日

（印章：全国统一发票监制章 广西 国家税务总局监制）

购货单位	名　　称：重庆天泽商贸有限公司 纳税人识别号：500106700082000 地 址、电 话：重庆市江津区桥头乡镇 0038x 号 023-00930027 开户行及账号：农行江津区桥头支行 6228 4890 0018 0002 0AS	密码区	517766<98/198533204+<<<-100 63<+64<->876*98</8765*369+/ />+216>2>7/3-+47561<>786-/2 +782-/5432<4*-34>>>+923*300

货物或应税劳务的名称	规格型号	单位	数量	单价	金额	税率	税额
三层纸箱		个	1000	5.0000	5000.00	3%	150.00
打包带		卷	100	15.0000	1500.00		45.00
合计					¥6500.00		¥195.00
价税合计（大写）	ⓧ陆仟陆佰玖拾伍元整				（小写）¥6695.00		

销货单位	名　　称：国家税务总局广西区电子税务局 纳税人识别号：762539087820HGK 地 址、电 话：广西区南宁广田镇南海街 65 号 17485958494 开户行及账号：00000	备注	（印章：广西达味糖业有限公司 发票专用章）

收款人：　　复核：　　开票人：电税 1029　　销货单位（章）：

（印章：国家税务总局广西区电子代开发票专用章（1））

第三联：发票联 购货方记账凭证

10－2

收　料　单

收料仓库：周转材料-包装物　　　　2020年09月07日　　　　收料单编号：01

商品名称	单位	数量		单价	商品金额	运杂费	实际成本
		应收数	实收数				
三层纸箱	个	1000	1000	5.00	5000.00		5000.00
打包带	卷	100	100	15.00	1500.00		1500.00
合　计							¥6500.00
备　注							

主管：令狐昊光　　质量检验员：韩衣予　　入库验收：韩衣予　　仓库保管：王逸步

10－3

农业银行业务回单（付款）

日期：2020年09月07日
回单编号：19002883029
付款人户名：重庆天泽商贸有限公司　　付款人开户行：农行江津区桥头支行
付款人账号：6228 4890 0018 0002 0AS
收款人户名：广西达哒糖业有限公司　　收款人开户行：工行南宁广田镇营业所
收款人账号：510339000887GLS
金额：人民币陆仟陆佰玖拾伍元整
小写：¥6695.00
业务(品种)种类：同行发报 凭证种类：0000000　凭证号码：000000000000000
摘要：采购包装物　　用途：　　币种：人民币
交易机构：0310350134 记账柜员：000023 交易代码：53435 渠道:网上银行

附言：
支付交易序号:98898314 报文种类:大客户发起汇兑业务 委托日期:2020-09-07
业务类型：普通汇兑

本回单为第1次打印，注意重复　打印日期：2019年0[illegible]月07日　打印柜员：0　验证码：BBGT243A1005

中国农业银行江津区桥头支行
自助回单机专用章

【业务 11】

11－1

中国农业银行进账单（回单）

2020 年 09 月 07 日　　　　NO. 1565

汇款人	全　称	四川燕南飞商贸有限公司	收款人	全　称	重庆天泽商贸有限公司
	账　号	6187 3333 2008 0000 ZSI		账　号	6228 4890 0018 0002 0AS
	开户银行	招商银行成都青羊支行		开户银行	农行江津区桥头支行

人民币（大写）壹拾贰万元整	千	百	十	万	千	百	十	元	角	分
		¥	1	2	0	0	0	0	0	0

票据种类	转账支票	收款人开户行盖章
票据张数	1张	
单位主管　　会计		
复核　　记账		

农行江津区桥头支行
2020年09月01日
转讫

【业务 12】

12－1

重庆电子缴税系统回单

扣款日期：2020.09.08

清算日期：2020.09.08

付款人名称：重庆天泽商贸有限公司

付款人账号：6228 4890 0018 0002 0AS

付款人开户银行：农行江津区桥头支行

收款人名称：重庆市江津区税务局

收款人账号：44020010110014540 35

收款人开户银行：国家金库××支库

款项内容：代扣税款　　　　电子税票号：98300066328

小写金额：¥3034.24

大写金额：叁仟零叁拾肆元贰角肆分

纳税人编码：500106500040000

纳税人名称：重庆天泽商贸有限公司

税种	所属期	纳税金额	备注
城建税	20200801—20200831	¥1750.00	
教育费附加	20200801—20200831	¥750.00	
地方教育费附加	20200801—20200831	¥500.00	
个人所得税	20200801—20200831	¥34.24	

经办：　复核：　　打印次数：1　　打印日期：2020.09.08

中国农业银行股份有限公司重庆江津区桥头支行
2020.09.08
转讫

12－2

重庆电子缴税系统回单

扣款日期：2020.09.08

清算日期：2020.09.08

付款人名称：重庆天泽商贸有限公司

付款人账号：6228 4890 0018 0002 0AS

付款人开户银行：农行江津区桥头支行

收款人名称：重庆市江津区税务局

收款人账号：4402001011001454035

收款人开户银行：国家金库××支库

款项内容：代扣税款　　电子税票号：[illegible]677867

小写金额：¥25000.00

大写金额：贰万伍仟元整

纳税人编码：500106500040000

纳税人名称：重庆天泽商贸有限公司

税种	所属期	纳税金额	备注
增值税	20200801—20200831	¥25000.00	

经办：复核：打印次数：1　　打印日期：2020.09.08

（印章：中国农业银行股份有限公司重庆江津区桥头支行 2020.09.08 转讫）

【业务 13】

13－1

5000456789　　**重庆市增值税专用发票**　　No. 01563098

发票联

开票日期：2020 年 09 月 09 日

购货单位	名称：重庆天泽商贸有限公司 纳税人识别号：500106700082000 地址、电话：重庆市江津区桥头乡镇 0038x 号 023-00930027 开户行及账号：农行江津区桥头支行 6228 4890 0018 0002 0AS	密码区	517766<98/198533204+<<<-100 63<+64<->876*98</8765*369+/ />+216>2>7/3-+47561<>786-/2 +782-/5432<4*-34>>>+923*300

货物或应税劳务的名称	规格型号	单位	数量	单价	金额	税率	税额
绿豆糕		公斤	5000	18.0000	90000.00	13%	11700.00
绿豆糕					-9000.00		-1170.00
桂花糕		公斤	5000	16.0000	80000.00		10400.00
桂花糕					-8000.00		-1040.00
荔枝糕		公斤	8000	29.0000	232000.00		30160.00
荔枝糕					-23200.00		-3016.00
豆沙糕		公斤	9000	20.0000	180000.00		23400.00
豆沙糕					-18000.00		-2340.00
合计					¥523800.00		¥68094.00
价税合计（大写）	ⓧ伍拾玖万壹仟捌佰玖拾肆元整				（小写）¥591894.00		

销货单位	名称：重庆红南食品有限公司 纳税人识别号：51022300099OHCF 地址、电话：重庆红槽房正街 23HK 02377772200 开户行及账号：民生银行沙坪坝支行 7333 34459 0002 0222 HCF	备注	（印章：重庆红南食品有限公司 51022300099OHCF 发票专用章）

收款人：　　复核：　　开票人：和乐乐　　销货单位（章）：

第三联：发票联　购货方记账凭证

13 －2

入　库　单

收料仓库：库存商品-糕点　　　　2020 年 09 月 09 日　　　　收料单编号：02

商品名称	单位	数量		单价	商品金额	运杂费	实际成本
		应收数	实收数				
绿豆糕	公斤	5000	5000	16.20	81000.00		81000.00
桂花糕	公斤	5000	5000	14.40	72000.00		72000.00
荔枝糕	公斤	8000	8000	26.10	208800.00		208800.00
豆沙糕	公斤	9000	9000	18.00	162000.00		162000.00
合　计							¥523800.00
备　注							

主管：令狐昊光　　质量检验员：韩啟子　　入库验收：韩啟子　　仓库保管：王逸少

【业务 14】

14 －1

5000133730　　广西区增值税专用发票　　No. 01250040

此联不作报销、扣税凭证使用　　开票日期：2020 年 09 月 10 日

购货单位	名　　称：重庆天泽商贸有限公司 纳税人识别号：500107543862784 地 址、电 话：重庆市江津区桥头乡镇 0038x 号 023-00930027 开户行及账号：农行江津区桥头支行 6228 4890 0018 0002 0AS	密码区	517766<98/198533204+<<<-100 63<+64<->876*98</8765*369+/ />+216>2>7/3-+47561<>786-/2 +782-/5432<4*-34>>>+923*300

货物或应税劳务的名称	规格型号	单位	数量	单价	金额	税率	税额
绿豆糕		公斤	5500	23.00	126500.00	13%	16445.00
桂花糕		公斤	3800	20.00	76000.00		9880.00
豆沙糕		公斤	2500	23.00	57500.00		7475.00
合计					¥260000.00		¥33800.00

价税合计（大写）	ⓧ贰拾玖万叁仟捌佰元整	（小写）¥293800.00

销货单位	名　　称：柳州通通超市 纳税人识别号：477399000777LZY 地 址、电 话：柳州兴通大道 456S 号 07717876000 开户行及账号：工行柳州广阳营业部 6222 7777 8888 9800 NNB	备注	双方约定现金折扣条件为 1/10，n/30（不含增值税）

收款人：　　复核：　　开票人：　孔伍甲　　销货单位（章）：

第一联：记账联　销货方记账凭证

14－2

出 库 单

2020 年 9 月10 日

领货部门：销售部　　　　仓库：产成品库　　单号：03

材料名称	规格型号	计量单位	出库数量	金额
绿豆糕		公斤	5500	
桂花糕		公斤	3800	
豆沙糕		公斤	2500	

第三联交财务科

库管员：王远步　　　　领货人：秦瑞

【业务 15】

15－1

投资协议

接受投资单位：重庆天泽商贸有限公司（甲方）

投资单位：李明（乙方）

甲乙双方为了实现合作共盈的理念，现协议如下：

（1）乙方以现金¥600000.00 元向甲方投资。

（2）未经甲方同意，乙方不得随意抽回投资。

（3）乙方以人民币陆拾万元（¥600000.00）作为投资额，占重庆新兴吸塑包装公司总投资额的 33.33%，并按此比例享受年利润的分配。

甲方(盖章)：重庆天泽商贸有限公司　　　　乙方(盖章)：李明　李明印

法人代表：银良雨

日期:2020 年 09 月 10 日　　　　日期:2020 年 09 月 10 日

15 －2

中国农业银行**进账单**（收款通知）

2020 年 9 月 10 日　　　　NO. 2218

汇款人	全　称	李明	收款人	全　称	重庆天泽商贸有限公司
	账　号	6666764422123324900		账　号	7333 34459 0002 0222 HCF
	开户银行	中国银行文峰新街支行		开户银行	农行江津区桥头支行
人民币（大写）陆拾万元整				千百十万千百十元角分	¥ 6 0 0 0 0 0 0 0
票据种类	转账支票		收款人开户行盖章		

中国农业银行股份有限公司重庆
农行江津区桥头支行
2019 年 9 月 10 日
转讫

【业务 16】

16 －1

5001065042　　**重庆市增值税普通发票**　　No. 5000692218

此联不作报销、扣税凭证使用　　开票日期：2020 年 09 月 11 日

购货单位	名　　称：广东楠楠超市 纳税人识别号：534578784912221 地 址、电 话：广州南京路五一大道 000T 号 02085870000 开户行及账号：工行广州南沙区支行 6222 8765 3331 0088 GHP	密码区	007766<98/198533204+<<<-111 63<+64<->876*98</8765*369+/ />+216>2>7/3-+47561<>786-/9 +782-/5432<4*-34>>>+923*555

货物或应税劳务的名称	规格型号	单位	数量	单价	金额	税率	税额
白兔奶糖		公斤	550	38.00	20900.00	13%	2717.00
嘉嘉软糖		公斤	700	27.00	18900.00	13%	2457.00
棒棒糖		个	5000	1.00	5000.00	13%	650.00
桂花糕		公斤	950	25.00	23750.00	13%	3087.50
荔枝糕		公斤	720	35.00	25200.00	13%	3276.00
合计					¥93750.00		¥12187.50
价税合计（大写）	ⓧ壹拾万伍仟玖佰叁拾柒元零伍角整				（小写）¥105937.50		

销货单位	名　　称：重庆天泽商贸有限公司 纳税人识别号：500107543862784 地 址、电 话：重庆市江津区桥头乡镇 0038x 号 023-00930027 开户行及账号：农行江津区桥头支行 6228 4890 0018 0002 0AS	备注	重庆天泽商贸有限公司 500107543862784 发票专用章

收款：　　复核：　　开票人：郑玄　　销货单位（章）：

第一联：记账联　销货方记账凭证

16 －2

出 库 单

2020年 6 月8 日

领货部门：销售部　　　　　　　　仓库：产成品库　　单号：04

材料名称	规格型号	计量单位	出库数量	金额
白兔奶糖		公斤	550	
嘉嘉软糖		公斤	700	
棒棒糖		个	5000	
桂花糕		公斤	950	
荔枝糕		公斤	720	

第三联交财务科

库管员：王远步　　　　　　　　领货人：秦瑞

16 －3

中国农业银行进账单（回单）

2020年09月11日　　　　　　　NO. 1248

汇款人	全　称	广东楠楠超市	收款人	全　称	重庆天泽商贸有限公司
	账　号	6222 8765 3331 0088 GHP		账　号	6228 4890 0018 0002 0AS
	开户银行	工行广州南沙区支行		开户银行	农行江津区桥头支行

人民币（大写）	千	百	十	万	千	百	十	元	角	分
壹拾万伍仟玖佰叁拾柒元伍角整		¥	1	0	5	9	3	7	5	0

票据种类	转账支票	农行江津区桥头支行 2020年09月11日 转讫 收款人开户行盖章
票据张数	1张	
单位主管　会计		
复核　记账		

【业务 17】

17 －1

5000133730　　重庆市增值税专用发票　　No. 01250345

发票联

开票日期：2020 年 09 月 12 日

购货单位	名称：重庆天泽商贸有限公司 纳税人识别号：500107543862784 地址、电话：重庆市江津区桥头乡镇 0038x 号 023-00930027 开户行及账号：农行江津区桥头支行 6228 4890 0018 0002 0AS			密码区	517766<98/198533204+<<<-100 63<+64<->876*98</8765*369+/ />+216>2>7/3-+47561<>786-/2 +782-/5432<4*-34>>>+923*300		
货物或应税劳务的名称	规格型号	单位	数量	单价	金额	税率	税额
广告服务				40000.00	40000.00	6%	2400.00
合计					¥40000.00		¥2400.00
价税合计（大写）	ⓧ肆万贰仟肆佰元整				（小写）¥42400.00		
销货单位	名称：重庆欣欣传媒有限公司 纳税人识别号：5738742348923971 地址、电话：重庆市渝中区 46 号 67452100 开户行及账号：工商银行渝中区支行 112267889990123			备注	重庆欣欣传媒有限公司 60046677643400 发票专用章		

收款人：　　复核：　　开票人：陆天　　销货单位（章）：

第三联：发票联　购货方记账凭证

17 －2

中国农行银行（渝）

转账支票存根

IX II 30126677

附加信息

出票日期 2020 年 9 月 12 日

收款人：	重庆欣欣传媒有限公司
金　额：	¥42400.00
用　途：	预付下季度广告费
备　注：	

单位主管：银良雨　会计：吴毅

【业务 18】

18 －1

5000133236 **重庆市增值税专用发票** No. 01123023

发票联

开票日期：2020 年 09 月 13 日

购货单位	名　　称：重庆天泽商贸有限公司 纳税人识别号：500106700082000 地 址、电 话：重庆市江津区桥头乡镇 0038x 号 023-00930027 开户行及账号：农行江津区桥头支行 6228 4890 0018 0002 0AS	密码区	517766<98/198533204+<<<-100 63<+64<->876*98</8765*369+/ />+216>2>7/3-+47561<>786-/2 +782-/5432<4*-34>>>+923*300

货物或应税劳务的名称	规格型号	单位	数量	单价	金额	税率	税额
白兔奶糖		公斤	8000	27.0000	216000.00	13%	28080.00
嘉嘉软糖		公斤	7500	16.5000	123750.00		16087.50
棒棒糖		个	60000	0.25	15000.00		1950.00
合计					¥354750.00		¥46117.50
价税合计（大写）	ⓧ肆拾万零捌佰陆拾柒元伍角整				（小写）¥400867.50		

销货单位	名　　称：重庆顺达糖果有限公司 纳税人识别号：510888000334DDK 地 址、电 话：重庆大渡口解放街 605D 02387002200 开户行及账号：工行重庆大渡口营业部 6222 4455 7788 0099 DDK	备注	重庆顺达糖果有限公司 510888000334DDK 发票专用章

收款人：　　复核：　　开票人：曲沙沙　　销货单位（章）：

第三联：发票联　购货方记账凭证

18 －2

银行承兑汇票　　2　**20800363**　3703302

出票日期　贰零贰零 年 零玖 月 壹拾叁 日（大写）

出票人全称	重庆天泽商贸有限公司	收款人	全称	重庆顺达糖果有限公司
出票人账号	6228 4890 0018 0002 0AS		账号	6222 4455 7788 0099 DDK
付款行全称	农行江津区桥头支行		开户银行	工行重庆大渡口营业部
出票金额	人民币（大写）肆拾万零捌佰陆拾柒元伍角整		亿 千 百 十 万 千 百 十 元 角 分	¥ 4 0 0 8 6 7 5 0
汇票到期日（大写）	贰零贰壹年零贰月贰拾叁日	付款行	行号	205380005431
承兑协议编号	33005E032830		地址	农行江津区桥头支行
本汇票请你行承兑，到期无条件付款 重庆天泽商贸有限公司 财务专用章　银良雨 出票人签章		本汇票已经承兑，到期日由本行付款 中国银行股份有限公司 汇票专用章 承兑行签章 承兑日期 2020 年 9 月 13 日		复核　记账

18 －3

中国农业银行　　扣费凭证

2020 年 9 月 13 日

账号	6228 4890 0018 0002 0AS	币种	人民币
户名	重庆天泽商贸有限公司		
收费项目 银行承兑手续费		50.00	金额
合计	¥50.00	金额大写	伍拾元整
划款方式：转账 摘　　要：手续费		（银行盖章）	

中国农业银行股份有限公司
农行江津区桥头支行
2019年09月13日
办讫章

记账柜员：2931

18 －4

入　　库　　单

收料仓库：库存商品-糖果　　　　2020 年 09 月 13 日　　　　收料单编号：03

商品名称	单位	数量		单价	商品金额	运杂费	实际成本
		应收数	实收数				
白兔奶糖	公斤	8000	8000	27.00	216000.00		216000.00
嘉嘉软糖	公斤	7500	7500	16.50	123750.00		123750.00
棒棒糖	个	60000	60000	0.25	15000.00		15000.00
合　　计							¥354750.00
备　注							

主管：令狐昊光　　质量检验员：韩武子　　入库验收：韩武子　　仓库保管：王逸少

【业务 19】

19 －1

收　　　据

2020年 9月 13日　　　　NO 2013005

今收到 重庆天泽商贸有限公司交付市内运杂费

金额（大写）人民币壹佰元整　　　　（¥100.00）

单位盖章　　　　经手人签章 何朗

现金收讫

重庆新兴运输公司 财务专用章

第二联：发票

【业务 20】

20 －1

6301212890　　　**吉林省增值税专用发票**　　　No. 01343045

全国统一发票监制章 吉林 国家税务总局监制

发票联　　　开票日期：2020年 09月 14日

购货单位	名　　称：重庆天泽商贸有限公司 纳税人识别号：500106700082000 地 址、电 话：重庆市江津区桥头乡镇 0038x 号 023-00930027 开户行及账号：农行江津区桥头支行 6228 4890 0018 0002 0AS	密码区	517766<98/198533204+<<<-100 63<+64<->876*98</8765*369+/ />+216>2>7/3-+47561<>786-/2 +782-/5432<4*-34>>>+923*300

货物或应税劳务的名称	规格型号	单位	数量	单价	金额	税率	税额
绿豆糕		公斤	7000	17.0000	119000.00	13%	15470.00
桂花糕		公斤	4000	15.5000	62000.00		8060.00
荔枝糕		公斤	3000	27.0000	81000.00		10530.00
合计					¥262000.00		¥34060.00
价税合计（大写）	ⓧ贰拾玖万陆仟零陆拾元整				（小写）¥296060.00		

销货单位	名　　称：吉林开开糕点有限公司 纳税人识别号：555677000333HJM 地 址、电 话：长春佳木大道 689JD　04546696200 开户行及账号：交通银行长春佳木斯营业部 3214 6600 7788 6600 JMS	备注	吉林开开糕点有限公司 555677000333HJM 发票专用章

收款人：　　　复核：　　　开票人：蔡明明　　　销货单位（章）：

第三联：发票联　购货方记账凭证

20－2

5001065099　　**重庆市增值税专用发票**　　No. 5000692123

发　票　联　　开票日期：2020年09月14日

购货单位	名　　称：重庆天泽商贸有限公司 纳税人识别号：500106700082000 地 址、电 话：重庆市江津区桥头乡镇0038x号 023-00930027 开户行及账号：农行江津区桥头支行 6228 4890 0018 0002 0AS	密码区	517766<98/198533204+<<<-12690 63<+64<->876*98</8765*369+//# />+216>2>7/3-+47561<>786-/220 +782-/5432<4*-34>>>+923*34556

货物或应税劳务的名称	规格型号	单位	数量	单价	金额	税率	税额
运输费			1	1400	1400.00	9%	126.00
合计					¥1400.00		¥126.00

价税合计（大写）	ⓧ壹仟伍佰贰拾陆元整　　（小写）¥1526.00

销货单位	名　　称：重庆华安货运有限公司 纳税人识别号：434788853345678 地 址、电 话：大渡口区黄花路73号附1　85125613 开户行及账号：工商行大渡口支行 6456345787955328	备注	重庆华安货运有限公司 434788853345678 发票专用章

收款人：　　复核：　　开票人：陈云河　　销货单位（章）：

第三联：发票联　购货方记账凭证

20－3

运费分配表

2020年9月09日　　单位：元

分配对象	分配标准（重量）	分配基数	分配率	分配金额
绿豆糕	7000		0.1	700.00
桂花糕	4000		0.1	400.00
荔枝糕	3000		0.1	300.00
合计	14000	1400.00		¥1400.00

主管：令狐昊光　　审核：令狐昊光　　制表：吴敎

20－4

入　库　单

收料仓库：库存商品-糕点　　2020 年 09 月 09 日　　收料单编号：06

商品名称	单位	数　量		单价	商品金额	运杂费	实际成本
		应收数	实收数				
绿豆糕	公斤	7000	7000	17.00	119000.00	700	119700.00
桂花糕	公斤	4000	4000	15.50	62000.00	400	62400.00
荔枝糕	公斤	3000	3000	27.00	81000.00	300	81300.00
合　计							￥ 263400.00
备　注							

主管：令狐昊光　质量检验员：韩武子　入库验收：韩武子　仓库保管：王逸少

【业务 21】

21－1

费　用　报　销　单

部门：行政部 2020 年 09 月 15 日　　编号:1453

名　称	金　额	结算方式
业务招待费	5000.00	1.冲借款____元 2.转账____元 3.汇款____元 4.现金付讫 5000 元
合计：(大写) 伍仟元整		

现金付讫

单位负责人：银良雨　主管：令狐昊光　复核：吴毅　出纳：郑玄　报销人：冯万里

21－2

重庆市增值税普通发票（卷票）

发票联

发票代码：252345600456

发票号码：00223234

机 打 号：1232342

机器编号：0181220223334

行业分类：服务业

收款单位：重庆市万豪大酒店

纳税人识别号：5001065012343

开票日期：2020-09-15

购买方名称：重庆天泽商贸有限公司

纳税人识别号：500106500040000

经营项目	单价	数量	金额
餐饮费	5000.00	1	5000.00

重庆市万豪大酒店 5001065012343 发票专用章

合计（小写）：¥5000.00

合计（大写）：伍仟元整

【业务22】

22－1

收　　据

2020 年 9 月 16 日　　NO．2020001

今收到重庆天泽商贸有限公司以现金支付展览费

现金付讫

金额（大写）贰仟元整（¥2000.00 ）

重庆欣欣传媒有限公司 财务专用章

单位盖章　　　　经手人签章：肖晓

第三联 记账联

【业务 23】

23 －1

中国农业银行进账单（回单）

2020 年 9 月 17 日　　　　NO. 6757

汇款人	全　称	柳州通通超市	收款人	全　称	重庆天泽商贸有限公司
	账　号	6222 7777 8888 9800 NNB		账　号	6228 4890 0018 0002 0AS
	开户银行	工行柳州广阳营业部		开户银行	农行江津区桥头支行

人民币（大写）贰拾玖万壹仟贰佰元整	千	百	十	万	千	百	十	元	角	分
		¥	2	9	1	2	0	0	0	0

票据种类	转账支票	收款人开户行盖章
票据张数	1 张	
单位主管　　会计		
复核　　记账		

（印章：中国农业银行股份有限公司 农行江津区桥头支行 2020年9月17日 转讫）

【业务 24】

24 －1

5001065042　　**重庆市增值税普通发票**　　No. 5000692218

此联不作报销、扣税凭证使用　　开票日期：2020 年 09 月 18 日

购货单位	名　　称：兰州成成百货有限公司 纳税人识别号：455009000777LLL 地 址、电 话：兰州上海路 480X 号 09317760000 开户行及账号：民生银行兰州安宁支行 7333 4567 0099 4444 MKL	密码区	007766<98/198533204+<<<-111 63<+64<->876*98</8765*369+/ />+216>2>7/3-+47561<>786-/9 +782-/5432<4*-34>>>+923*555

货物或应税劳务的名称	规格型号	单位	数量	单价	金额	税率	税额
白兔奶糖		公斤	3500	36.00	126000.00	13%	16380.00
嘉嘉软糖		公斤	3000	23.00	69000.00	13%	8970.00
棒棒糖		个	8000	0.50	40000.00	13%	5200.00
合计					¥235000.00		¥30550.00
价税合计（大写）	ⓧ贰拾陆万伍仟伍佰伍拾元整				（小写）¥265550.00		

销货单位	名　　称：重庆天泽商贸有限公司 纳税人识别号：500107543862784 地 址、电 话：重庆市江津区桥头乡镇 0038x 号 023-00930027 开户行及账号：农行江津区桥头支行 6228 4890 0018 0002 0AS	备注	（印章：重庆天泽商贸有限公司 500107543862784 发票专用章）

收款人：　　复核：　　开票人：郑玄　　销货单位（章）：

第一联：记账联　销货方记账凭证

24－2

出库单

2020年9月18日

领货部门：销售部　　　　　　　　　　仓库：产成品库　　单号：05

材料名称	规格型号	计量单位	出库数量	金额
白兔奶糖		公斤	3500	
嘉嘉软糖		公斤	3000	
棒棒糖		个	8000	

第三联交财务科

库管员：王远步　　　　　　　　　　领货人：秦瑞

【业务25】

25－1

领　料　单

2020年9月18日

领料部门：销售部　　用途：销售货物　　　仓库：原材料库　　单号：06

材料名称	规格型号	计量单位	出库数量	金额
五层纸箱		个	1000	
三层纸箱		个	2000	
打包带		卷	50	

第三联交财务科

库管员：王远步　　　　　　　　　　领货人：秦瑞

【业务 26】

26－1

重庆市增值税电子普通发票

办公用品

发票代码：05001700222
发票号码： 36023901
开票日期：2020 年 09 月 19 日
校 验 码：09883 78453 22333

机器编号：499089970078966

购货单位	名　　称：重庆天泽商贸有限公司 纳税人识别号：500107543862784 地 址、电 话：重庆市江津区桥头乡镇 0038x 号 023-00930027 开户行及账号：农行江津区桥头支行 6228 4890 0018 0002 0AS				密码区	517766<98/198533204+<<<-123 63<+64<->876*98</8765*369+/ />+216>2>7/3-+47561<>786-/2 +782-/5432<4*-34>>>+923*345	
货物或应税劳务的名称	规格型号	单位	数量	单价	金额	税率	税额
笔记本		本	10	20.00	200.00	13%	26.00
A4 纸		箱	2	200.00	400.00	13%	52.00
合计					¥600.00		¥78.00
价税合计（大写）	ⓧ陆佰柒拾捌元整				（小写） ¥678.00		
销货单位	名　　称：重庆渝合文具有限公司 纳税人识别号：5671075438655983 地 址、电 话：重庆市两江新区双彬 1 路 21 号 57694221 开户行及账号：工商银行两江新区分行 6686553320998445231				备注		

收款：　　复核：　　开票人：张海琴　　销货单位（章）：

26－2

费 用 报 销 单

部门：行政部　　2020 年 09 月 19 日　　编号:1453

名　　称	金　　额	结 算 方 式
办公用品	678.00	5.冲借款＿＿＿＿元 6.转账＿＿＿＿元 7.汇款＿＿＿＿元 8.现金付讫 678 元
合计：（大写）陆佰柒拾捌元整		

现金付讫

单位负责人 银良雨　　主管：令狐昊光　　复核：吴敏　　出纳：郑雯　　报销人：冯万卑

【业务 27】

27 －1

5001065042 **重庆市增值税普通发票** No. 5000692218

此联不作报销、扣税凭证使用 开票日期：2020 年 09 月 20 日

购货单位	名　　称：兰州成成百货有限公司 纳税人识别号：455009000777LLL 地 址、电 话：兰州上海路 480X 号 09317760000 开户行及账号：民生银行兰州安宁支行 7333 4567 0099 4444 MKL	密码区	007766<98/198533204+<<<-111 63<+64<->876*98</8765*369+/ />+216>2>7/3-+47561<>786-/9 +782-/5432<4*-34>>>+923*555

货物或应税劳务的名称	规格型号	单位	数量	单价	金额	税率	税额
白兔奶糖					-2520.00	13%	-327.6.00
嘉嘉软糖					-1380.00	13%	-179.4.00
棒棒糖					-800.00	13%	-104.00
合计					¥-4700.00		¥-611.00
价税合计（大写）	ⓧ负伍仟叁佰壹拾壹元整				（小写）¥-5311.00		

销货单位	名　　称：重庆天泽商贸有限公司 纳税人识别号：500107543862784 地 址、电 话：重庆市江津区桥头乡镇 0038x 号 023-00930027 开户行及账号：农行江津区桥头支行 6228 4890 0018 0002 0AS	备注	给予兰州成成百货 2%的销售折扣

收款：　　复核：　　开票人：郑玄　　销货单位（章）：

第一联：记账联　销货方记账凭证

【业务 28】

28 －1

5000133730 **重庆市增值税专用发票** No. 5000692218

此联不作报销、扣税凭证使用 开票日期：2020 年 09 月 21 日

购货单位	名　　称：广东楠楠超市 纳税人识别号：534578784912221 地 址、电 话：广州南京路五一大道 000T 号 02085870000 开户行及账号：工行广州南沙区支行 6222 8765 3331 0088 GHP	密码区	007766<98/198533204+<<<-111 63<+64<->876*98</8765*369+/ />+216>2>7/3-+47561<>786-/9 +782-/5432<4*-34>>>+923*555

货物或应税劳务的名称	规格型号	单位	数量	单价	金额	税率	税额
绿豆糕		千克	3000	22.00	66000.00	13%	8580.00
桂花糕		千克	4000	20.00	80000.00	13%	10400.00
荔枝糕		千克	5600	33.00	184800.00	13%	24024.00
豆沙糕		千克	2500	23.00	57500.00	13%	7475.00
合计					¥388300.00		¥50479.00
价税合计（大写）	ⓧ肆拾叁万捌仟柒佰柒拾玖元整				（小写）¥438779.00		

销货单位	名　　称：重庆天泽商贸有限公司 纳税人识别号：500107543862784 地 址、电 话：重庆市江津区桥头乡镇 0038x 号 023-00930027 开户行及账号：农行江津区桥头支行 6228 4890 0018 0002 0AS	备注	

收款：　　复核：　　开票人：郑玄　　销货单位（章）：

第一联：记账联　销货方记账凭证

28－2

出 库 单

2020 年 9 月 21 日

领货部门：销售部　　　　仓库：产成品库　　单号：07

材料名称	规格型号	计量单位	出库数量	金额
绿豆糕		千克	3000	
桂花糕		千克	4000	
荔枝糕		千克	5600	
豆沙糕		千克	2500	

第三联交财务科

库管员：王逸步　　　　领货人：秦瑞

28－3

中国农业银行进账单（回单）

2020 年 09 月 21 日　　　　NO. 1249

汇款人	全　称	广东楠楠超市	收款人	全　称	重庆天泽商贸有限公司
	账　号	6222 8765 3331 0088 GHP		账　号	6228 4890 0018 0002 OAS
	开户银行	工行广州南沙区支行		开户银行	农行江津区桥头支行
人民币（大写）肆拾叁万捌仟柒佰柒拾玖元整				千百十万千百十元角分	¥43877900
票据种类	转账支票		收款人开户行盖章		
票据张数	1张				
单位主管　会计					
复核　记账					

农行江津区桥头支行 2020年09月05日 转讫

【业务 29】

29 －1

出库单

2020 年 9 月 22 日

领货部门：销售部　　　　仓库：产成品库　　单号：08

材料名称	规格型号	计量单位	出库数量	金额
五层纸箱		个	500	
三层纸箱		个	600	

第三联交财务科

库管员：王远步　　　　领货人：秦瑞

29 －2

5000133730　　**重庆市增值税专用发票**　　No. 5000692218

此联不作报销、扣税凭证使用　　开票日期：2020 年 09 月 22 日

购货单位	名　　称：四川燕南飞商贸有限公司 纳税人识别号：534578784912221 地 址、电 话：成都青羊区景光路 369P 号，02869008900 开户行及账号：工行广州南沙区支行 6222 8765 3331 0088 GHP	密码区	007766<98/198533204+<<<-111 63<+64<->876*98</8765*369+/ />+216>2>7/3-+47561<>786-/9 +782-/5432<4*-34>>>+923*555

货物或应税劳务的名称	规格型号	单位	数量	单价	金额	税率	税额
五层纸箱		个	500	10.00	5000.00	13%	650.00
三层纸箱		个	600	8.00	4800.00	13%	624.00
合计					¥9800.00	13%	¥1274.00
价税合计（大写）	壹万壹仟零柒拾肆元整				（小写）¥11074.00		

销货单位	名　　称：重庆天泽商贸有限公司 纳税人识别号：500107543862784 地 址、电 话：重庆市江津区桥头乡镇 0038x 号 023-00930027 开户行及账号：农行江津区桥头支行 6228 4890 0018 0002 0AS	备注	重庆天泽商贸有限公司 500107543862784 发票专用章

收款：　　复核：　　开票人：郑玄　　销货单位（章）：

第一联：记账联　销货方记账凭证

【业务 30】

30－1

收　　据

2020 年 9 月 23 日　　　　　　　　　　No. 1017567

交款单位名称

（或姓名）　销售部许江

交　　来　零售收入

人　民　币　（大写）柒万肆仟伍佰元整　　　　¥74500. 00

备　　注　　　　　经手人：郭玄

复核：　　　　　　出纳：郭玄

重庆天泽商贸有限公司 财务专用章

现金收讫

30－2

零售清单

2020 年 9 月 23 日

材料名称	销售单价	计量单位	出库数量	金额
白兔奶糖	38	斤	450	
嘉嘉软糖	27	斤	500	
棒棒糖	1	个	3500	
绿豆糕	28	斤	800	
豆沙糕	30	斤	600	

第三联交财务科

主管：朱重九　　　　　　　　销售：许江

30 －3

出 库 单

2020 年 9 月 23 日

领货部门：销售部　　　　　　　　　　　　仓库：产成品库　　单号：09

材料名称	规格型号	计量单位	出库数量	金额
白兔奶糖		斤	450	
嘉嘉软糖		斤	500	
棒棒糖		个	3500	
绿豆糕		斤	800	
豆沙糕		斤	600	

第三联交财务科

库管员：王逸步　　　　　　　　领货人：秦瑞

【业务 31】

31 －1

中国农业银行　现金存款凭证（四联式）

2020 年 9 月 23 日

客户填写	收款人名称	重庆天泽商贸有限公司	收款人开户银行	农行江津区桥头支行
	收款人账号	6228 4890 0018 0002 0AS	款项来源	现金收入
	交款金额	人民币（大写）柒万肆仟伍佰元整	亿千百十万千百十元角分	¥ 7 4 5 0 0 0 0
银行打印	收款人名称	重庆天泽商贸有限公司	中国农业银行股份有限公司 农行江津区桥头支行 2020.09.23 业务核算章	
	收款人账号	6228 4890 0018 0002 0AS		
	交款金额	CNY84185.00		
	交易日期	2020.09.23	复核：	经办：1578

银行收款打印后，交款人确认　郑玄

【业务 32】

32－1

收　　据

2020 年 9 月 24 日　　　　NO. 2020001

今收到：重庆天泽商贸有限公司以现金支付违约金

金额（大写）贰仟元整（¥2000.00 ）

现金收讫

单位盖章　　重庆兴俊有限责任公司 财务专用章　　　　经手人签章　肖晓

【业务 33】

33－1

委托代销合同

委托方：重庆天泽商贸有限公司（甲方）

受托方：重庆渝格超市（乙方）

经友好协商，甲乙双方就甲方委托乙方代销糕点达成以下协议：

1. 产品数量及约定销售价格：

桂花糕 1000 千克，协议规定每千克单价 22 元；

荔枝糕 2000 千克，每千克单价 34 元。

2. 订单和交货：

（1）甲方提供销售所需糕点；

（2）乙方按双方约定销售价格的 5%收取手续费。

3. 付款：

甲方在乙方交付代销清单时支付手续费，并且开出增值税专用发票，乙方在交付代销清单的同时交付销售款。

甲方：重庆天泽商贸有限公司　　　　乙方：重庆渝格超市

代表：银良币　　　　代表：王强

时间：2020. 9. 25　　　　时间：2020. 9. 25

重庆天泽商贸有限公司　　重庆渝格超市

33 －2

商品出库单

2020 年 9 月 25 日

送存部门：重庆渝格超市　　　　仓库：库存商品库　　单号：10

材料名称	计量单位	出库数量	金额
桂花糕	千克	1000	
荔枝糕	千克	2000	

第三联交财务科

库管员：王逸少　　　　送存人：秦瑞

【业务 34】

34 －1

短期借款利息计算表

2019 年 9 月 26 日　　　　单位：元

借款开始日	本金	年利率	季度利率	季度利息	9 月应付利息
2020.3.26	100000.00	10%	2.5%	2500.00	2500.00
合计	¥100000.00			¥2500.00	¥2500.00

主管：令狐昊光　　审核：令狐昊光　　制表：吴敏

【业务 35】

35 －1

中国工商银行（渝）
转账支票存根

ⅨⅡ 30122334

附加信息________________

出票日期 2020 年 9 月 27 日

收款人：云南通宝糖业有限公司

金　额：¥20000.00

用　途：货款

备　注：

单位主管：银良雨　会计：吴数

【业务 36】

36 －1

中国工商银行（渝）
转账支票存根

ⅨⅡ 30122335

附加信息________________

出票日期 2020 年 9 月 28 日

收款人：重庆市红十字会

金　额：¥20000.00

用　途：捐赠

备　注：

单位主管：银良雨　会计：吴数

36－2

公益事业捐赠统一票据

捐赠人：重庆天泽商贸有限公司　　2020年9月28日　　№ 21098998

捐赠项目	实物（外币）种类	数量	金额									
			千	百	十	万	千	百	十	元	角	分
希望工程						2	0	0	0	0	0	0
合计人民币	(大写) 佰 仟×拾贰万零仟零元零角零分				¥	2	0	0	0	0	0	0

第二联 收据

接受单位盖章：重庆市红十字会 人道救助基金 财务专用章　　复核人：张国忠　　开票人：王明

【业务37】

37－1

代销商品结算清单

委托单位：重庆天泽商贸有限公司　　2020.9.28　　单位：元

品名	单位	数量	单价	金额	增值税	应付委托方款项
桂花糕	千克	1000	22.00	22000.00	2860.00	24860.00
荔枝糕	千克	2000	34.00	68000.00	8840.00	76840.00
合计				90000.00	11700.00	¥101700.00

37 －2

5000133236　　**重庆市增值税专用发票**　　No. 01123023

记账联　　开票日期：2020 年 09 月 28 日

购货单位	名　　称：重庆渝格超市 纳税人识别号：500106788000XTA 地 址、电 话：重庆江北区人和大道 45LA 号 02376869900 开户行及账号：工行重庆江北陈桥支行 6222 3456 0000 2378 TYT			密码区	517766<98/198533204+<<<-100 63<+64<->876*98</8765*369+/ />+216>2>7/3-+47561<>786-/2 +782-/5432<4*-34>>>+923*300		
货物或应税劳务的名称	规格型号	单位	数量	单价	金额	税率	税额
桂花糕		千克	1000	22.00	22000.00	13%	2860.00
荔枝糕		千克	2000	34.00	68000.00		8840.00
合计					¥90000.00		¥11700.00
价税合计（大写）	ⓧ壹拾万零壹仟柒佰元整				（小写）¥101700.00		
销货单位	名　　称：重庆天泽商贸有限公司 纳税人识别号：500106700082000 地 址、电 话：重庆市江津区桥头乡镇 0038x 号 023-00930027 开户行及账号：农行江津区桥头支行 6228 4890 0018 0002 0AS			备注	重庆天泽商贸有限公司 500106700082000 发票专用章		

收款人：　　复核：　　开票人：郑玄　　销货单位：（章）

第一联：记账联　销货方记账凭证

【业务 38】

38 －1

农行江津区桥头支行进账单（回单）

2020 年 9 月 28 日　　NO. 1245

汇款人	全称	重庆渝格超市	收款人	全　称	重庆天泽商贸有限公司
	账号	6222 3456 0000 2378 TYT		账　号	6228 4890 0018 0002 0AS
	开户银行	工行重庆江北陈桥支行		开户银行	农行江津区桥头支行
人民币（大写）壹拾万零壹仟柒佰元整			千百十万千百十元角分		¥ 1 0 1 7 0 0 0 0
票据种类	转账支票		农行江津区桥头支行 2019年09月28日 转讫	收款人开户行盖章	
票据张数	1张				
单位主管　复核	会计　记账				

38 －2

中国工商银行（渝）
转账支票存根

ⅨⅡ30122336

附加信息＿＿＿＿＿＿＿＿＿＿

出票日期 2020 年 9 月 28 日

收款人：	重庆渝格超市
金　额：	￥4770.00
用　途：	代销服务费
备　注：	

单位主管：银良雨　会计：吴敬

38 －3

5000189201　　**重庆市增值税专用发票**　　No. 01123905

发　票　联　　开票日期：2020 年 09 月 28 日

购货单位	名　　称：重庆天泽商贸有限公司 纳税人识别号：500106700082000 地 址、电 话：重庆市江津区桥头乡镇 0038x 号 023-00930027 开户行及账号：农行江津区桥头支行 6228 4890 0018 0002 0AS			密码区	517766<98/198533204+<<<-100 63<+64<->876*98</8765*369+/ />+216>2>7/3-+47561<>786-/2 +782-/5432<4*-34>>>+923*300			
货物或应税劳务的名称	规格型号	单位	数量	单价	金额	税率	税额	
代销服务费			1	4500.00	4500.00	6%	270.00	
合计					￥4500.00		￥270.00	
价税合计（大写）	ⓧ肆仟柒佰柒拾元整				（小写）￥4770.00			
销货单位	名　　称：重庆渝格超市 纳税人识别号：500106788000XTA 地 址、电 话：重庆江北区人和大道 45LA 号 02376869900 开户行及账号：工行重庆江北陈桥支行 6222 3456 0000 2378 TYT			备注				

收款人：　　复核：　　开票人：　冯洋　　销货单位（章）

第三联：发票联　购货方记账凭证

（印章：全国统一发票监制章 国家税务总局监制；重庆渝格超市 500106788000XTA 发票专用章）

【业务 39】

39 －1

重庆天泽商贸有限公司2020年9月工资计算表

部门	姓名	基本工资	津贴	奖金	请假扣款	应发合计	医疗保险+生育（2%+5）	养老保险（8%）	失业保险（0.5%）	住房公积金（6%）	税前工资	个税专项附加扣除	计税基础	代扣税	实发合计
行政部	银良雨	4000	2000	3000	0	9000	185	720	45	540	7510	1000	6510	45.3	7464.7
	冯万毕	3200	1800	2000	-80	6920	143.4	553.6	34.6	415.2	5773.2	1500	4273.2	0	5773.2
	陈永贵	3000	1500	2000	0	6500	135	520	32.5	390	5422.5	1000	4422.5	0	5422.5
	小计	10200	5300	7000	-80	22420	453.4	1793.6	112.1	1345.2	18715.7	3500	15215.7	45.3	18670.4
财务部	令狐灵光	3500	1800	3000	-50	8250	170	660	41.25	495	6883.75	1000	5883.75	26.51	6857.24
	吴敬	3200	1500	2000	-20	6680	138.6	534.4	33.4	400.8	5572.8	2000	3572.8	0	5572.8
	郑玄	3000	1500	2000	0	6500	135	520	32.5	390	5422.5	1500	3922.5	0	5422.5
	王逸少	3000	1300	2000	0	6300	131	504	31.5	378	5255.5	1500	3755.5	0	5255.5
	小计	12700	6100	9000	-70	27730	559.6	2218.4	138.65	1663.8	23149.6	5000	18149.6	26.52	23123
采购部	沈梦溪	2500	2000	1800	-20	6280	130.6	502.4	31.4	376.8	5238.8	1500	3738.8	0	5238.8
	韩武子	2300	1800	1500	0	5600	117	448	28	336	4671	2000	2671	0	4671
	小计	4800	3800	3300	-20	11880	242.6	950.4	59.4	712.8	9914.8	3500	6414.8	42.44	9872.36
销售部	朱重九	3000	1500	1800	0	6300	131	504	31.5	378	5255.5	1000	4255.5	0	5255.5
	秦瑞	2500	1300	1500	-100	5200	109	416	26	312	4337	1000	3337	0	4337
	许江	2500	1300	1500	0	5300	111	424	26.5	318	4420.5	1000	3420.5	0	4420.5
	小计	8000	4100	4800	-100	16800	341	1344	84	1008	14023	3000	11023	42.44	13980.6
合计	合计	35700	19300	24100	-270	78830	1581.6	6306.4	394.15	4729.8	65818.1	15000	50818.1	114.3	65703.8

【业务 40】

40 －1

重庆天泽商贸有限公司2020年9月社保、公积金计算表（单位负责部分）

部门	姓名	应发合计	医疗保险+生育（10%）	养老保险（16%）	失业保险（0.5%）	工伤保险（0.6%）	住房公积金（6%）	社保及住房公积金合计
行政部	银良雨	9000	900	1440	45	54	540	2979
	冯万毕	6920	692	1107.2	34.6	41.52	415.2	2290.52
	陈永贵	6500	650	1040	32.5	39	390	2151.5
	小计	22420	2242	3587.2	112.1	134.52	1345.2	7421.02
财务部	令狐灵光	8250	825	1320	41.25	49.5	495	2730.75
	吴敬	6680	668	1068.8	33.4	40.08	400.8	2211.08
	郑玄	6500	650	1040	32.5	39	390	2151.5
	王逸少	6300	630	1008	31.5	37.8	378	2085.3
	小计	27730	2773	4436.8	138.65	166.38	1663.8	9178.63
采购部	沈梦溪	6280	628	1004.8	31.4	37.68	376.8	2078.68
	韩武子	5600	560	896	28	33.6	336	1853.6
	小计	11880	1188	1900.8	59.4	71.28	712.8	3932.28
销售部	朱重九	6300	630	1008	31.5	37.8	378	2085.3
	秦瑞	5200	520	832	26	31.2	312	1721.2
	许江	5300	530	848	26.5	31.8	318	1754.3
	小计	16800	1680	2688	84	100.8	1008	5560.8
合计		78830	7883	12612.8	394.15	472.98	4729.8	26092.73

【业务 41】

41－1

5000189907　　重庆市增值税专用发票　　No. 01123809

发票联

开票日期：2020 年 09 月 30 日

购货单位	名　　称：重庆天泽商贸有限公司 纳税人识别号：500106700082000 地 址、电 话：重庆市江津区桥头乡镇 0038x 号 023-00930027 开户行及账号：农行江津区桥头支行 6228 4890 0018 0002 0AS			密码区	517766<98/198533204+<<<-100 63<+64<->876*98</8765*369+/ />+216>2>7/3-+47561<>786-/2 +782-/5432<4*-34>>>+923*300		
货物或应税劳务的名称	规格型号	单位	数量	单价	金额	税率	税额
水费	非居民用水	立方米	140	3.35	469.00	13%	60.97
合计					¥469.00		¥60.97
价税合计（大写）	ⓧ伍佰贰拾玖元玖角柒分				（小写）¥529.97		
销货单位	名　　称：重庆市江津区水务有限公司 纳税人识别号：500345565844563 地 址、电 话：重庆市江津区双福路 145 号　87553344 开户行及账号：工商银行江津区支行 6787 7898 3320 9985 679			备注			

收款人：　　复核：　　开票人：　张华　　销货单位（章）

第三联：发票联　购货方记账凭证

41－2

业务回单（付款）

日期：2020 年 9 月 30 日

回单编号：19002897898

付款人户名：重庆天泽商贸有限公司　　付款人开户行：农行江津区桥头支行

付款人账号：6228 4890 0018 0002 0AS

收款人户名：国网重庆电力有限公司江津区分公司　　收款人开户行：工商银行江津区支行

收款人账号：6787789833209981231

金额：人民币肆佰陆拾陆元壹角叁分

小写：¥466.13 元

业务(品种)种类：同行发报　凭证种类：0000001　　凭证号码：000000000003451

摘要：电费　　用途：　　币种：人民币

交易机构：0310000107　记账柜员：000577　交易代码：52769　渠道:网上银行

附言：

支付交易序号：98898314　报文种类：大客户发起汇兑业务　委托日期：2020-09-30

业务类型：普通汇兑

自助回单机专用章

本回单为第 1 次打印，注意重复　打印日期：2019 年 09 月 30 日　打印柜员：2　验证码：BBGT2

41－3

5001065047	重庆市增值税专用发票	No. 5000691176
	发票联	开票日期：2020 年 09 月 30 日

购货单位	名　　称：重庆天泽商贸有限公司 纳税人识别号：500106700082000 地 址、电 话：重庆市江津区桥头乡镇 0038x 号 023-00930027 开户行及账号：农行江津区桥头支行 6228 4890 0018 0002 0AS				密码区	517766<98/198533204+<<<-666#@ 63<+64<->876*98</8765*369+//0 />+216>2>7/3-+47561<>786-/7*9 +782-/5432<4*-34>>>+900/**888		
货物或应税劳务的名称	规格型号	单位	数量	单价	金额		税率	税额
电费	非居民用电	度	550	0.75	412.50		13%	53.63
合计					¥412.50			¥53.63
价税合计(大写)	ⓧ肆佰陆拾陆元壹角叁分				（小写）¥466.13			
销货单位	名　　称：国网重庆电力有限公司江津区分公司 纳税人识别号：500345565867788 地 址、电 话：重庆市江津区双福路 18 号 87432211 开户行及账号：工商银行江津区支行 6787 7898 3320 9981 231				备注	国网重庆电力有限公司江津区分公司 500345565867788 发票专用章		

第三联 发票联 购货方记账凭证

收款人：　　复核：　　开票人：张海　　销货单位（章）：

41－4

业务回单（付款）

日期：2020 年 9 月 30 日
回单编号：19002897898
付款人户名：重庆天泽商贸有限公司　　付款人开户行：农行江津区桥头支行
付款人账号：6228 4890 0018 0002 0AS
收款人户名：国网重庆电力有限公司江津区分公司　　收款人开户行：工商银行江津区支行
收款人账号：6787789833209981231
金额：人民币肆佰陆拾陆元壹角叁分
小写：¥466.13 元
业务(品种)种类：同行发报 凭证种类：0000001　　凭证号码：000000000003451
摘要：电费　　用途：　　币种：人民币
交易机构：0310000107 记账柜员：000577 交易代码：52769 渠道：网上银行

附言：
支付交易序号：98898314 报文种类：大客户发起汇兑业务 委托日期：2020-09-30
业务类型：普通汇兑

本回单为第 1 次打印，注意重复　打印日期：2019 年 09 月 30 日　打印柜员：2　验证码：BBGT2

【业务 42】

42 －1

固定资产折旧计算表

2020 年 9 月 30 日

部门	名称	增加时间	原值	使用年限	净残值率	折旧方法	对应科目	月折旧率	月折旧额
行政部	办公楼	2016-2-11	500000	40 年	4%	平均年限法	管理费用		
	办公设施	2016-2-16	12000	5 年	4%	平均年限法	管理费用		
	办公设施	2016-2-5	68000	5 年	4%	平均年限法	管理费用		
财务部	打印一体机	2016-2-16	12000	5 年	4%	平均年限法	管理费用		
	电脑	2016-2-1	85000	5 年	4%	平均年限法	管理费用		
销售部	汽车	2016-2-22	250000	10 年	4%	平均年限法	管理费用		
	电脑	2016-2-1	85000	5 年	4%	平均年限法	管理费用		
采购部	电脑	2016-2-1	85000	5 年	4%	平均年限法	管理费用		
合计									

编制： 吴敏　　　　审核： 令狐昊光

【业务 43】

43 －1

存货盘点表

2020 年 9 月 30 日

序号	存货名称	计量单位	账面数	盘点数	盘盈	盘亏	备注
1	白兔奶糖	公斤				20	
2	荔枝糕	公斤				8	
3	嘉嘉软糖	公斤				5	
…							

库管：王逸少　　　　盘点人：郑玄

【业务 44】

44 －1

关于盘盈产品和盘亏产品的处理批复

公司财务部：

经研究决定，2020 年 9 月针对公司产品的财产清查，对其清查结果按以下决定核销：盘亏白兔奶糖 20 公斤，荔枝糕 8 公斤，嘉嘉软糖 5 公斤，库管王逸少赔偿 100 元，其余的计入营业外支出。

重庆天泽商贸有限公司

2020.09.30

【业务 45】

45 － 1

6301212890　　**吉林省增值税专用发票**　　No. 01343056

发票联　　开票日期：2020 年 09 月 30 日

购货单位	名　　称：重庆天泽商贸有限公司 纳税人识别号：500106700082000 地 址、电 话：重庆市江津区桥头乡镇 0038x 号 023-00930027 开户行及账号：农行江津区桥头支行 6228 4890 0018 0002 0AS	密码区	517766<98/198533204+<<<-100 63<+64<->876*98</8765*369+/ />+216>2>7/3-+47561<>786-/2 +782-/5432<4*-34>>>+923*300

货物或应税劳务的名称	规格型号	单位	数量	单价	金额	税率	税额
绿豆糕		公斤	6000	17.20	103200.00	13%	13416.00
桂花糕		公斤	4000	15.60	62400.00		8112.00
荔枝糕		公斤	4000	27.00	108000.00		14040.00
合计					¥273600.00		¥35568.00
价税合计（大写）	ⓧ叁拾万玖仟壹佰陆拾捌元整				（小写）¥309168.00		

销货单位	名　　称：吉林开开糕点有限公司 纳税人识别号：555677000333HJM 地 址、电 话：长春佳木大道 689JD　04546696200 开户行及账号：交通银行长春佳木斯营业部 3214 6600 7788 6600 JMS	备注	吉林开开糕点有限公司 555677000333HJM 发票专用章

收款人：　　复核：　　开票人：蔡明明　　销货单位（章）：

第三联：发票联　购货方记账凭证

【业务 46】

46 － 1

增值税计算表

2020年 9月 30 日　　单位：元

项目	行次	金 额
本月销项税额	1	
本月进项税额	2	
本月进项税额转出	3	
上期留抵税额	4	
本月应交未交增值税额	5	

编制：吴敏　　审核：令狐昊光

46－2

发票确认汇总

尊敬的重庆天泽商贸有限公司，税号为500106700082000。

本次为所属期2020年9月第一次发票勾选确认，共勾选了13张发票，其中：

（1）有效勾选发票13张；

（2）勾选且扫描认证发票13张；

（3）勾选不可抵扣发票0张。

本次有效勾选统计如下：

	数量（份）	金额（元）	税额（元）
增值税专用发票	13	1474277.72	189563.75
机动车发票			
货运发票			
通行费发票			
合计	13	1474277.72	189563.75

截止本次勾选确认，共确认1次，累计勾选　张发票，其中：

（1）有效勾选发票13张；

（2）勾选且扫描认证发票13张；

（3）勾选不可抵扣发票0张。

累计有效勾选统计如下：

	数量（份）	金额（元）	税额（元）
增值税专用发票	13	1474277.72	189563.75
机动车发票			
货运发票			
通行费发票			
合计	13	1474277.72	189563.75

打印日期：2020－09－30

【业务 47】结转损益

【业务 48】

48 －1

企业所得税计算表

2020年9月　　　　　　　　　　　　　　　　单位：元

项目	行次	金 额
利润总额本年累计数	1	
企业所得税率	2	
应纳税额本年累计数	3	
已预缴应纳税额	4	
本期应预缴应纳税额	5	

编制：吴薮　　　　　　　　　　　　　　　　审核：令狐昊光

二、重庆天泽商贸有限公司报表填报

资产负债表

年　　月　　　　　　　　　　　　　　　　　　　　　会小企01表

编制单位：　　　　　　　　　　　　　　　　　　　　　　单位：元

资产	行次	期末余额	年初余额	负债和所有者权益	行次	期末余额	年初余额
流动资产：				流动负债：			
货币资金	1			短期借款	31		
短期投资	2			应付票据	32		
应收票据	3			应付账款	33		
应收账款	4			预收账款	34		
预付账款	5			应付职工薪酬	35		
应收股利	6			应交税费	36		
应收利息	7			应付利息	37		
其他应收款	8			应付利润	38		
存货	9			其他应付款	39		
其中：原材料	10			其他流动负债	40		
在产品	11			流动负债合计	41		
库存商品	12			非流动负债：			
周转材料	13			长期借款	42		
其他流动资产	14			长期应付款	43		
流动资产合计	15			递延收益	44		
非流动资产：				其他非流动负债	45		
长期债券投资	16			非流动负债合计	46		
长期股权投资	17			负债合计	47		
固定资产原价	18						
减：累计折旧	19						
固定资产账面价值	20						
在建工程	21						
工程物资	22						
固定资产清理	23						
生产性生物资产	24			所有者权益（或股东权益）：			
无形资产	25			实收资本（或股本）	48		
开发支出	26			资本公积	49		
长期待摊费用	27			盈余公积	50		
其他非流动资产	28			未分配利润	51		
非流动资产合计	29			所有者权益(或股东权益)合计	52		
资产总计	30			负债和所有者权益（或股东权益）总计	53		

利 润 表

年　月　　　　　　　　　　　　　　　　　　　　会小企 02 表

编制单位：　　　　　　　　　　　　　　　　　　　　　单位：元

项　目	行次	本年累计金额	本月金额
一、营业收入	1		
减：营业成本	2		
税金及附加	3≥4+6+7+8+9+10		
其中：消费税	4		
城市维护建设税	6		
资源税	7		
土地增值税	8		
城镇土地使用税、房产税、车船税、印花税	9		
教育费附加、矿产资源补偿费、排污费	10		
销售费用	11≥12+13		
其中：商品维修费	12		
广告费和业务宣传费	13		
管理费用：	14≥15+16+17		
其中：开办费	15		
业务招待费	16		
研究费用	17		
财务费用	18≥19		
其中：利息费用（收入以“-”填列）	19		
加：投资收益（亏损以“-”填列）	20		
二、营业利润	21=1-2-3-11-14-18+20		
加：营业外收入	22		
其中：政府补助	23		
减：营业外支出	24≥25+26+27+28+29		
其中：坏账损失	25		
无法回收的长期债券投资损失	26		
无法回收的长期股权投资损失	27		
自然灾害等不可抗力因素造成的损失	28		
税收滞纳金	29		
三、利润总额（亏损总额以“-”号填列）	30=21+22-24		
减：所得税费用	31		
四、净利润（净亏损以“-”号填列）	32=30-31		

任务三　完成重庆天泽商贸有限公司2020年9月纳税申报

一、一般纳税人增值税纳税申报

增值税纳税申报表

（一般纳税人适用）

税款所属期：自　　年　月　日至　　年　月　日　　　填表日期：　　年　月　日　　　金额单位：元至角分

纳税人识别号：　　　　　　　　　　　　　　　　　　　所属行业：

纳税人名称：　　　　　　　　　法定代表人姓名：　　　　　注册地址：　　　　　　　生产经营地址：

开户银行及账号：　　　　　　　登记注册类型：　　　　　　　　　　　　　　　　　电话号码：

	项　目	栏次	一般项目	即征即退项目		
销售额	（一）按适用税率计算销售额	1	本月数	本年累计	本月数	本年累计
	其中：应税货物销售额	2				
	应税劳务销售额	3				
	纳税检查调整的销售额	4				
	（二）按简易办法计税销售额	5				
	其中：纳税检查调整的销售额	6				
	（三）免、抵、退办法出口销售额	7				
	（四）免税销售额	8				
	其中：免税货物销售额	9				
	免税劳务销售额	10				
税款计算	销项税额	11				
	进项税额	12				
	上期留抵税额	13				
	进项税额转出	14				
	免、抵、退应退税额	15				
	按适用税率计算的纳税检查应补缴税额	16				
	应抵扣税额合计	17＝12＋13－14－15＋16				
	实际抵扣税额	18（如17，<11， 则为17，否则为11）				
	应纳税额	19＝11－18				
	期末留抵税额	20＝17－18				
	简易计税办法计算的应纳税额	21				
	按简易计税办法计算的纳税检查应补缴税额	22				
	应纳税额减征额	23				
	应纳税额合计	24＝19＋21－23				

续表

<table>
<tr><th colspan="2">项　　目</th><th>栏次</th><th>一般项目</th><th colspan="3">即征即退项目</th></tr>
<tr><td rowspan="10">税款缴纳</td><td>期初未缴税额（多缴为负数）</td><td>25</td><td></td><td></td><td></td><td></td></tr>
<tr><td>实收出口开具专用缴款书退税额</td><td>26</td><td></td><td></td><td></td><td></td></tr>
<tr><td>本期已缴税额</td><td>27 = 28 + 29 + 30 + 31</td><td></td><td></td><td></td><td></td></tr>
<tr><td>①分次预缴税额</td><td>28</td><td></td><td></td><td></td><td></td></tr>
<tr><td>②出口开具专用缴款书预缴税额</td><td>29</td><td></td><td></td><td></td><td></td></tr>
<tr><td>③本期缴纳上期应纳税额</td><td>30</td><td></td><td></td><td></td><td></td></tr>
<tr><td>④本期缴纳欠缴税额</td><td>31</td><td></td><td></td><td></td><td></td></tr>
<tr><td>期末未缴税额（多缴为负数）</td><td>32 = 24 + 25 + 26 − 27</td><td></td><td></td><td></td><td></td></tr>
<tr><td>其中：欠缴税额（≥0）</td><td>33 = 25 + 26 − 27</td><td></td><td></td><td></td><td></td></tr>
<tr><td>本期应补（退）税额</td><td>34 = 24 − 28 − 29</td><td></td><td></td><td></td><td></td></tr>
<tr><td rowspan="4"></td><td>即征即退实际退税额</td><td>35</td><td></td><td></td><td></td><td></td></tr>
<tr><td>期初未缴查补税额</td><td>36</td><td></td><td></td><td></td><td></td></tr>
<tr><td>本期入库查补税额</td><td>37</td><td></td><td></td><td></td><td></td></tr>
<tr><td>期末未缴查补税额</td><td>38 = 16 + 22 + 36 − 37</td><td></td><td></td><td></td><td></td></tr>
<tr><td>授权申明</td><td colspan="2">如果你已委托代理人申报，请填写下列资料：
为代理一切税务事宜，现授权
（地址）　　　　　　　为本纳税人的代理申报人，任何与本申报表有关的往来文件，都可以寄予此人。
授权人签字：</td><td>申报人申明</td><td colspan="3">本纳税申报表是根据国家税法法律法规及相关规定填报的，我确定它是真实的、可靠的、完整的。
声明人签字：</td></tr>
</table>

主管税务机关：　　　　　　　　接收人：　　　　　　　　接受日期：

增值税纳税申报表附列资料（一）

本期销售情况明细

项目及栏次				开具增值税专用发票		开具其他发票		未开具发票		纳税检查调整		合计			服务、不动产和无形资产扣除项目本期实际扣除金额	扣除后	
				销售额	销项（应纳）税额	销售额	销项（应纳）税额	销售额	销项（应纳）税额	销售额	销项（应纳）税额	销售额	销项（应纳）税额	价税合计		含税（免税）销售额	销项（应纳）税额
				1	2	3	4	5	6	7	8	9 = 1 + 3 + 5 + 7	10 = 2 + 4 + 6 + 8	11 = 9 + 10	12	13 = 11 − 12	14 = 13 ÷（100% + 税率或征收率）× 税率或征收率
一、一般计税方法计税	全部征税项目	13%税率的货物及加工修理修配劳务	1														
		13%税率的服务、不动产和无形资产	2														
		9%税率的货物及加工修理修配劳务	3														
		9%税率的服务、不动产和无形资产	4														
		6%税率	5														
	其中：即征即退项目	即征即退货物及加工修理修配劳务	6														
		即征即退服务、不动产和无形资产	7														
二、简易计税方法计税	全部征税项目	6%征收率	8														
		5%征收率的货物及加工修理修配劳务	9a														
		5%征收率的服务、不动产和无形资产	9b														

续表

项目及栏次				开具增值税专用发票		开具其他发票		未开具发票		纳税检查调整		合计			服务、不动产和无形资产扣除项目本期实际扣除金额	扣除后	
				销售额	销项（应纳）税额	销售额	销项（应纳）税额	销售额	销项（应纳）税额	销售额	销项（应纳）税额	销售额	销项（应纳）税额	价税合计		含税（免税）销售额	销项（应纳）税额
				1	2	3	4	5	6	7	8	9 = 1 + 3 + 5 + 7	10 = 2 + 4 + 6 + 8	11 = 9 + 10	12	13 = 11 − 12	14 = 13 ÷ （100% + 税率或征收率）× 税率或征收率
二、简易计税方法计税	全部征税项目	4% 征收率	10														
		3% 征收率的货物及加工修理修配劳务	11														
		3% 征收率的服务、不动产和无形资产	12														
		预征率 0.0000%	13a														
		预征率 0.0000%	13b														
		预征率 0.0000%	13c														
	其中：即征即退项目	即征即退货物及加工修理修配劳务	14														
		即征即退服务、不动产和无形资产	15														
三、免抵退税	货物及加工修理修配劳务		16														
	服务、不动产和无形资产		17														
四、免税	货物及加工修理修配劳务		18														
	服务、不动产和无形资产		19														

增值税纳税申报表附列资料（二）

本期进项税额明细

税款所属时间：　　年　月　日至　　年　月　日

纳税人名称：　　　　　　　　　　　　　　　　　　　　金额单位：元至角分

一、申报抵扣的进项税额				
项目	栏次	份数	金额	税额
（一）认证相符的增值税专用发票	1 = 2 + 3			
其中：本期认证相符且本期申报抵扣	2			
前期认证相符且本期申报抵扣	3			
（二）其他抵扣凭证	4 = 5 + 6 + 7 + 8a + 8b			
其中：海关进口增值税专用缴款书	5			
农产品收购发票或者销售发票	6			
代扣代缴税收缴款凭证	7		——	
加计扣除农产品进项税额	8a	——	——	
其他	8b			
（三）本期用于构建不动产的扣税凭证	9			
（四）本期用于抵扣的旅客运输服务扣税凭证	10			
（五）外贸企业进项税额抵扣证明	11	——	——	
当期申报抵扣进项税额合计	12 = 1 + 4 + 11			
二、进项税额转出额				
项目	栏次	税额		
本期进项税额转出额	13 = 14 至 23 之和			
其中：免税项目用	14			
集体福利、个人消费	15			
非正常损失	16			
简易计税方法征税项目用	17			
免抵退税办法不得抵扣的进项税额	18			
纳税检查调减进项税额	19			
红字专用发票信息表注明的进项税额	20			
上期留抵税额抵减欠税	21			
上期留抵税额退税	22			
其他应作进项税额转出的情形	23			
三、待抵扣进项税额				
项目	栏次	份数	金额	税额
（一）认证相符的增值税专用发票	24	——	——	——
期初已认证相符但未申报抵扣	25			
本期认证相符且本期未申报抵扣	26			
期末已认证相符但未申报抵扣	27			
其中：按照税法规定不允许抵扣	28			
（二）其他扣税凭证	29 = 30 至 33 之和			
其中：海关进口增值税专用缴款书	30			
农产品收购发票或者销售发票	31			
代扣代缴税收缴款凭证	32		——	
其他	33			
	34			
四、其他				
项目	栏次	份数	金额	税额
本期认证相符的增值税专用发票	35			
代扣代缴税额	36	——	——	

二、附加税纳税申报

城市维护建设税、教育费附加、地方教育附加税（费）申报表

税款所属期：　　年　月　日至　　年　月　日

纳税人识别号（统一社会信用代码）：

纳税人名称：　　　　　　　　　　　　　　　　　　　　　　　　金额单位：人民币元（列至角分）

<table>
<tr><td colspan="6" rowspan="3">本期是否适用增值税小规模纳税人减征政策
（减免性质代码——城市维护建设税：07049901，减免性质代码——教育费附加：61049901，减免性质代码——地方教育附加：99049901）</td><td rowspan="3">□是□否</td><td colspan="4">减征比例——城市维护建设税（%）</td><td colspan="2">0.00</td></tr>
<tr><td colspan="4">减征比例——教育费附加（%）</td><td colspan="2">0.00</td></tr>
<tr><td colspan="4">减征比例——地方教育附加（%）</td><td colspan="2">0.00</td></tr>
<tr><td rowspan="3">税（费）种</td><td colspan="5">计税（费）依据</td><td rowspan="3">税率（征收率）</td><td rowspan="3">本期应纳税（费）额</td><td colspan="2" rowspan="2">本期减免税（费）额</td><td rowspan="3">本期增值税小规模纳税人减征额</td><td rowspan="3">本期已缴税（费）额</td><td rowspan="3">本期应补（退）税（费）额</td></tr>
<tr><td colspan="2">增值税</td><td rowspan="2">消费税</td><td rowspan="2">营业税</td><td rowspan="2">合计</td></tr>
<tr><td>增值税</td><td>免抵税额</td><td>减免性质代码</td><td>减免税（费）额</td></tr>
<tr><td></td><td>1</td><td>2</td><td>3</td><td>4</td><td>5 = 1 + 2 + 3 + 4</td><td>6</td><td>7 = 5 × 6</td><td>8</td><td>9</td><td>10</td><td>11</td><td>12 = 7 − 9 − 10 − 11</td></tr>
<tr><td>增值税城建税（市区）</td><td></td><td></td><td></td><td></td><td></td><td></td><td></td><td></td><td></td><td></td><td></td><td></td></tr>
<tr><td>增值税教育费附加</td><td></td><td></td><td></td><td></td><td></td><td></td><td></td><td></td><td></td><td></td><td></td><td></td></tr>
<tr><td>增值税地方教育费附加</td><td></td><td></td><td></td><td></td><td></td><td></td><td></td><td></td><td></td><td></td><td></td><td></td></tr>
<tr><td>合计</td><td></td><td></td><td></td><td></td><td></td><td></td><td></td><td></td><td></td><td></td><td></td><td></td></tr>
<tr><td colspan="13">以下由纳税人填写</td></tr>
<tr><td>纳税人声明</td><td colspan="12">此纳税申报表是根据《中华人民共和国城市维护建设税暂行条例》《国务院征收教育费附加的暂行规定》《财政部关于统一地方教育附加政策有关问题的通知》和国家有关税收规定填报的，是真实的、可靠的、完整的。</td></tr>
<tr><td colspan="13"></td></tr>
<tr><td>纳税人签章</td><td colspan="3">代理人签章</td><td colspan="3"></td><td colspan="2">代理人身份证号</td><td colspan="4"></td></tr>
<tr><td colspan="4">计税依据修改原因</td><td colspan="9"></td></tr>
</table>

三、一般纳税人企业所得税纳税申报

中华人民共和国

A200000　　　　企业所得税季度月（季）度预缴纳税申报表（A类）

税款所属时间：

纳税人识别号（统一社会信用代码）：

纳税人名称：　　　　　　　　　　　　　　　　　　　　金额单位：人民币元（列至角分）

预缴方式	□按照实际利润额预缴□按照上一年度应纳税所得额平均额预缴□按照		
企业类型	□一般企业□跨地区经营汇总纳税企业总机构□跨地区经营汇总纳税企业分支机构		
预缴税款计算			
行次	项目		本年累计金额
1	营业收入		
2	营业成本		
3	利润总额		
4	加：特定业务计算的应纳税所得额		
5	减：不征税收入		
6	减：免税收入、减计收入、所得减免等优惠金额（填写A201010）		
7	减：固定资产加速折旧（扣除）调减额（填写A201020）		
8	减：弥补以前年度亏损		
9	实际利润额（3+4-5-6-7-8）\ 按照上一纳税年度应纳税所得额平均额确定的应纳税所得额		
10	税率（25%）		
11	应纳所得税额（9×10）		
12	减：减免所得税额（填写A201030）		
13	减：实际已缴纳所得税额		
14	减：特定业务预缴（征）所得税额		
15	本期应补（退）所得税额（11-12-13-14）\ 税务机关确定的本期应纳所得税额		
汇总纳税企业总分机构税款计算			
16	总机构填报	总机构本期分摊应补（退）所得税额（17+18+19）	
17		其中：总机构分摊应补（退）所得税额（15×总机构分摊比例0.00%）	
18		财政集中分配应补（退）所得税额（15×财政集中分配比例0.00%）	
19		总机构具有主体生产经营职能的部门分摊所得税额（15×全部分支机构分摊比例0.00%×总机构具有主体生产经营职能部门分摊比例0.00000000%）	
20	分支机构填报	分支机构本期分摊比例	
21		分支机构本期分摊应补（退）所得税额	

续表

附报信息			
高新技术企业	□是□否	科技型中小企业	□是□否
技术入股递延纳税事项	□是□否		
按季度填报信息			
季初从业人数		季末从业人数	
季初资产总额（万元）		季末资产总额（万元）	
国家限制或禁止行业	□是□否	小型微利企业	□是□否
谨声明：本纳税申报表是根据国家税收法律法规及相关规定填报的，是真实的、可靠的、完整的。 纳税人（签章）：　年　月　日			
经办人： 经办人身份证号： 代理机构签章： 代理机构统一社会信用代码：		受理人： 受理税务机关（章）： 受理日期：　年　月　日	

国家税务局监制

减免所得税优惠明细表

行次	项目	本年累计金额
1	一、符合条件的小型微利企业减免企业所得税	
2	二、国家需要重点扶持的高新技术企业减按15%的税率征收企业所得税	
3	三、经济特区和上海浦东新区新设立的高新技术企业在区内取得的所得定期减免企业所得税	
4	四、受灾地区农村信用社免征企业所得税	
5	五、动漫企业自主开发、生产动漫产品定期减免企业所得税	
6	六、线宽小于0.8微米（含）的集成电路生产企业减免所得税	
7	七、线宽小于0.25微米（含）的集成电路生产企业减按15%税率征收所得税	
8	八、投资额超过80亿元的集成电路生产企业减按15%税率征收所得税	
9	九、线宽小于0.25微米的集成电路生产企业减免企业所得税	
10	十、投资额超过80亿元的集成电路生产企业减免企业所得税	
11	十一、线宽小于130纳米的集成电路生产企业减免所得税	
12	十二、线宽小于65纳米或投资额超过150亿元的集成电路生产企业减免所得税	
13	十三、新办集成电路设计企业减免企业所得税	
14	十四、国家规划布局内集成电路设计企业可减按10%的税率征收企业所得税	
15	十五、符合条件的软件企业减免企业所得税	
16	十六、国家规划布局内重点软件企业可减按10%的税率征收企业所得税	
17	十七、符合条件的集成电路封装、测试企业定期减免企业所得税	
18	十八、符合条件的集成电路关键专用材料生产企业、集成电路专用设备生产企业定期减免企业所得税	
19	十九、经营性文化事业单位转制为企业的免征企业所得税	
20	二十、符合条件的生产和装配伤残人员专门用品企业免征企业所得税	
21	二十一、技术先进型服务企业（服务外包类）减按15%税率征收所得税	
22	二十二、技术先进型服务企业（服务贸易类）减按15%税率征收所得税	
23	二十三、设在西部地区的鼓励类产业企业减按15%税率征收所得税	
24	二十四、新疆困难地区新办企业定期减免企业所得税	
25	二十五、新疆喀什、霍尔果斯特殊经济开发区新办企业定期减免企业所得税	
26	二十六、广东横琴、福建平潭、深圳前海等地区的鼓励类产业企业减按15%税率征收所得税	
27	二十七、北京东奥组委、北京冬奥会测试赛赛事组委会免征企业所得税	
28	二十八、其他（28.1+28.2）	
28.1	1. 从事污染防治的第三方企业减按15%税率征收所得税	
28.2	2. 其他	
29	二十九、民族自治地方的自治机关对本民族自治地方的企业应缴纳的企业所得税中属于地方分享的部分减征或免征（□免征□减征：减征幅度0.00%）	
30	合计（1+2+3+4+5+6+…+28+29）	

项目四

小型服务业财税一体会计综合实训

任务一　了解重庆万君餐饮管理有限公司基本情况

一、重庆万君餐饮管理有限公司会计政策和核算方法

（1）公司执行《小企业会计准则》（2013 年）和财政部颁发的《会计基础工作规范》《会计基础工作规范说明》。

（2）公司经重庆市国家税务局认定为小规模企业，按照 2019 年 4 月最新税率执行。增值税税率 3%，城市维护建设税税率 7%，教育费附加费率 3%，企业所得税率 25%（企业所得税实行查账计征，按季计算并预缴、年终汇算清缴）。

（3）存货按实际成本计价，发出存货成本均采用“先进先出法”计算。所有核算保留两位小数点，尾差计入期末存货成本。

（4）工薪所得个人所得税按七级超额累进税率计算代扣代缴。职工缴费工资为每月应发工资合计，具体比例如表 4－1 所示。

表 4－1　　单位和个人五险一金计提比例

养老保险		医疗保险＋生育保险		失业保险		工伤保险	
个人 8%	单位 16%	个人 2%＋5	单位 10%	个人 0.5%	单位 0.5%	个人 0	单位 0.6%

（5）固定资产折旧采用年限平均法，按个别折旧率计提折旧。

（6）产品按“品种法”计算成本。

注意：

（1）职工个人应缴纳的社会保险费、住房公积金由企业每月代扣代缴。

（2）分配率保留小数点后 2 位，其余计算结果四舍五入保留小数点后 2 位。

(3) 本期取得的进项税额均在本月已认证抵扣。

二、重庆万君餐饮管理有限公司基础资料

(一) 基本资料

重庆万君餐饮管理有限公司是一家服务企业，品牌加盟，经国家税务部门认定为增值税小规模纳税人。

单位地址：重庆市南岸区南坪0038x号

法人代表：李永刚

邮政编码：402360

联系电话：023-00260039

开户行：建行重庆南坪支行

账号：6228 4890 0018 0002 276

纳税登记号：5000106757582000

1. 单位名称：重庆万君餐饮管理有限公司，简称万君公司

2. 会计期间：2020年12月

3. 本币代码：RMB；本币名称：人民币

4. 企业类型：服务业

5. 行业性质：小企业会计准则

6. 会计人员：黄小玲

7. 数据精度：保留两位小数。百分率保留到小数点后两位小数如：1.33%。涉及分配以最后出现的名称为准进行调“整”。

(二) 员工信息

1. 财务部人员

表4-2

编号	姓名	岗位
1	黄小玲	会计人员
2	田燕	出纳、开票人员

2. 职员档案信息

表4-3

职员编号	职员姓名	所属部门	职员岗位
1	李永刚	行政部	董事长
2	李东	行政部	总经理
3	黄小玲	财务部	会计人员

续表

职员编号	职员姓名	所属部门	职员岗位
4	田燕	财务部	出纳、开票
5	刘宏	销售部	销售经理
6	张淑瑶	销售部	销售人员
7	蒋立	实施服务部	实施服务人员

（三）公司结构

表 4－4

部门编码	部门名称
1	行政部
2	财务部
3	销售部
4	实施服务部

（四）公司主要客户信息

表 4－5

代码	客户名称	开户行及账号	开票人	电话
01	易斌	工行重庆南坪支行 6222 3455 0000 2478 237	易斌	15326477022
02	吴芳	招商银行重庆沙坪坝支行 6187 3333 2008 0000 476	吴芳	18716425782
03	李建	工行重庆江北支行 6222 8765 3331 0088 273	李建	18762434456
04	东方盈	农行重庆南坪支行 5333 8900 2221 7000 658	东方盈	15329384876
05	刘永丽	兴业银行重庆沙坪坝支行 7333 4567 0099 4444 756	刘永丽	15344675682
06	胡静	建行重庆南坪支行 4718 5598 0000 3077 223C	胡静	18746554237

（五）企业开户银行

表 4－6

编号	开户银行	银行账户	开户行性质
1	建行重庆南坪支行	6228 4890 0018 0002 276	基本户

（六）期初余额

1. 期初余额表（见表4-7）

表4-7

科目代码	科目名称	账页格式	辅助核算	余额方向	金额（元）
1001	库存现金	三栏式	日记账	借	27718.50
1002	银行存款	三栏式		借	455417.04
100201	建行重庆南坪支行	三栏式	日记账	借	455417.04
1012	其他货币资金	三栏式		借	
1121	应收票据			借	
1122	应收账款	三栏式	客户往来		120000
1221	其他应收款	三栏式		借	29000
122101	王修成			借	10000
122102	李东			借	19000
1405	库存商品	三栏式		借	
1411	周转材料	三栏式		借	
1601	固定资产	三栏式		借	95500
160101	电脑	三栏式		借	19500
160102	打印一体机	三栏式		借	13500
160103	空调	三栏式		借	24000
160104	办公家具	三栏式		借	34000
160105	针式打印机	三栏式		借	4500
1602	累计折旧	三栏式		贷	16192
160201	电脑	三栏式		贷	3744
160202	打印一体机	三栏式		贷	2592
160203	空调	三栏式		贷	1920
160204	办公家具	三栏式		贷	7072
160205	针式打印机	三栏式		贷	864
1606	固定资产清理	三栏式		借	
1701	无形资产	三栏式		借	
170101	商标权	三栏式		借	500000
1702	累计摊销	三栏式		贷	
1901	待处理财产损溢	三栏式		借	
190101	待处理流动资产损溢	三栏式		借	
2001	短期借款	三栏式		贷	
2201	应付票据	三栏式		贷	

续表

科目代码	科目名称	账页格式	辅助核算	余额方向	金额（元）
2202	应付账款	三栏式		贷	17800
220201	重庆百达信息技术有限公司	三栏式		贷	10000
220202	重庆易通法务信息管理有限公司	三栏式		贷	2000
220203	重庆百信科技有限公司	三栏式		贷	3800
220204	重庆齐心广告传媒有限公司	三栏式		贷	2000
2203	预收账款	三栏式		贷	
2211	应付职工薪酬	三栏式		贷	59680.10
221101	工资	三栏式		贷	41638.70
221102	福利费	三栏式		贷	
221103	工会经费	三栏式		贷	
221104	职工教育经费	三栏式		贷	
221105	社会保险费	三栏式		贷	13929.40（27.1%）
221106	非货币性福利	三栏式		贷	
221107	住房公积金	三栏式		贷	4112（8%）
2221	应交税费	三栏式		贷	4117.30
222101	应交增值税	多栏式		贷	3900
222102	应交消费税	三栏式		贷	
222103	应交资源税	三栏式		贷	
222104	应交企业所得税	三栏式		贷	
222105	应交土地增值税	三栏式		贷	
222106	应交城市建设维护税	三栏式		贷	0
222107	应交房产税	三栏式		贷	
222108	应交土地使用税	三栏式		贷	
222109	应交教育费附加	三栏式		贷	0
222110	应交地方教育费附加	三栏式		贷	0
222111	应交个人所得税	三栏式		贷	217.30
2241	其他应付款	三栏式		贷	9544
224101	社会保险费	三栏式		贷	5432（10.5%+5）
224102	住房公积金	三栏式		贷	4112（8%）
3001	实收资本	三栏式		贷	400 000
300101	李永刚	三栏式		贷	400 000
3002	资本公积	三栏式		贷	
300201	资本溢价	三栏式		贷	
3101	盈余公积	三栏式		贷	
310101	法定盈余公积	三栏式		贷	

续表

科目代码	科目名称	账页格式	辅助核算	余额方向	金额（元）
310102	任意盈余公积	三栏式		贷	
3104	利润分配	三栏式		贷	260776.14
310401	其他转入	三栏式		贷	
310402	提取法定盈余公积	三栏式		贷	
310403	应付普通股股利	三栏式		贷	
310404	转作资本的普通股利	三栏式		贷	
310405	未分配利润	三栏式		贷	260776.14
3103	本年利润	多栏式		贷	459526
科目代码	科目名称	格式	辅助核算	方向	1—11 月累计金额（元）
5001	主营业务收入	多栏式		贷	1460 000
500101	咨询服务收入				1460 000
5401	劳务成本	多栏式		借	330000
5051	其他业务收入	多栏式		贷	
5402	其他业务成本	多栏式		借	
5301	营业外收入	多栏式		贷	2700
530101	免税收入				2700
5711	营业外支出	多栏式		借	5000
571101	罚款支出				5000
5403	税金及附加	多栏式		借	4932
540301	城市维护建设税				2877
540302	教育费附加				1233
540303	地方教育费附加				822
5601	销售费用	多栏式		借	258602
560101	职工薪酬			借	132000
560102	劳务费			借	20000
560103	办公费			借	16000
560104	广告宣传费			借	26500
560105	差旅费			借	53700
560106	住房公积金			借	2057.14
560107	社会保险费			借	5592.86
560108	折旧费			借	2752
560109	非货币性福利			借	
560110	其他			借	

续表

科目代码	科目名称	格式	辅助核算	方向	1—11 月累计金额（元）
5602	管理费用	多栏式		借	404640
560201	办公费			借	82600
560202	差旅费			借	43000
560203	业务招待费			借	24000
560204	职工薪酬			借	198000
560205	折旧费			借	13440
560206	非货币性福利			借	
560207	住房公积金			借	2742.86
560208	社会保险费			借	7457.14
560209	诉讼费			借	
560210	咨询顾问费			借	20000
560211	通讯费			借	13400
560212	其他			借	
5603	财务费用	多栏式		借	243.64
560301	利息收入			借	-220.36
560302	利息支出			借	
560303	手续费			借	464
560304	汇兑差额			借	
560305	其他			借	
5801	所得税费用	三栏式		借	

2. 相关明细账

（1）应收账款明细（见表 4-8）。

表 4-8

代码	客户名称	摘要	时间	方向	金额
01	易斌	销售	2020.10.4	借	50 000
02	吴芳	销售	2020.9.12	借	10 000
03	李建	销售	2020.10.12	借	60 000

（2）2020 年 12 月初固定资产资料（见表 4－9）。

表 4－9

名称	电脑 1	打印一体机 1	电脑 2	打印一体机 2	电脑 3	针式打印机	办公家具	空调 1	空调 2	打印一体机 3	空调 3
类别	办公设施	办公设施	办公设施	办公设施	办公设施	办公设施	办公设施	办公设施	办公设施	办公设施	办公设施
残值率	4%	4%	4%	4%	4%	4%	4%	4%	4%	4%	4%
使用部门	行政部	行政部	销售部	财务部	财务部	财务部	行政部	行政部	财务部	销售部	销售部
入账日期	2019－10－11	2019－10－11	2019－10－11	2019－10－11	2019－10－11	2019－10－11	2019－9－5	2020－6－2	2020－6－2	2019－10－11	2020－6－2
增加方式	直接购入	直接购入	直接购入	直接购入	直接购入	直接购入	直接购入	直接购入	直接购入	直接购入	直接购入
原值	6500	4500	6500	4500	6500	4500	34000	8000	8000	4500	8000
折旧方法	平均年限法	平均年限法	平均年限法	平均年限法	平均年限法	平均年限法	平均年限法	平均年限法	平均年限法	平均年限法	平均年限法
预计使用年限	5 年	5 年	5 年	5 年	5 年	5 年	5 年	5 年	5 年	5 年	5 年
对应折旧科目	管理费用	管理费用	销售费用	管理费用	管理费用	管理费用	管理费用	管理费用	管理费用	销售费用	销售费用
累计折旧	1248	864	1248	864	1248	864	7020	640	640	864	640

（七）会计信息化实施设置参考

1. 账套基本信息

账套名称：重庆万君餐饮管理有限公司

启用期间：2020 年 12 月

单位名称：重庆万君餐饮管理有限公司，单位简称：万君公司

企业类型：服务业

行业性质：小企业会计准则（2011 年）（按行业性质预置科目），账套主管为：黄小玲

基础信息：存货、供应商、客户均无分类，无外币核算

编码方案：科目编码 42222，部门编码级次 122，结算方式编码级次 12

启用模块：总账、工资、固定资产

启用日期：2020 年 12 月 1 日

其他基本信息见公司“基本资料”

2. 部门档案（参见“公司结构”）

3. 职员档案（参见“员工信息”）

4. 客户档案（参加“公司主要客户信息”）

5. 会计科目（参见“期初余额表”）

6. 凭证类别：记账凭证

7. 结算方式（见表 4－10）

表 4－10

结算方式编码	结算方式名称	票据管理
1	现金结算	是
2	支票结算	是
201	现金支票	是
202	转账支票	是
3	银行汇票	是
4	商业汇票	是
401	商业承兑汇票	是
402	银行承兑汇票	是
5	汇兑	否
6	其他	否

8. 开户银行（参见“企业开户银行”）

9. 总账参数设置（见表 4－11）

表 4－11

编号	参数设置
1	制单序时控制；资金及往来赤字控制；可以使用其他系统受控科目； 允许查看他人填制的凭证；允许修改、作废他人填制的凭证
2	凭证系统编号
3	出纳凭证必须由出纳签字

注：其他选项保留系统默认设置。

10. 期初余额（参见“期初余额表”及相关明细账）

11. 工资设置

（1）业务控制参数：

①工资类别个数：单个

②核算币种：人民币（RMB）

③要求代扣个人所得税，不进行扣零处理

④人员编码长度：1 位

⑤启用日期：2020 年 12 月 1 日

⑥其他为默认值

（2）人员类别设置：董事长、总经理、会计、出纳、销售经理、销售人员、实施服务人员。

（3）人员档案（见表 4－12）。

表 4－12

职员编号	职员姓名	所属部门	人员类别
1	李永刚	行政部	董事长
2	李东	行政部	总经理
3	黄小玲	财务部	会计
4	田燕	财务部	出纳
5	刘宏	销售部	销售经理
6	张淑瑶	销售部	销售人员
7	蒋立	实施服务部	实施服务人员

（4）工资项目（见表 4－13）。

表 4－13

项目名称	类别	长度	小数位数	工资增减项
基本工资	数字	8	2	增项
津贴	数字	8	2	增项
奖金	数字	8	2	增项
请假扣款	数字	8	2	减项
应发合计	数字	10	2	增项
养老保险	数字	8	2	减项
失业保险	数字	8	2	减项
医疗保险（含生育保险）	数字	8	2	减项
住房公积金	数字	8	2	减项
税前工资	数字	8	2	其他
专项附加扣除	数字	8	2	其他
计税基数	数字	8	2	其他
代扣税	数字	10	2	减项
扣款合计	数字	8	2	减项
实发合计	数字	10	2	增项

(5) 公式设置（见表4－14）。

表4－14

基本工资	董事长8000元，总经理7000元，会计4500元，出纳3500元，销售经理5000元，销售人员4000元，实施服务人员4000元。 (采用iff函数进行设置) iff（人员类别＝" 董事长"，8000，iff（人员类别＝" 总经理"，7000，iff（人员类别＝会计"，4500，iff（人员类别＝" 出纳" 3500，iff（人员类别＝" 销售经理"，5000，iff（人员类别＝" 销售人员"，4000，4000））））））
津贴	董事长2000元，总经理1500元，会计1000元，出纳500元。销售经理1000元，销售人员500元，实施服务人员500元。 (采用iff函数进行设置) iff（人员类别＝" 董事长"，2000，iff（人员类别＝" 总经理"，1500，iff（人员类别＝" 会计"，1000，iff（人员类别＝" 出纳"，500，iff（人员类别＝" 销售经理"，1000，iff（人员类别＝" 销售人员"，500，500））））））
养老保险	应发合计×8/100
失业保险	应发合计×0.5/100
医疗保险（含生育保险）	应发合计×2/100＋5
住房公积金	应发合计×8/100
应发合计	基本工资＋奖金＋津贴－请假扣款
税前工资	应发合计－医疗保险（含生育保险）－养老保险－失业保险－住房公积金
计税基数	税前工资－专项附加扣除
扣款合计	医疗保险＋养老保险＋失业保险＋住房公积金＋代扣税
实发合计	应发合计－扣款合计

注：奖金、请假扣款金额根据业务资料录入。

(6) 工资分摊设置（见表4－15）。

表4－15

部门 \ 工资分摊		分摊项目：应发合计　分摊比例：100%	
		借方科目	贷方科目
行政部	董事长	管理费用——职工薪酬	应付职工薪酬——工资
行政部	总经理	管理费用——职工薪酬	
财务部	会计	管理费用——职工薪酬	
财务部	出纳	管理费用——职工薪酬	
实施服务部	实施服务人员	劳务成本	
销售部	销售经理	销售费用——职工薪酬	
销售部	销售人员	销售费用——职工薪酬	

（7）单位负责的社保和住房公积金分摊设置（见表 4－16）。

表 4－16

项目 \ 分摊设置 \ 部门人员			行政部	财务部	实施服务部	销售部
			董事长 总经理	会计 出纳	实施服务人员	销售经理 销售人员
养老保险	分摊项目： 应发合计 比例：16%	借方科目	管理费用——职工薪酬		劳务成本	销售费用——职工薪酬
		贷方科目	应付职工薪酬——社会保险费			
失业保险	分摊项目： 应发合计 比例：0.5%	借方科目	管理费用——职工薪酬		劳务成本	销售费用——职工薪酬
		贷方科目	应付职工薪酬——社会保险费			
医疗保险 （含生育保险）	分摊项目： 应发合计 比例：10%	借方科目	管理费用——职工薪酬		劳务成本	销售费用——职工薪酬
		贷方科目	应付职工薪酬——社会保险费			
住房公积金	分摊项目： 应发合计 比例：8%	借方科目	管理费用——职工薪酬		劳务成本	销售费用——职工薪酬
		贷方科目	应付职工薪酬——社会保险费			
工伤保险	分摊项目： 应发合计 比例：0.6%	借方科目	管理费用——职工薪酬		劳务成本	销售费用——职工薪酬
		贷方科目	应付职工薪酬——社会保险费			

（8）代扣个人社保、住房公积金和个人所得税设置（见表 4－17）。

表 4－17

分摊项目 / 分摊设置 / 部门		代扣养老保险		代扣失业保险		代扣医疗保险（含生育保险）		代扣住房公积金		代扣个人所得税	
		分摊项目：养老保险 比例：100%		分摊项目：失业保险 比例：100%		分摊项目：医疗保险（含生育保险） 比例：100%		分摊项目：住房公积金 比例：100%		分摊项目：代扣税 比例：100%	
		借方科目	贷方科目	借方科目	贷方科目	借方科目	贷方科目	借方科目	贷方科目	借方科目	贷方科目
行政部	董事长 总经理	应付职工薪酬——工资	其他应付款——社会保险费	应付职工薪酬——工资	其他应付款——社会保险费	应付职工薪酬——工资	其他应付款——社会保险费	应付职工薪酬——工资	其他应付款——住房公积金	应付职工薪酬——工资	应交税费——应交个人所得税
财务部	会计 出纳										
销售部	销售经理 销售人员										
实施服务部	实施服务人员										

13. 固定资产设置

(1) 业务控制参数（见表4－18）。

表4－18

控制参数	参数设置
启用月份	2020. 12. 01
折旧信息	本年账套计提折旧； 折旧方法：平均年限法（一） 折旧汇总分配周期：1个月 当（月初已计提月份＝可使用月份－1）时，将剩余折旧全部提足
编码方式	固定资产类别编码方式：2－1－1－2； 固定资产编码方式：按“类别编码＋序号”自动编码，卡片序号长度为：3
财务接口	要求与总账系统进行对账， 业务发生后立即制单 对账科目：固定资产对账科目：“1601 固定资产” 累计折旧对账科目：“1602 累计折旧”
补充参数	月末结账前一定要完成制单登账业务； 固定资产缺省入账科目“1601 固定资产” 累计折旧缺省入账科目“1602 累计折旧” 可纳税调整的增加方式“直接购入” 可抵扣税额入账科目：“应交税费——应交增值税（进项税额）”
其他要求	对账不平衡的情况下不允许月末结账。

(2) 资产类别设置（见表4－19）。

表4－19

编码	类别名称	净残值率	计提属性	折旧方法
01	建筑物	4%	正常计提	平均年限法
02	生产设备	4%	正常计提	平均年限法
03	办公设施	4%	正常计提	平均年限法

(3) 部门对应计提折旧科目设置（见表4－20）。

表4－20

部门	对应计提折旧科目
行政部	管理费用
财务部	管理费用
销售部	销售费用
实施服务部	劳务成本

（4）增减方式对应科目设置（见表4－21）。

表4－21

增减方式目录	对应入账科目
增加方式	
直接购入	银行存款（100201）
投资者投入	实收资本（3001）
接受捐赠	营业外收入（5301）
盘盈	待处理财产损溢（1901）
在建工程	在建工程（1604）
减少方式	
出售	固定资产清理（1606）
盘亏	待处理财产损溢（1901）
捐赠转出	固定资产清理（1606）
报废	固定资产清理（1606）
毁损	固定资产清理（1606）

任务二　完成重庆万君餐饮管理有限公司财务处理

一、2020 年 12 月业务资料

【业务 1】

1 - 1

中国建设银行（渝）
现金支票存根

ⅨⅡ30127678

附加信息__________________

出票日期 2020 年 12 月 01 日

收款人：	重庆万君餐饮管理有限公司
金　额：	¥3000.00
用　途：	提现备用
备　注：	

单位主管：李永刚　会计：黄小玲

【业务 2】

2 - 1

5000133730　　**重庆市增值税普通发票**　　No. 01250039

发票联

全国统一发票监制章 重庆 国家税务总局监制

开票日期：2020 年 12 月 02 日

购货单位	名　　称：重庆万君餐饮管理有限公司 纳税人识别号：5000106757582000 地 址、电 话：重庆市南岸区南坪 0038x 号 00260039 开户行及账号：建行重庆南坪支行 6228489000180002276	密码区	517766<98/198533204+<<<-100 63<+64<->876*98</8765*369+/ />+216>2>7/3-+47561<>786-/2 +782-/5432<4*-34>>>+923*300

货物或应税劳务的名称	规格型号	单位	数量	单价	金额	税率	税额
A4 纸		箱	5	176.991	884.96	13%	115.04
笔		盒	20	26.5487	530.97	13%	69.03
合计					¥1415.93		¥184.07
价税合计（大写）	ⓧ壹仟陆佰元整				（小写）¥1600.00		

销货单位	名　　称：重庆顺风文具经营店 纳税人识别号：573874898923971 地 址、电 话：重庆市渝中区 45 号　67452200 开户行及账号：工商银行渝中区支行 112267889990000	备注	重庆顺风文具经营店 573874898923971 发票专用章

收款人：　　复核：　　开票人：张亮群　　销货单位（章）：

第二联：发票联　购货方记账凭证

业务 2－2

费 用 报 销 单

部门：行政部　　2020 年 12 月 02 日　　编号:16573

名　　称	金　　额	结 算 方 式
办公用品	1600.00	1.冲借款＿＿＿＿元 2.转账＿＿＿＿元 3.汇款＿＿＿＿元 4.现金付讫 1600.00 元
	现金付讫	
合计：（大写）壹仟陆佰元整		

单位负责人：李永刚　　出纳：田燕　　报销人：黄小玲

【业务 3】

3－1

5000133730　　**重庆市增值税普通发票**　　No. 01250039

记账联

开票日期：2020 年 12 月 04 日

购货单位	名　称：东方盈 纳税人识别号：500126198206051347 地 址、电 话： 开户行及账号：			密码区	517766<98/198533204+<<<-100 63<+64<->876*98</8765*369+/ />+216>2>7/3-+47561<>786-/2 +782-/5432<4*-34>>>+923*300		
货物或应税劳务的名称	规格型号	单位	数量	单价	金额	税率	税额
生活服务*咨询服务			1	29126.21	29126.21	3%	873.79
合计					¥29126.21		¥873.79
价税合计(大写)	ⓧ叁万元整				（小写）¥30000.00		
销货单位	名　称：重庆万君餐饮管理有限公司 纳税人识别号：5000106757582000 地 址、电 话：重庆市南岸区南坪 0038x 号 00260039 开户行及账号：建行重庆南坪支行 6228489000180002276			备注	重庆万君餐饮管理有限公司 5000106757582000 发票专用章		

收款人：　　复核：　　开票人：田燕　　销货单位（章）：

第一联：记账联　销货方记账凭证

3－2

中国建设银行　　　　　　　　　　业务回单（收款）

日期：2020 年 12 月 04 日
回单编号：19002899730
付款人户名：东方盈　　　　　　　　　　付款人开户行：农行重庆南坪支行
付款人账号：5333 8900 2221 7000 658
收款人户名：重庆万君餐饮管理有限公司　　　收款人开户行：建行重庆南坪支行
收款人账号：6228 4890 0018 0002 276
金额：叁万元整　　　　　　　　　　　　　　小写：¥30000.00
业务（品种）种类：　同行发报　凭证种类：0000000　　凭证号码：000000000000000
摘要：咨询费　　　用途：　　　　　　　　　　币种：人民币
交易机构：0310000105 记账柜员：000034 交易代码：52139　渠道:网上银行

附言：
支付交易序号：98898314 报文种类：大客户发起汇兑业务 委托日期：2020-12-04
业务类型：普通汇兑

中国建设银行重庆南坪支行
自助回单机专用章
004

本回单为第 1 次打印，注意重复　　打印日期：2020 年 12 月 04 日　　打印柜员：9　验证码：BBGT243A1005

【业务 4】

4－1

中国建设银行　　　　　　　　　　业务回单（付款）

日期：2020 年 12 月 05 日
回单编号：19002899730
付款人户名：重庆万君餐饮管理有限公司　　　付款人开户行：建行重庆南坪支行
付款人账号：6228 4890 0018 0002 276
收款人户名：重庆易通法务信息管理有限公司　收款人开户行：兴业银行冉家坝支行
收款人账号：3038 4782 6746 8821 749
金额：贰仟元整　　　　　　　　　　　　　　小写：¥2000.00
业务（品种）种类：　同行发报　凭证种类：0000000　　凭证号码：00000000045342
摘要：货款　　　　用途：　　　　　　　　　　币种：人民币
交易机构：0310006457 记账柜员：000145　　交易代码：55654　渠道:网上银行

附言：
支付交易序号：9864654646 报文种类：大客户发起汇兑业务 委托日期：2020-12-05
业务类型：普通汇兑

中国建设银行重庆南坪支行
自助回单机专用章
011

本回单为第 1 次打印，注意重复　　打印日期：2020 年 12 月 05 日　　打印柜员：13　验证码：BBGT278B97

【业务 5】

5 － 1

中国建设银行　　　　　　业务回单（付款）

日期：2020 年 12 月 05 日

回单编号：19002899730

付款人户名：重庆万君餐饮管理有限公司　　　付款人开户行：建行重庆南坪支行

付款人账号：6228 4890 0018 0002 276

收款人户名：　　　　　　　　　　　　　　　收款人开户行：

收款人账号：

金额：肆万壹仟陆佰叁拾捌元柒角整　　　　　小写：¥41638.70

业务（品种）种类：　同行发报　凭证种类：0000000　　凭证号码：0000000045342

摘要：工资　　用途：　　　　　　　　　　　币种：人民币

交易机构：0310006457　记账柜员：000135　　交易代码：55654　渠道:批量业务

附言：

支付交易序号：9864654646　报文种类：大客户发起汇兑业务　委托日期：2020-12-05

本回单为第 1 次打印，注意重复　　打印日期：2020 年 12 月 06 日　打印柜员：[illegible]　验证码：[illegible]BBGT27[illegible]8

中国建设银行重庆南坪支行 自助回单机专用章 011

5 － 2

重庆万君餐饮管理有限公司2020年11月工资计算表

部门	姓名	基本工资	津贴	奖金	请假扣款	应发合计	医疗保险+生育（2%+5）	养老保险（8%）	失业保险（0.5%）	住房公积金（8%）	税前工资	个税专项附加扣除	计税基础	代扣个税	实发合计
行政部	李永刚	8000	2000	2000	0	12000	245	960	60	960	9775	1000	8775	167.5	9607.5
	李东	7000	1500	1500	0	10000	205	800	50	800	8145	1500	6645	49.35	8095.65
	合计	15000	3500	3500	0	22000	450	1760	110	1760	17920	2500	15420	216.85	17703.15
财务部	黄小玲	4500	1000	1000	-30	6470	134.4	517.6	32.35	517.6	5268.05	2000	3268.05	0	5268.05
	田燕	3500	500	500	0	4500	95	360	22.5	360	3662.5	1800	1862.5	0	3662.5
	合计	8000	1500	1500	-30	10970	229.4	877.6	54.85	877.6	8930.55	3800	5130.55	0	8930.55
销售部	刘宏	5000	1000	2000	0	8000	165	640	40	640	6515	1500	5015	0.45	6514.55
	张淑瑶	4000	500	800	-50	5250	110	420	26.25	420	4273.75	2000	2273.75	0	4273.75
	合计	9000	1500	2800	-50	13250	275	1060	66.25	1060	10788.75	3500	7288.75	0.45	10788.3
技术部	蒋立	4000	500	700	-20	5180	108.6	414.4	25.9	414.4	4216.7	1000	3216.7	0	4216.7
	合计	4000	500	700	-20	5180	108.6	414.4	25.9	414.4	4216.7	1000	3216.7	0	4216.7
合计		36000	7000	8500	-100	51400	1063	4112	257	4112	41856	10800	31056	217.3	41638.7

【业务 6】

6－1

借　款　单

2020 年　12 月 06 日　　　　第 001 号

借款单位：刘宏		
借款理由：差旅费		
借款数额：人民币（大写）肆仟元整　　　　¥4000.00		
本单位负责人意见：李永刚　　　　借款人（签章）刘宏		
领导批示：情况属实，同意借款	会计主管人员核批：黄小玲	付款记录： 2020 年 12 月 06 日已付

现金付讫

【业务 7】

7－1

中华人民共和国
税收完税证明

填发日期：2020 年 12 月 07 日　　税务机关：重庆市税务局南岸区征收分局

纳税人识别号	5000106757582000		纳税人名称	重庆万君餐饮管理有限公司	
原凭证号	税种	品目名称	税款所属时期	入（退）库日期	实缴（退）金额
40009321769	企业职工基本养老保险收入	职工养老保险（单位缴纳）	2020-11-01 至 2020-11-30	2020-12-07	8224.00
40009321769	企业职工基本养老保险收入	职工养老保险（个人缴纳）	2020-11-01 至 2020-11-30	2020-12-07	4112.00
40009321769	失业保险基金收入	失业保险（单位缴纳）	2020-11-01 至 2020-11-30	2020-12-07	257.00
40009321769	失业保险基金收入	失业保险（个人缴纳）	2020-11-01 至 2020-11-30	2020-12-07	257.00
合计金额	（大写）壹万贰仟捌佰伍拾元整				¥12850.00
税务机关	填票人 李春兰		备注		

妥善保管　　　　手写无效

7－2

中华人民共和国
税收完税证明

填发日期： 2020 年 12 月 07 日　　税务机关：重庆市税务局南岸区征收分局

纳税人识别号	5000106757582000		纳税人名称	重庆万君餐饮管理有限公司	
原凭证号	税种	品目名称	税款所属时期	入（退）库日期	实缴（退）金额
40009321769	基本医疗保险基金收入	职工基本医疗保险（单位缴纳）	2020-11-01 至 2020-11-30	2020-12-07	5140.00
40009321769	基本医疗保险基金收入	职工基本医疗保险（个人缴纳）	2020-11-01 至 2020-11-30	2020-12-07	1063.00
40009321769	工伤保险基金收入	工伤保险	2020-11-01 至 2020-11-30	2020-12-07	308.40
合计金额	（大写）陆仟伍佰壹拾壹元肆角整				￥6511.40
税务机关		填票人 李春兰	备注		

妥善保管　　手写无效

7－3

中国建设银行　　**业务回单（付款）**

日期：2020 年 12 月 07 日
回单编号：19002899730
付款人户名：重庆万君餐饮管理有限公司　　付款人开户行：建行重庆南坪支行
付款人账号：6228 4890 0018 0002 276
收款人户名：国家金库重庆巴南区金库　　收款人开户行：22001400032
收款人账号：2568
金额：壹万玖仟叁佰陆拾壹元肆角整　　小写：￥19361.40
摘要：转账取款　状态：正常　渠道：国库信息处理系统　币种：人民币
交易机构：0310000105　记账柜员：000034　交易代码：52139

附言：
实时扣税请求（3001）

本回单为第 1 次打印，注意重复　打印日期：2020 年 12 月 07 日　打印柜员：9　验证码：DBGT243A1005

【业务 8】

8 －1

中国建设银行重庆南坪支行住房公积金汇缴书

2020年12月07日　　　　　　字第 156 号

单位名称	重庆市公积金管理处			汇缴：2020 年 11 月
开户行	建行重庆南坪支行	账号	6228 4890 0018 0002 276	汇缴：7 人

金额	人民币（大写）：捌仟贰佰贰拾肆元整	千	百	十	万	千	百	十	元	角	分
					¥	8	2	2	4	0	0

上次汇缴		本次增加汇缴		本次减少汇缴		本次汇缴	
人数	金额	人数	金额	人数	金额	人数	金额
						7 人	¥8224.00

付款行	付款账号	支票号码	
建行重庆南坪支行	6228489000180002276		建行重庆南坪支行 2020 年 12 月 07 日 受理凭证专用章

第一联银行盖章后退单位

8 －2

中国建设银行　　　　　　**业务回单（付款）**

日期：2020 年 12 月 07 日

回单编号：19002899730

付款人户名：重庆万君餐饮管理有限公司　　　付款人开户行：建行重庆南坪支行

付款人账号：6228 4890 0018 0002 276

收款人户名：国家金库重庆巴南区金库　　　收款人开户行：22001400032

收款人账号：2568

金额：捌仟贰佰贰拾肆元整　　　小写：¥8224.00

摘要：转账取款　状态：正常　渠道：国库信息处理系统　币种：人民币

交易机构：0310000105　记账柜员：000034　交易代码：52139

附言：

住房公积金代扣请求（3008）

中国建设银行重庆南坪支行 自助回单机专用章 215

本回单为第 1 次打印，注意重复　打印日期：2020 年 12 月 07 日　打印柜员：9　验证码：BBGT2[illegible]3A1005

【业务9】

9－1

5000133730 **重庆市增值税普通发票** No. 01250040

记 账 联

开票日期：2020年12月07日

购货单位	名　　称：吴芳 纳税人识别号：510023197812140866 地 址、电 话： 开户行及账号：	密码区	517766<98/198533204+<<<-100 63<+64<->876*98</8765*369+/ />+216>2>7/3-+47561<>786-/2 +782-/5432<4*-34>>>+923*300

货物或应税劳务的名称	规格型号	单位	数量	单价	金额	税率	税额
生活服务*咨询服务			1	4854.37	4854.37	3%	145.63
合计					¥4854.37		¥145.63
价税合计（大写）	ⓧ人民币伍仟元整				（小写）¥5000.00		

销货单位	名　　称：重庆万君餐饮管理有限公司 纳税人识别号：5000106757582000 地 址、电 话：重庆市南岸区南坪0038x号 00260039 开户行及账号：建行重庆南坪支行 6228489000180002276	备注	重庆万君餐饮管理有限公司 5000106757582000 发票专用章

收款人：　　复核：　　开票人：田燕　　销货单位（章）：

第一联：记账联 销货方记账凭证

9－2

收　据

2020年12月7日　　NO. 2020005

今收到　吴芳

咨询费

金额（大写）伍仟元整（¥5000.00）

单位盖章　　经手人签章 田燕

（印章：重庆万君餐饮管理有限公司 财务专用章；现金收讫）

第三联 记账

【业务 10】

10－1

中国建设银行　　　　现金缴款单

币别：RMB　　　　2020 年 12 月 7 日

单位填写	收款单位	重庆万君餐饮管理有限公司	缴款人	田燕											
			款项来源	咨询费收入											
	账号	6228 4890 0018 0002 276		亿	千	百	十	万	千	百	十	元	角	分	
	大写	人民币：伍仟元整							5	0	0	0	0	0	
银行填写	户名：重庆万君餐饮管理有限公司　账号：6228 4890 0018 0002 276 存入日期：2020 年 12 月 7 日　金额：5000.00 （印章：中国建设银行重庆南坪支行 2020.12.07 业务办讫章）														

【业务 11】

11－1

5001065045　　重庆市增值税普通发票　　No. 5000692334

（印章：全国统一发票监制章 重庆 国家税务总局监制）

发 票 联

开票日期：2020 年 12 月 08 日

购货单位	名称：重庆万君餐饮管理有限公司 纳税人识别号：5000106757582000 地址、电话：重庆市南岸区南坪 0038x 号 00260039 开户行及账号：建行重庆南坪支行 6228489000180002276			密码区	517766<98/198533204+<<<-7890- 63<+64<->876*98</8765*369#*56 />+216>2>7/3-+47561<>786-/2@4 +782-/5432<4*-34>>>+923*7%567		
货物或应税劳务的名称	规格型号	单位	数量	单价	金额	税率	税额
电脑		台	1	6000.00	5309.73	13%	690.27
合计					¥5309.73		¥690.27
价税合计（大写）	ⓧ陆仟元整				（小写）¥6000.00		
销货单位	名称：重庆飞宇电子设备有限公司 纳税人识别号：500345565862784 地址、电话：沙坪坝区三峡广场三峡支路 18 号 85443366 开户行及账号：工商银行三峡广场支行 6787789833209988345			备注	（印章：重庆飞宇电子设备有限公司 500345565862784 发票专用章）		

收款人：　　复核：　　开票人：张强　　销货单位（章）：

第二联：发票联　购货方记账凭证

11 －2

中国工商银行 （渝）
转账支票存根

ⅨⅡ30121479

附加信息__________________

出票日期 2020 年 12 月 08 日

收款人：	重庆飞宇电子设备有限公司
金　额：	¥6000.00
用　途：	货款
备　注：	

单位主管：李永刚　会计：黄小玲

11 －3

固定资产交付使用验收单

使用部门：行政部　　交接日期：2020 年 12 月 08 日

固定资产编　号	固定资产名　称	单位数量	型　号	购建原价或自制成本	
				每台单价	6000.00
				总　值	6000.00
	电脑	1台	Lenovo-H	安装费	0
				合　计	¥6000.00
主要规格及说明				经安装调试合格	
出厂日期	2020.6.22	预计使用年限	5年	估计重置价值	
				预计净残值率	4%

技术验收：李东　　使用部门：行政部　　财会部门：黄小玲

注：电算化模式下需要在固定资产模块中增加固定资产。

【业务 12】

12 －1

中国建设银行　　　　　　业务回单（收款）

日期：2020 年 12 月 09 日

回单编号：1900687685

付款人户名：李建　　　　　　付款人开户行：工行重庆江北支行

付款人账号：6222 8765 3331 0088 273

收款人户名：重庆万君餐饮管理有限公司　　　　收款人开户行：建行重庆南坪支行

收款人账号：6228 4890 0018 0002 276

金额：陆万元整　　　　　　小写：60000.00 元

业务（品种）种类：　同行发报　凭证种类：0000000　　凭证号码：000000054364

摘要：咨询费　　　　用途：　　　　　　币种：人民币

交易机构：031000234　记账柜员：000014　交易代码：525259　渠道：网上银行

附言：

支付交易序号：98646765　报文种类：大客户发起汇兑业务　委托日期：2020-12-09

业务类型：普通汇兑

本回单为第 1 次打印，注意重复　　打印日期：2020 年 12 月 09 日　　打印柜员：25　　验证码：BBGHYI6725

【业务 13】

13 －1

重庆电子缴税系统回单

扣款日期：2020.12.10

清算日期：2020.12.10

付款人名称：重庆万君餐饮管理有限公司

付款人账号：6228 4890 0018 0002 276

付款人开户银行：中国建设银行重庆市南坪区支行

收款人名称：重庆市南坪区税务局

收款人账号：4402001011001454035

收款人开户银行：国家金库××支库

款项内容：代扣税款　　　　　　电子税票号：98300066328

小写金额：¥217.30

大写金额：贰佰壹拾柒元叁角整

纳税人编码：5000106757582000

纳税人名称：重庆万君餐饮管理有限公司

税种	所属期	纳税金额	备注
个人所得税	20201101—20201130	¥217.30	

经办：　　　　复核：　　　　打印次数：1　　　　打印日期：2020.12.10

【业务 14】

14－1

差旅费报销单

部门：销售部　　　　2020 年 12 月 11 日　　　　NO. 003

日期	出发地	到达地	市内交通补助		伙食补贴		车（机）票	住宿费	其他	合计金额
			天数	金额	天数	金额				
12.7-12.10	重庆	南京	4	400.00	4	800.00	1962.00	750.00		3912.00
合　计			人民币（大写）叁仟玖佰壹拾贰元整							¥3912.00

附单据 3 张

领导审批：李永刚　　财务主管：黄小玲　　出纳：田露　　报销人：刘宏

14－2

收　　据

2020 年 12 月 11 日　　　　No. 1018678

交款单位名称

（或姓名）　销售部刘宏

交　　来　差旅费多余款

人　民　币　（大写）捌拾捌元整　　¥88.00

备　　注

复核：　　出纳：田露　　经手人：刘宏

现金收讫

重庆万君餐饮管理有限公司 财务专用章

14－3

南京市增值税普通发票（卷票）

存根联

发票代码：252345753695

发票号码：00228796?

机 打 号：12335657

机器编号：0181645467

行业分类：服务业

收款单位：南京市云端商务酒店

纳税人识别号：50010974876328

开票日期：2020-12-10

购买方名称：重庆万君餐饮管理有限公司

纳税人识别号：5000106757582000

经营项目	单价	数量	金额
*生活服务*住宿费	250.00	3	750.00

合计（小写）：¥750.00

合计（大写）：柒佰伍拾元整

南京市云端商务酒店 50010974876328 发票专用章

14－4

A065788　　G1976次　　重庆 售

重庆西站　　南京南站

Chongqingxi　　Nanjingnan

2020年12月7日 09:12　　3车18B号

¥981.00　　一等座

限乘当日当次车

4684401985****0121 刘宏

14 －5

A038316　　G1886 次　　南京 售

南京南站　　重庆西站

Nanjingnan　　Chongqingxi

2020 年 12 月 10 日　08:07　　10 车　12A 号

¥981.00　　一等座

限乘当日当次车

4684401985****0121 刘宏

【业务 15】

15 －1

5000133730　　**重庆市增值税普通发票**　　No. 01250040

记 账 联

开票日期：2020 年 12 月 14 日

购货单位	名　　称：刘永丽 纳税人识别号：500108198405240987 地 址、电 话： 开户行及账号：	密码区	517766<98/198533204+<<<-100 63<+64<->876*98</8765*369+/ />+216>2>7/3-+47561<>786-/2 +782-/5432<4*-34>>>+923*300

货物或应税劳务的名称	规格型号	单位	数量	单价	金额	税率	税额
生活服务*咨询服务			1	33980.58	33980.58	3%	1019.42
合计					¥33980.58		¥1019.42
价税合计（大写）	ⓧ叁万伍仟元整				（小写）¥35000.00		

销货单位	名　　称：重庆万君餐饮管理有限公司 纳税人识别号：5000106757582000 地 址、电 话：重庆市南岸区南坪 0038x 号 00260039 开户行及账号：建行重庆南坪支行 6228489000180002276	备注	重庆万君餐饮管理有限公司 5000106757582000 发票专用章

收款人：　　复核：　　开票人：田燕　　销货单位（章）：

第一联：记账联 销货方记账凭证

15－2

中国建设银行进账单（回单）

2020年12月14日　　　　NO. 12456

汇款人	全　称	刘永丽	收款人	全　称	重庆万君餐饮管理有限公司
	账　号	47333 4567 0099 4444 756		账　号	6228 4890 0018 0002 276
	开户银行	兴业银行重庆沙坪坝支行		开户银行	建行重庆南坪支行
人民币（大写）叁万伍仟元整				千百十万千百十元角分	¥3500000
票据种类	转账支票				
票据张数	1张				
单位主管 李永刚　会计 黄小玲			收款人开户行盖章		
复核　记账					

中国建设银行股份有限公司
重庆巴南区支行
2020.12.14
转讫

【业务16】

16－1

中国建设银行　　业务回单（付款）

日期：2020年12月15日

回单编号：1908676475

付款人户名：重庆万君餐饮管理有限公司　　付款人开户行：建行重庆南坪支行

付款人账号：6228 4890 0018 0002 276

收款人户名：重庆百达信息技术有限公司　　收款人开户行：工商银行小龙坎支行

收款人账号：3876 7265 4887 6284 145

金额：壹万元整　　小写：10000.00元

业务（品种）种类：　同行发报　凭证种类：0000000　　凭证号码：0000000000647

摘要：货款　　用途：　　币种：人民币

交易机构：031000864 记账柜员：005465　　交易代码：55356　渠道:网上银行

附言：

支付交易序号：67000024 报文种类：大客户发起汇兑业务 委托日期：2020-12-15

业务类型：普通汇兑

中国建设银行重庆南坪支行
自助回单机专用章
215

本回单为第1次打印，注意重复　　打印日期：2020年12月15日　打印柜员：10　验证码：BBGT87575

【业务 17】

17－1

001064453 **重庆市增值税专用发票** No. 5012692453

记账联

开票日期：2020年12月17日

购货单位	名　　称：重庆和平餐饮公司 纳税人识别号：500107543862784 地 址、电 话：李家沱花溪工业园区立松路8号 87794455 开户行及账号：工商银行花溪工业园区分行 6687883320998854345	密码区	007766<98/198533204+<<<-1278 63<+64<->876*98</8765*369++4 />+216>2>7/3-+47561<>786-/00 +782-/5432<4*-34>>>+923%%777

货物或应税劳务的名称	规格型号	单位	数量	单价	金额	税率	税额
生活服务*咨询服务				24271.85	24271.85	3%	728.15
合计					¥24271.85		¥728.15
价税合计（大写）	ⓧ贰万伍仟元整			（小写）¥25000.00			

销货单位	名　　称：国家税务总局重庆市巴南区税务局（代开机关） 纳税人识别号：577888853346734　（代开机关） 地 址、电 话：巴南区凤银路134号附1　789332513 开户行及账号：00000	备注	代开企业税号：[illegible]代开企业名称：重庆万君餐饮管理有限公司；货物（服务）名称：咨询服务

收款人：　　复核：　　开票人：001　　销货单位（章）：

第一联：记账联　销货方记账凭证

（印章：全国统一发票监制章 国家税务总局监制 重庆）

（印章：国家税务总局重庆市巴南区税务局 代开发票专用章 01）

17－2

中国建设银行 **业务回单（付款）**

日期：2020年12月17日

回单编号：19002899730

付款人户名：重庆万君餐饮管理有限公司　　付款人开户行：建行重庆南坪支行

付款人账号：6228 4890 0018 0002 276

收款人户名：国家金库重庆巴南区金库　　收款人开户行：22001400032

收款人账号：2568

金额：柒佰贰拾捌元壹角伍分　　小写：¥728.15

摘要：转账取款　状态：正常　渠道：国库信息处理系统　币种：人民币

交易机构：0310000105　记账柜员：000034　交易代码：52139

附言：

实时扣税请求（3001）

本回单为第1次打印，注意重复　打印日期：2020年12月17日　打印柜员：9　验证码：BBCT[illegible]JA1005

（印章：中国建设银行重庆南坪支行 电子回单专用章 054）

17－3

中国建设银行 业务回单（付款）

日期：2020年12月17日
回单编号：19002899731
付款人户名：重庆万君餐饮管理有限公司 付款人开户行：建行重庆南坪支行
付款人账号：6228 4890 0018 0002 276
收款人户名：国家金库重庆巴南区金库 收款人开户行：22001400032
收款人账号：2568
金额：伍拾元玖角柒分 小写：¥50.97
摘要：转账取款 状态：正常 渠道：国库信息处理系统 币种：人民币
交易机构：0310000105 记账柜员：000034 交易代码：52142
附言：
实时扣税请求（3001）

本回单为第1次打印，注意重复 打印日期：2020年12月17日 打印柜员：9 验证码：BBGT243A1000

中国建设银行重庆南坪支行 电子回单专用章 054

【业务18】

18－1

5001065045 **重庆市增值税普通发票** No. 5000692228

发票联 开票日期：2020年12月18日

购货单位	名称：重庆万君餐饮管理有限公司 纳税人识别号：5000106757582000 地址、电话：重庆市南岸区南坪0038x号 00260039 开户行及账号：建行重庆南坪支行 6228489000180002276			密码区	517766<98/198533204+<<<-12333 63<+64<->876*98</8765*369+##8 />+216>2>7/3-+47561<>786-/@22 +782-/5432<4*-34>>>+923*67911		
货物或应税劳务的名称	规格型号	单位	数量	单价	金额	税率	税额
平板电脑		台	7	1500.00	10500.00	13%	1365.00
合计					¥10500.00		¥1365.00
价税合计（大写）	ⓧ壹万壹仟捌佰陆拾伍元整				（小写）¥11865.00		
销货单位	名称：重庆赛恩数码科技公司 纳税人识别号：554443322234453245 地址、电话：沙坪坝区三峡广场三峡支路18号 85443366 开户行及账号：工商银行三峡广场支行 6787789833209988345			备注	重庆赛恩数码科技公司 554443322234453245 发票专用章		

收款人： 复核： 开票人：刘文 销货单位（章）：

18 －2

中国工商银行(渝)

转账支票存根

ⅨⅡ30121479

附加信息＿＿＿＿＿＿＿＿＿＿

出票日期 2020 年 12 月 18 日

收款人：重庆赛恩数码科技公司

金　额：¥11865.00

用　途：货款

备　注：

单位主管：李永刚　会计：黄小玲

18 －3

重庆万君餐饮管理有限公司福利发放单

内容：平板电脑　**来源**：外购　**享受部门**：全体员工

姓名	领用签字
李永刚	李永刚
李东	李东
黄小玲	黄小玲
田燕	田燕
刘宏	刘宏
张淑瑶	张淑瑶
蒋立	蒋立

单位负责人：李永刚　主管：李东　财务：黄小玲　经手：刘宏

【业务 19】

19－1

5001065045 **重庆市增值税普通发票** No. 5000692233

记账联 （全国统一发票监制章 重庆 国家税务总局监制）

开票日期：2020 年 12 月 20 日

购货单位	名 称：胡静 纳税人识别号：500010197908127601 地 址、电 话： 开户行及账号：	密码区	517766<98/198533204+<<<-100 63<+64<->876*98</8765*369+/ />+216>2>7/3-+47561<>786-/2 +782-/5432<4*-34>>>+923*300

货物或应税劳务的名称	规格型号	单位	数量	单价	金额	税率	税额
生活服务*咨询服务			1	29126.21	29126.21	3%	873.79
合计					¥29126.21		¥873.79
价税合计（大写）	ⓧ叁万元整				（小写）¥30000.00		

销货单位	名 称：重庆万君餐饮管理有限公司 纳税人识别号：5000106757582000 地 址、电 话：重庆市南岸区南坪 0038x 号 00260039 开户行及账号：建行重庆南坪支行 6228489000180002276	备注	（重庆万君餐饮管理有限公司 5000106757582000 发票专用章）

收款人： 复核： 开票人：田燕 销货单位（章）：

第一联：记账联 销货方记账凭证

【业务 20】

20－1

5001065045 **重庆市增值税专用发票** No. 5000692341

抵扣联 （全国统一发票监制章 重庆 国家税务总局监制）

开票日期：2020 年 12 月 26 日

购货单位	名 称：重庆万君餐饮管理有限公司 纳税人识别号：5000106757582000 地 址、电 话：重庆市南岸区南坪 0038x 号 00260039 开户行及账号：建行重庆南坪支行 6228489000180002276	密码区	517766<98/198533204+<<<-7890- 63<+64<->876*98</8765*369##*56 />+216>2>7/3-+47561<>786-/2@4 +782-/5432<4*-34>>>+923*7%567

货物或应税劳务的名称	规格型号	单位	数量	单价	金额	税率	税额
广告费			1		1132.075	6%	67.925
合计					¥1132.075		¥67.925
价税合计（大写）	ⓧ壹仟贰佰元整				（小写）¥1200.00		

销货单位	名 称：重庆光媒传播有限公司 纳税人识别号：500345565843127 地 址、电 话：沙坪坝区杨公桥小文支路 118 号 85443333 开户行及账号：工商银行杨公桥支行 6787789866709988362	备注	（重庆光媒传播有限公司 500345565843127 发票专用章）

收款人： 复核： 开票人： 王强 销货单位（章）

第二联：抵扣联 购货方记账凭证

20－2

5001065045 **重庆市增值税专用发票** No. 5000692341

开票日期：2020 年 12 月 26 日

购货单位	名　　　称：重庆万君餐饮管理有限公司 纳税人识别号：5000106757582000 地 址、电 话：重庆市南岸区南坪 0038x 号 00260039 开户行及账号：建行重庆南坪支行 6228489000180002276	密码区	517766<98/198533204+<<<-7890- 63<+64<->876*98</8765*369#*56 />+216>2>7/3-+47561<>786-/2@4 +782-/5432<4*-34>>>+923*7%567

货物或应税劳务的名称	规格型号	单位	数量	单价	金额	税率	税额
广告费			1		1132.075	6%	67.925
合计					¥1132.075		¥67.925
价税合计（大写）	ⓧ壹仟贰佰元整				（小写）¥1200.00		

销货单位	名　　　称：重庆光媒传播有限公司 纳税人识别号：500345565843127 地 址、电 话：沙坪坝区杨公桥小文支路 118 号 85443333 开户行及账号：工商银行杨公桥支行 6787789866709988362	备注	重庆光媒传播有限公司 500345565843127 发票专用章

收款人：　　复核：　　开票人：王强　　销货单位（章）：

第三联：发票联　购货方记账凭证

20－3

中国工商银行　（渝）

转账支票存根

ⅨⅡ30121479

附加信息＿＿＿＿＿＿＿＿

出票日期 2020 年 12 月 26 日

收款人：	重庆光媒传播有限公司
金　额：	¥1200.00
用　途：	广告费
备　注：	

单位主管：李永刚　会计：黄小玲

【业务 21】

21 －1

5001066786 **重庆市增值税普通发票** No. 500069419

开票日期：2020 年 12 月 27 日

购货单位	名　　称：重庆万君餐饮管理有限公司 纳税人识别号：500010675758200 地 址、电 话：重庆市南岸区南坪 0038x 号 00260039 开户行及账号：建行重庆南坪支行 6228489000180002276	密码区	517766<98/198533204+<<<-123*** 63<+64<->876*98</8765*369+/333 />+216>2>7/3-+47561<>786-/2777 +782-/5432<4*-34>>>+923*345000

货物或应税劳务、服务的名称	规格型号	单位	数量	单价	金额	税率	税额
*鉴证咨询费用*法律服务费					2830.189	6%	169.811
合计					¥2830.189		¥169.811
价税合计（大写）	ⓧ叁仟元整				（小写）¥3000.00		

销货单位	名　　称：重庆易通法务信息管理有限公司 纳税人识别号：884431135462832 地 址、电 话：江北区大运路 79 号　65478891 开户行及账号：中国银行大运路支行 4561641655678470	备注	重庆易通法务信息管理有限公司 884431135462832 发票专用章

收款人：　　复核：　　开票人：郭明　　销货单位（章）：

第三联：发票联　购货方记账凭证

21 －2

中国工商银行（渝）

转账支票存根

IX II 30121469

附加信息________________

出票日期 2020 年 6 月 15 日

收款人：重庆易通法务信息管理有限公司
金　额：¥3000.00
用　途：律师咨询费
备　注：

单位主管：李永刚　会计：黄小玲

【业务 22】

22 －1

重庆市增值税电子普通发票

全国统一发票监制章 重庆 国家税务总局监制

机器编号：499089970078965

发票代码：05001700212
发票号码： 36024908
开票日期：2020 年 12 月 28 日
校 验 码：09883 78453 22334

购货单位	名　　　称：重庆万君餐饮管理有限公司 纳税人识别号：5000106757582000 地 址、电 话：重庆市南岸区南坪 0038x 号 00260039 开户行及账号：建行重庆南坪支行 6228489000180002276	密码区	517766<98/198533204+<<<-123 63<+64<->876*98</8765*369+/ />+216>2>7/3-+47561<>786-/2 +782-/5432<4*-34>>>+923*345

货物或应税劳务的名称	规格型号	单位	数量	单价	金额	税率	税额
电信服务*基础电信服务		月	1	110.092	110.092	9%	9.908
电信服务*增值电信服务		月	1	688.679	688.679	6%	41.321
合计					¥798.771		¥51.229
价税合计（大写）	ⓧ捌佰伍拾元整				（小写）¥850.00		

销货单位	名　　　称：中国电信股份有限公司重庆分公司 纳税人识别号：50023454[illegible]62[illegible] 地 址、电 话：重庆市[illegible]区[illegible]字路 6 号 887867754 开户行及账号：工商银行巴南区分行 6684883320998898782	备注	中国电信股份有限公司重庆分公司 500234543862754 发票专用章

现金付讫

收款人：　　　复核：　　　开票人：　　　销货单位（章）：

【业务 23】

23 －1

重庆万君餐饮管理有限公司2020年12月工资计算表															
部门	姓名	基本工资	津贴	奖金	请假扣款	应发合计	医疗保险+生育（2%+5）	养老保险（8%）	失业保险（0.5%）	住房公积金（8%）	税前工资	个税专项附加扣除	计税基础	代扣个税	实发合计
行政部	李永刚	8000	2000	1500	0	11500	235	920	57.5	920	9367.5	1000	8367.5	126.75	9240.75
	李东	7000	1500	1500	0	10000	205	800	50	800	8145	1500	6645	49.35	8095.65
	合计	15000	3500	3000	0	21500	440	1720	107.5	1720	17512.5	2500	15012.5	176.1	17336.4
财务部	黄小玲	4500	1000	1000	0	6500	135	520	32.5	520	5292.5	2000	3292.5	0	5292.5
	田燕	3500	500	800	-50	4750	100	380	23.75	380	3866.25	1800	2066.25	0	3866.25
	合计	8000	1500	1800	-50	11250	235	900	56.25	900	9158.75	3800	5358.75	0	9158.75
销售部	刘宏	5000	1000	2000	0	8000	165	640	40	640	6515	1500	5015	0.45	6514.55
	张淑瑶	4000	500	1000	0	5500	115	440	27.5	440	4477.5	2000	2477.5	0	4477.5
	合计	9000	1500	3000	0	13500	280	1080	67.5	1080	10992.5	3500	7492.5	0.45	10992.05
技术部	蒋立	4000	500	500	0	5000	105	400	25	400	4070	1000	3070	0	4070
	合计	4000	500	500	0	5000	105	400	25	400	4070	1000	3070	0	4070
合计		36000	7000	8300	-50	51250	1060	4100	256.25	4100	41733.75	10800	30933.75	176.55	41557.2

【业务 24】

24 －1

重庆万君餐饮管理有限公司2020年12月工资计算表															
部门	姓名	基本工资	津贴	奖金	请假扣款	应发合计	医疗保险+生育（2%+5）	养老保险（8%）	失业保险（0.5%）	住房公积金（8%）	税前工资	个税专项附加扣除	计税基础	代扣个税	实发合计
行政部	李永刚	8000	2000	1500	0	11500	235	920	57.5	920	9367.5	1000	8367.5	126.75	9240.75
	李东	7000	1500	1500	0	10000	205	800	50	800	8145	1500	6645	49.35	8095.65
	合计	15000	3500	3000	0	21500	440	1720	107.5	1720	17512.5	2500	15012.5	176.1	17336.4
财务部	黄小玲	4500	1000	1000	0	6500	135	520	32.5	520	5292.5	2000	3292.5	0	5292.5
	田燕	3500	500	800	-50	4750	100	380	23.75	380	3866.25	1800	2066.25	0	3866.25
	合计	8000	1500	1800	-50	11250	235	900	56.25	900	9158.75	3800	5358.75	0	9158.75
销售部	刘宏	5000	1000	2000	0	8000	165	640	40	640	6515	1500	5015	0.45	6514.55
	张淑瑶	4000	500	1000	0	5500	115	440	27.5	440	4477.5	2000	2477.5	0	4477.5
	合计	9000	1500	3000	0	13500	280	1080	67.5	1080	10992.5	3500	7492.5	0.45	10992.05
技术部	蒋立	4000	500	500	0	5000	105	400	25	400	4070	1000	3070	0	4070
	合计	4000	500	500	0	5000	105	400	25	400	4070	1000	3070	0	4070
合计		36000	7000	8300	-50	51250	1060	4100	256.25	4100	41733.75	10800	30933.75	176.55	41557.2

【业务 25】

25 －1

中国建设银行
China Construction Bank

客户利息入账通知

入账日期：20201231　　回单编码：647265625174　　第 1 次打印

付款方账号：

付款方户名：

付款方开户行：

收款方账号：6228489000180002276

收款方户名：重庆万君餐饮管理有限公司

收款方开户行：建行重庆南坪支行

小写金额：CNY58.5

大写金额（人民币）：伍拾捌元伍角

摘要：批量结息　状态：正常渠道：批处理　日志号：15524

附言：批量结息

结息周期 20200930-20201231-正常利息 58.5

客户须知

1. 交易日志号、金额相同的业务回单请逐一核对，请勿重复记账使用。
2. 已在银行柜台办理业务时领取业务回单的单位，请勿重复记账使用。

打印日期：2020-12-31　　打印行号：0531　　打印机具：7646N763　　页码：1

【业务 26】

26 －1

重庆万君餐饮管理有限公司2020年12月五险一金明细表								
部门	姓名	应发合计	医疗保险+生育（10%）	养老保险（16%）	失业保险（0.5%）	工伤保险（0.6%）	住房公积金（8%）	社保和住房公积金合计
行政部	李永刚	11500	1150	1840	57.5	69	920	4036.5
	李东	10000	1000	1600	50	60	800	3510
	合计	21500	2150	3440	107.5	129	1720	7546.5
财务部	黄小玲	6500	650	1040	32.5	39	520	2281.5
	田燕	4750	475	760	23.75	28.5	380	1667.25
	合计	11250	1125	1800	56.25	67.5	900	3948.75
销售部	刘宏	8000	800	1280	40	48	640	2808
	张淑瑶	5500	550	880	27.5	33	440	1930.5
	合计	13500	1350	2160	67.5	81	1080	4738.5
技术部	蒋立	5000	500	800	25	30	400	1755
	合计	5000	500	800	25	30	400	1755
合计		51250	5125	8200	256.25	307.5	4100	17988.75

【业务 27】

27 －1

固定资产折旧计算表

2020 年 12 月 31 日

部门	名称	增加时间	原值	使用年限	净残值率	折旧方法	月折旧率	月折旧额
行政部	电脑 1	2018-10-11	6500	5	4%	平均年限法		
	打印一体机 1	2018-10-11	4500	5	4%	平均年限法		
	办公家具	2018-9-5	34000	5	4%	平均年限法		
	空调 1	2020-6-2	8000	5	4%	平均年限法		
财务部	打印一体机 2	2018-10-11	4500	5	4%	平均年限法		
	电脑 3	2018-10-11	6500	5	4%	平均年限法		
	针式打印机	2018-10-11	4500	5	4%	平均年限法		
	空调 2	2020-6-2	8000	5	4%	平均年限法		
销售部	电脑 2	2018-10-11	6500	5	4%	平均年限法		
	打印一体机 3	2018-10-11	4500	5	4%	平均年限法		
	空调 3	2020-6-2	8000	5	4%	平均年限法		
合计								

编制：田燕　　　　审核：黄小玲

【业务 28】本季度销售额未达 30 万元，免征收增值税，结转增值税

【业务 29】结转劳务成本

【业务 30】结转损益

二、重庆万君餐饮管理有限公司报表填报

资产负债表

年　　月

会小企 01 表

编制单位：

单位：元

资产	行次	期末余额	年初余额	负债和所有者权益	行次	期末余额	年初余额
流动资产：				流动负债：			
货币资金	1			短期借款	31		
短期投资	2			应付票据	32		
应收票据	3			应付账款	33		
应收账款	4			预收账款	34		
预付账款	5			应付职工薪酬	35		
应收股利	6			应交税费	36		
应收利息	7			应付利息	37		
其他应收款	8			应付利润	38		
存货	9			其他应付款	39		
其中：原材料	10			其他流动负债	40		
在产品	11			流动负债合计	41		
库存商品	12			非流动负债：			
周转材料	13			长期借款	42		
其他流动资产	14			长期应付款	43		
流动资产合计	15			递延收益	44		
非流动资产：				其他非流动负债	45		
长期债券投资	16			非流动负债合计	46		
长期股权投资	17			负债合计	47		
固定资产原价	18						
减：累计折旧	19						
固定资产账面价值	20						
在建工程	21						
工程物资	22						
固定资产清理	23						
生产性生物资产	24			所有者权益（或股东权益）：			
无形资产	25			实收资本（或股本）	48		
开发支出	26			资本公积	49		
长期待摊费用	27			盈余公积	50		
其他非流动资产	28			未分配利润	51		
非流动资产合计	29			所有者权益（或股东权益）合计	52		
资产总计	30			负债和所有者权益（或股东权益）总计	53		

利　润　表

年　　月　　　　会小企02表

编制单位：　　　　单位：元

项　　目	行次	本年累计金额	本月金额
一、营业收入	1		
减：营业成本	2		
税金及附加	3≥4+5+6+7+8+9+10		
其中：消费税	4		
营业税	5		
城市维护建设税	6		
资源税	7		
土地增值税	8		
城镇土地使用税、房产税、车船税、印花税	9		
教育费附加、矿产资源补偿费、排污费	10		
销售费用	11≥12+13		
其中：商品维修费	12		
广告费和业务宣传费	13		
管理费用	14≥15+16+17		
其中：开办费	15		
业务招待费	16		
研究费用	17		
财务费用	18≥19		
其中：利息费用（收入以“-”填列）	19		
加：投资收益（亏损以“-”填列）	20		
二、营业利润	21=1-2-3-11-14-18+20		
加：营业外收入	22		
其中：政府补助	23		
减：营业外支出	24≥25+26+27+28+29		
其中：坏账损失	25		
无法回收的长期债券投资损失	26		
无法回收的长期股权投资损失	27		
自然灾害等不可抗力因素造成的损失	28		
税收滞纳金	29		
三、利润总额（亏损总额以“-”号填列）	30=21+22-24		
减：所得税费用	31		
四、净利润（净亏损以“-”号填列）	32=30-31		

任务三　完成重庆万君餐饮管理有限公司2020年12月纳税申报

一、小规模纳税人增值税纳税申报

增值税纳税申报表

（小规模纳税人适用）

纳税识别号：

纳税人名称（公章）：　　　　　　　　　　　　　　　　　　　　　金额单位：元至角分

税款所属期：　　年　月　日至　　年　月　日　　　　　　填表日期：　　年　月　日

	项目	栏次	本期数		本年累计	
			货物及劳务	服务、不动产和无形资产	货物及劳务	服务、不动产和无形资产
一、计税依据	（一）应征增值税不含税销售额（3%征收率）	1				
	税务机关代开的增值税专用发票不含税销售额	2				
	税控器具开具的普通发票不含税销售额	3				
	（二）应征增值税不含税销售额（5%征收率）	4	——		——	
	税务机关代开的增值税专用发票不含税销售额	5	——		——	
	税控器具开具的普通发票不含税销售额	6	——		——	
	（三）销售使用过的固定资产不含税销售额	7（7≥8）		——		——
	其中：税控器具开具的普通发票不含税销售额	8		——		——
	（四）免税销售额	9＝10＋11＋12				
	其中：小微企业免税销售额	10				
	未达起征点销售额	11				
	其他免税销售额	12				
	（五）出口免税销售额	13（13≥14）				
	其中：税控器具开具的普通发票销售额	14				

续表

	项目	栏次	本期数		本年累计	
			货物及劳务	服务、不动产和无形资产	货物及劳务	服务、不动产和无形资产
二、税款计算	本期应纳税额	15				
	本期应纳税额减征额	16				
	本期免税额	17				
	其中：小微企业免税额	18				
	未达起征点免税额	19				
	应纳税额合计	20 = 15 - 16				
	本期预缴税额	21			——	——
	本期应补（退）税额	22 = 20 - 21			——	——

纳税人或代理人声明： 本纳税申报表是根据国家税收法律法规及相关规定填报的，我确定它是真实的、可靠的、完整的。	如纳税人填报，由纳税人填写以下各栏：
	办税人员：财务负责人： 法定代表人：联系电话：
	如委托代理人填报，由代理人填写以下各栏：
	代理人名称（公章）：经办人： 联系电话：

主管税务机关：　　　　　　　　　　接收人：　　　　　　　　　　接收日期：

填表说明：

本纳税申报表及其附列资料填写说明（以下简称本表及填写说明）适用于增值税小规模纳税人（以下简称纳税人）。

一、名词解释

（一）本表及填写说明所称“货物”，是指增值税的应税货物。

（二）本表及填写说明所称“劳务”，是指增值税的应税加工、修理、修配劳务。

（三）本表及填写说明所称“服务、不动产和无形资产”，是指销售服务、不动产和无形资产（以下简称应税行为）。

（四）本表及填写说明所称“扣除项目”，是指纳税人发生应税行为，在确定销售额时，按照有关规定允许其从取得的全部价款和价外费用中扣除价款的项目。

二、《增值税纳税申报表（小规模纳税人适用）》填写说明

本表“货物及劳务”与“服务、不动产和无形资产”各项目应分别填写。

（一）“税款所属期”是指纳税人申报的增值税应纳税额的所属时间，应填写具体的起止年、月、日。

（二）“纳税人识别号”栏，填写纳税人的税务登记证件号码。

（三）“纳税人名称”栏，填写纳税人名称全称。

（四）第1栏“应征增值税不含税销售额（3%征收率）”：填写本期销售货物及劳务、发生应税行为适用3%征收率的不含税销售额，不包括应税行为适用5%征收率的不含税销售额、销售使用过的固定资产和销售旧货的不含税销售额、免税销售额、出口免税销售额、查补销售额。

纳税人发生适用3%征收率的应税行为且有扣除项目的，与当期《增值税纳税申报表（小规模纳税人适用）附列资料》第8栏数据一致。

（五）第2栏“税务机关代开的增值税专用发票不含税销售额”：填写税务机关代开的增值税专用发票销售额合计。

（六）第3栏“税控器具开具的普通发票不含税销售额”：填写税控器具开具的货物及劳务、应税行为的普通发票金

额换算的不含税销售额。

（七）第4栏“应征增值税不含税销售额（5%征收率）”：填写本期发生应税行为适用5%征收率的不含税销售额。

纳税人发生适用5%征收率应税行为且有扣除项目的，本栏填写扣除后的不含税销售额，与当期《增值税纳税申报表（小规模纳税人适用）附列资料》第16栏数据一致。

（八）第5栏“税务机关代开的增值税专用发票不含税销售额”：填写税务机关代开的增值税专用发票销售额合计。

（九）第6栏“税控器具开具的普通发票不含税销售额”：填写税控器具开具的发生应税行为的普通发票金额换算的不含税销售额。

（十）第7栏“销售使用过的固定资产不含税销售额”：填写销售自己使用过的固定资产（不含不动产，下同）和销售旧货的不含税销售额，销售额 = 含税销售额/（1 + 3%）。

（十一）第8栏“税控器具开具的普通发票不含税销售额”：填写税控器具开具的销售自己使用过的固定资产和销售旧货的普通发票金额换算的不含税销售额。

（十二）第9栏“免税销售额”：填写销售免征增值税的货物及劳务、应税行为的销售额，不包括出口免税销售额。

应税行为有扣除项目的纳税人，填写扣除之前的销售额。

（十三）第10栏“小微企业免税销售额”：填写符合小微企业免征增值税政策的免税销售额，不包括符合其他增值税免税政策的销售额。个体工商户和其他个人不填写本栏次。

（十四）第11栏“未达起征点销售额”：填写个体工商户和其他个人未达起征点（含支持小微企业免征增值税政策）的免税销售额，不包括符合其他增值税免税政策的销售额。本栏次由个体工商户和其他个人填写。

（十五）第12栏“其他免税销售额”：填写销售免征增值税的货物及劳务、应税行为的销售额，不包括符合小微企业免征增值税和未达起征点政策的免税销售额。

（十六）第13栏“出口免税销售额”：填写出口免征增值税货物及劳务、出口免征增值税应税行为的销售额。

应税行为有扣除项目的纳税人，填写扣除之前的销售额。

（十七）第14栏“税控器具开具的普通发票销售额”：填写税控器具开具的出口免征增值税货物及劳务、出口免征增值税应税行为的普通发票销售额。

（十八）第15栏“本期应纳税额”：填写本期按征收率计算缴纳的应纳税额。

（十九）第16栏“本期应纳税额减征额”：填写纳税人本期按照税法规定减征的增值税应纳税额。包含可在增值税应纳税额中全额抵减的增值税税控系统专用设备费用以及技术维护费，可在增值税应纳税额中抵免的购置税控收款机的增值税税额。

当本期减征额小于或等于第15栏“本期应纳税额”时，按本期减征额实际填写；当本期减征额大于第15栏“本期应纳税额”时，按本期第15栏填写，本期减征额不足抵减部分结转下期继续抵减。

（二十）第17栏“本期免税额”：填写纳税人本期增值税免税额，免税额根据第9栏“免税销售额”和征收率计算。

（二十一）第18栏“小微企业免税额”：填写符合小微企业免征增值税政策的增值税免税额，免税额根据第10栏“小微企业免税销售额”和征收率计算。

（二十二）第19栏“未达起征点免税额”：填写个体工商户和其他个人未达起征点（含支持小微企业免征增值税政策）的增值税免税额，免税额根据第11栏“未达起征点销售额”和征收率计算。

（二十三）第21栏“本期预缴税额”：填写纳税人本期预缴的增值税额，但不包括查补缴纳的增值税额。

二、附加税纳税申报

城市维护建设税、教育费附加、地方教育附加税（费）申报表

税款所属期：　　年　月　日至　　年　月　日

纳税人识别号（统一社会信用代码）：

纳税人名称：　　　　　　　　　　　　　　　　　　　　　　　　金额单位：人民币元（列至角分）

本期是否适用增值税小规模纳税人减征政策（减免性质代码——城市维护建设税：07049901，减免性质代码——教育费附加：61049901，减免性质代码——地方教育附加：99049901）						□是□否	减征比例——城市维护建设税（%）				0.00	
							减征比例——教育费附加（%）				0.00	
							减征比例——地方教育附加（%）				0.00	
税（费）种	计税（费）依据					税率（征收率）	本期应纳税（费）额	本期减免税（费）额		本期增值税小规模纳税人减征额	本期已缴税（费）额	本期应补（退）税（费）额
	增值税		消费税	营业税	合计							
	增值税	免抵税额						减免性质代码	减免税（费）额			
	1	2	3	4	5 = 1 + 2 + 3 + 4	6	7 = 5 × 6	8	9	10	11	12 = 7 − 9 − 10 − 11
增值税城建税（市区）												
增值税教育费附加												
增值税地方教育费附加												
合计												
以下由纳税人填写												
纳税人声明	此纳税申报表是根据《中华人民共和国城市维护建设税暂行条例》《国务院征收教育费附加的暂行规定》《财政部关于统一地方教育附加政策有关问题的通知》和国家有关税收规定填报的，是真实的、可靠的、完整的。											
纳税人签章	代理人签章						代理人身份证号					
计税依据修改原因												

填写说明：

1. “纳税人识别号（统一社会信用代码）”，填报税务机关核发的纳税人识别号或有关部门核发的统一社会信用代码。“纳税人名称”，填报营业执照、税务登记证等证件载明的纳税人名称。

2. “本期是否适用增值税小规模纳税人减征政策（减免性质代码_ _ 城市维护建设税：07049901，减免性质代码_ 教育费附加：61049901，减免性质代码_ 地方教育附加：99049901）”：纳税人自增值税一般纳税人按规定转登记为小规模纳税人的，自成为小规模纳税人的当月起适用减征优惠。增值税小规模纳税人按规定登记为一般纳税人的，自一般纳税人生效之日起不再适用减征优惠；增值税年应税销售额超过小规模纳税人标准应当登记为一般纳税人而未登记，经税务机关通知，逾期仍不办理登记的，自逾期次月起不再适用减征优惠。纳税人本期适用增值税小规模纳税人减征政策的，勾选“是”；否则，勾选“否”。

3. “减征比例（%）”，当地省级政府根据财税〔2019〕13 号文件确定的减征比例，系统自动带出。

4. 第 1 栏“一般增值税”，填写本期缴纳的一般增值税税额。

5. 第 2 栏“免抵税额”，填写增值税免抵税额。

6. 第 3 栏“消费税”，填写本期缴纳的消费税税额。

7. 第 4 栏“营业税”，填写本期补缴以前年度的营业税税额，其附加不适用减征规定。

8. 第 5 栏“合计”，反映本期缴纳的增值税、消费税、营业税税额合计。

9. 第 6 栏“税率（征收率）”，填写城市维护建设税、教育费附加、地方教育附加的税率或征收率。

10. 第 7 栏“本期应纳税（费）额”，反映本期按适用税率（征收率）计算缴纳的应纳税额。计算公式为：7 = 5 × 6。

11. 第 8 栏“减免性质代码”，该项按照国家税务总局制定下发的最新《减免税政策代码目录》中的最细项减免性质代码填写。有减免税情况的必填。

12. 第 9 栏“减免税（费）额”，反映本期减免的税额。

13. 第 10 栏“本期增值税小规模纳税人减征额”，反映符合条件的增值税小规模纳税人减征的税额。计算公式为：10 =（7 − 9）× 减征比例。

14. 第 11 栏“本期已缴税（费）额”，填写本期应纳税（费）额中已经缴纳的部分。

15. 第 12 栏“本期应补（退）税额”，计算公式为：12 = 7 − 9 − 10 − 11。

三、小规模纳税人企业所得税纳税申报

中华人民共和国

A200000 企业所得税季度月（季）度预缴纳税申报表（A类）

税款所属时间：

纳税人识别号（统一社会信用代码）：

纳税人名称： 金额单位：人民币元（列至角分）

<table>
<tr><td colspan="2">预缴方式</td><td colspan="2">□按照实际利润额预缴□按照上一年度应纳税所得额平均额预缴□按照</td></tr>
<tr><td colspan="2">企业类型</td><td colspan="2">□一般企业□跨地区经营汇总纳税企业总机构□跨地区经营汇总纳税企业分支机构</td></tr>
<tr><td colspan="4">预缴税款计算</td></tr>
<tr><td colspan="2">行次</td><td>项目</td><td>本年累计金额</td></tr>
<tr><td>1</td><td colspan="2">营业收入</td><td></td></tr>
<tr><td>2</td><td colspan="2">营业成本</td><td></td></tr>
<tr><td>3</td><td colspan="2">利润总额</td><td></td></tr>
<tr><td>4</td><td colspan="2">加：特定业务计算的应纳税所得额</td><td></td></tr>
<tr><td>5</td><td colspan="2">减：不征税收入</td><td></td></tr>
<tr><td>6</td><td colspan="2">减：免税收入、减计收入、所得减免等优惠金额（填写A201010）</td><td></td></tr>
<tr><td>7</td><td colspan="2">减：固定资产加速折旧（扣除）调减额（填写A201020）</td><td></td></tr>
<tr><td>8</td><td colspan="2">减：弥补以前年度亏损</td><td></td></tr>
<tr><td>9</td><td colspan="2">实际利润额（3+4-5-6-7-8）\ 按照上一纳税年度应纳税所得额平均额确定的应纳税所得额</td><td></td></tr>
<tr><td>10</td><td colspan="2">税率（25%）</td><td></td></tr>
<tr><td>11</td><td colspan="2">应纳所得税额（9×10）</td><td></td></tr>
<tr><td>12</td><td colspan="2">减：减免所得税额（填写A201030）</td><td></td></tr>
<tr><td>13</td><td colspan="2">减：实际已缴纳所得税额</td><td></td></tr>
<tr><td>14</td><td colspan="2">减：特定业务预缴（征）所得税额</td><td></td></tr>
<tr><td>15</td><td colspan="2">本期应补（退）所得税额（11-12-13-14）\ 税务机关确定的本期应纳所得税额</td><td></td></tr>
<tr><td colspan="4">汇总纳税企业总分机构税款计算</td></tr>
<tr><td>16</td><td rowspan="4">总机构填报</td><td>总机构本期分摊应补（退）所得税额（17+18+19）</td><td></td></tr>
<tr><td>17</td><td>其中：总机构分摊应补（退）所得税额（15×总机构分摊比例0.00%）</td><td></td></tr>
<tr><td>18</td><td>财政集中分配应补（退）所得税额（15×财政集中分配比例0.00%）</td><td></td></tr>
<tr><td>19</td><td>总机构具有主体生产经营职能的部门分摊所得税额（15×全部分支机构分摊比例0.00%×总机构具有主体生产经营职能部门分摊比例0.0000000%）</td><td></td></tr>
<tr><td>20</td><td rowspan="2">分支机构填报</td><td>分支机构本期分摊比例</td><td></td></tr>
<tr><td>21</td><td>分支机构本期分摊应补（退）所得税额</td><td></td></tr>
</table>

续表

附报信息			
高新技术企业	□是□否	科技型中小企业	□是□否
技术入股递延纳税事项	□是□否		
按季度填报信息			
季初从业人数		季末从业人数	
季初资产总额（万元）		季末资产总额（万元）	
国家限制或禁止行业	□是□否	小型微利企业	□是□否
谨声明：本纳税申报表是根据国家税收法律法规及相关规定填报的，是真实的、可靠的、完整的。 纳税人（签章）：　年　月　日			
经办人： 经办人身份证号： 代理机构签章： 代理机构统一社会信用代码：		受理人： 受理税务机关（章）： 受理日期：　年　月　日	

国家税务总局监制

填报说明：

一、适用范围

本表适用于实行查账征收企业所得税的居民企业纳税人（以下简称“纳税人”）在月（季）度预缴纳税申报时填报。执行《跨地区经营汇总纳税企业所得税征收管理办法》（国家税务总局公告2012年第57号发布）的跨地区经营汇总纳税企业的分支机构，在年度纳税申报时填报本表。省（自治区、直辖市和计划单列市）税务机关对仅在本省（自治区、直辖市和计划单列市）内设立不具有法人资格分支机构的企业，参照《跨地区经营汇总纳税企业所得税征收管理办法》征收管理的，企业的分支机构在年度纳税申报时填报本表。

二、表头项目

（一）税款所属期间

1. 月（季）度预缴纳税申报

正常情况填报税款所属期月（季）度第一日至税款所属期月（季）度最后一日；年度中间开业的纳税人，在首次月（季）度预缴纳税申报时，填报开始经营之日至税款所属月（季）度最后一日，以后月（季）度预缴纳税申报时按照正常情况填报；年度中间终止经营活动的纳税人，在终止经营活动当期纳税申报时，填报税款所属期月（季）度第一日至终止经营活动之日，以后月（季）度预缴纳税申报表不再填报。

2. 纳税申报

（二）纳税人识别号（统一社会信用代码）

填报税务机关核发的纳税人识别号或有关部门核发的统一社会信用代码。

（三）纳税人名称

填报营业执照、税务登记证等证件载明的纳税人名称。

三、有关项目填报说明

（一）预缴方式

纳税人根据情况选择。

“按照上一纳税年度应纳税所得额平均额预缴”和“按照税务机关确定的其他方法预缴”两种预缴方式属于税务行政许可事项，纳税人需要履行行政许可相关程序。

（二）企业类型

纳税人根据情况选择。

纳税人为《跨地区经营汇总纳税企业所得税征收管理办法》规定的跨省、自治区、直辖市和计划单列市设立不具有法人资格分支机构的跨地区经营汇总纳税企业，总机构选择“跨地区经营汇总纳税企业总机构”；仅在同一省、自治区、直辖市和计划单列市内设立不具有法人资格分支机构的跨地区经营汇总纳税企业，并且总机构、分支机构参照《跨地区经营汇总纳税企业所得税征收管理办法》规定征收管理的，总机构选择“跨地区经营汇总纳税企业总机构”。

纳税人为《跨地区经营汇总纳税企业所得税征收管理办法》规定的跨省、自治区、直辖市和计划单列市设立不具有法人资格分支机构的跨地区经营汇总纳税企业，分支机构选择“跨地区经营汇总纳税企业分支机构”；仅在同一省、自治区、直辖市和计划单列市内设立不具有法人资格分支机构的跨地区经营汇总纳税企业，并且总机构、分支机构参照《跨地区经营汇总纳税企业所得税征收管理办法》规定征收管理的，分支机构选择“跨地区经营汇总纳税企业分支机构”。

上述企业以外的其他企业选择“一般企业”。

（三）预缴税款计算

预缴方式选择“按照实际利润额预缴”的纳税人填报第1行至第15行，预缴方式选择“按照上一纳税年度应纳税所得额平均额预缴”的纳税人填报第9、10、11、12、13、15行，预缴方式选择“按照税务机关确定的其他方法预缴”的纳税人填报第15行。

1. 第1行“营业收入”：填报纳税人截至本税款所属期末，按照国家统一会计制度规定核算的本年累计营业收入。

如：以前年度已经开始经营且按季度预缴纳税申报的纳税人，第二季度预缴纳税申报时本行填报本年1月1日至6月30日期间的累计营业收入。

2. 第2行“营业成本”：填报纳税人截至本税款所属期末，按照国家统一会计制度规定核算的本年累计营业成本。

3. 第3行“利润总额”：填报纳税人截至本税款所属期末，按照国家统一会计制度规定核算的本年累计利润总额。

4. 第4行“特定业务计算的应纳税所得额”：从事房地产开发等特定业务的纳税人，填报按照税收规定计算的特定业务的应纳税所得额。房地产开发企业销售未完工开发产品取得的预售收入，按照税收规定的预计计税毛利率计算的预计毛利额填入此行。企业开发产品完工后，其未完工预售环节按照税收规定的预计计税毛利率计算的预计毛利额在汇算清缴时调整，月（季）度预缴纳税申报时不调整。本行填报金额不得小于本年上期申报金额。

5. 第5行“不征税收入”：填报纳税人已经计入本表“利润总额”行次但属于税收规定的不征税收入的本年累计金额。

6. 第6行“免税收入、减计收入、所得减免等优惠金额”：填报属于税收规定的免税收入、减计收入、所得减免等优惠的本年累计金额。

本行根据《免税收入、减计收入、所得减免等优惠明细表》（A201010）填报。

7. 第7行“固定资产加速折旧（扣除）调减额”：填报固定资产税收上享受加速折旧优惠计算的折旧额大于同期会计折旧额期间，发生纳税调减的本年累计金额。

本行根据《固定资产加速折旧（扣除）明细表》（A201020）填报。

8. 第8行“弥补以前年度亏损”：填报纳税人截至税款所属期末，按照税收规定在企业所得税税前弥补的以前年度尚未弥补亏损的本年累计金额。

当本表第3+4-5-6-7行≤0时，本行=0。

9. 第9行“实际利润额 \ 按照上一纳税年度应纳税所得额平均额确定的应纳税所得额”：预缴方式选择“按照实际利润额预缴”的纳税人，根据本表相关行次计算结果填报，第9行=第3+4-5-6-7-8行；预缴方式选择“按照上一纳税年度应纳税所得额平均额预缴”的纳税人，填报按照上一纳税年度应纳税所得额平均额计算的本年累计金额。

10. 第10行“税率（25%）”：填报25%。

11. 第11行“应纳所得税额”：根据相关行次计算结果填报。第11行=第9×10行，且第11行≥0。

12. 第12行“减免所得税额”：填报纳税人截至税款所属期末，按照税收规定享受的减免企业所得税的本年累计金额。

本行根据《减免所得税额明细表》（A201030）填报。

13. 第13行“实际已缴纳所得税额”：填报纳税人按照税收规定已在此前月（季）度申报预缴企业所得税的本年累计金额。

建筑企业总机构直接管理的跨地区设立的项目部，按照税收规定已经向项目所在地主管税务机关预缴企业所得税的金额不填本行，而是填入本表第14行。

14. 第14行“特定业务预缴（征）所得税额”：填报建筑企业总机构直接管理的跨地区设立的项目部，按照税收规定已经向项目所在地主管税务机关预缴企业所得税的本年累计金额。

本行本期填报金额不得小于本年上期申报的金额。

15. 第15行“本期应补（退）所得税额 \ 税务机关确定的本期应纳所得税额”：按照不同预缴方式，分情况填报：

预缴方式选择“按照实际利润额预缴”以及“按照上一纳税年度应纳税所得额平均额预缴”的纳税人根据本表相关

行次计算填报。第15行=第11-12-13-14行，当第11-12-13-14行<0时，本行填0；其中，企业所得税收入全额归属中央且按比例就地预缴企业的分支机构，以及在同一省、自治区、直辖市和计划单列市内的按比例就地预缴企业的分支机构，第15行=第11行×就地预缴比例-第12行×就地预缴比例-第13行-第14行，当第15行=第11行×就地预缴比例-第12行×就地预缴比例-第13行-第14行<0时，本行填0。

预缴方式选择“按照税务机关确定的其他方法预缴”的纳税人填报本期应纳企业所得税的金额。

（四）汇总纳税企业总分机构税款计算

企业类型选择“跨地区经营汇总纳税企业总机构”的纳税人填报第16、17、18、19行；企业类型选择“跨地区经营汇总纳税企业分支机构”的纳税人填报第20、21行。

1. 第16行“总机构本期分摊应补（退）所得税额”：跨地区经营汇总纳税企业的总机构根据相关行次计算结果填报，第16行=第17+18+19行。

2. 第17行“总机构分摊应补（退）所得税额（15×总机构分摊比例______%）”：根据相关行次计算结果填报，第17行=第15行×总机构分摊比例。其中：跨省、自治区、直辖市、计划单列市经营的汇总纳税企业“总机构分摊比例”填报25%，同一省（自治区、直辖市、计划单列市）内跨地区经营汇总纳税企业“总机构分摊比例”按照各省（自治区、直辖市和计划单列市）确定的总机构分摊比例填报。

3. 第18行“财政集中分配应补（退）所得税额（15×财政集中分配比例______%）”：根据相关行次计算结果填报，第18行=第15行×财政集中分配比例。其中：跨省（自治区、直辖市和计划单列市）经营的汇总纳税企业“财政集中分配比例”填报25%，同一省（自治区、直辖市、计划单列市）内跨地区经营汇总纳税企业“财政集中分配比例”按照各省（自治区、直辖市和计划单列市）确定的财政集中分配比例填报。

4. 第19行“总机构具有主体生产经营职能的部门分摊所得税额（15×全部分支机构分摊比例______%×总机构具有主体生产经营职能部门分摊比例______%）”：根据相关行次计算结果填报，第19行=第15行×全部分支机构分摊比例×总机构具有主体生产经营职能部门分摊比例。其中：跨省（自治区、直辖市和计划单列市）经营的汇总纳税企业“全部分支机构分摊比例”填报50%，同一省（自治区、直辖市、计划单列市）内跨地区经营汇总纳税企业“分支机构分摊比例”按照各省（自治区、直辖市和计划单列市）确定的分支机构分摊比例填报；“总机构具有主体生产经营部门分摊比例”按照设立的具有主体生产经营职能的部门在参与税款分摊的全部分支机构中的分摊比例填报。

5. 第20行“分支机构本期分摊比例”：跨地区经营汇总纳税企业分支机构填报其总机构出具的本期《企业所得税汇总纳税分支机构所得税分配表》“分配比例”列次中列示的本分支机构的分配比例。

6. 第21行“分支机构本期分摊应补（退）所得税额”：跨地区经营汇总纳税企业分支机构填报其总机构出具的本期《企业所得税汇总纳税分支机构所得税分配表》“分配所得税额”列次中列示的本分支机构应分摊的所得税额。

四、附报信息

企业类型选择“跨地区经营汇总纳税企业分支机构”的，不填报“附报信息”所有项目。

（一）小型微利企业

本栏次为必报项目，按照以下规则选择：

1. 以前年度成立企业

上一纳税年度汇算清缴符合小型微利企业条件，且本期本表第9行“实际利润额 \ 按照上一纳税年度应纳税所得额平均额确定的应纳税所得额”填报的金额符合小型微利企业应纳税所得额条件的纳税人，选择“是”。

上一纳税年度汇算清缴符合小型微利企业条件，但本期本表第9行“实际利润额 \ 按照上一纳税年度应纳税所得额平均额确定的应纳税所得额”填报的金额不符合小型微利企业应纳税所得额条件的纳税人，选择“否”。

上一纳税年度汇算清缴不符合小型微利企业条件，但预计本年度资产总额、从业人数、从事行业符合小型微利企业条件且本期本表第9行“实际利润额 \ 按照上一纳税年度应纳税所得额平均额确定的应纳税所得额”填报的金额符合小型微利企业应纳税所得额条件的纳税人，选择“是”。

上一纳税年度汇算清缴不符合小型微利企业条件，预计本年度资产总额、从业人数、从事行业不符合小型微利企业条件或者本期本表第9行“实际利润额 \ 按照上一纳税年度应纳税所得额平均额确定的应纳税所得额”填报的金额不符合小型微利企业应纳税所得额条件的纳税人，选择“否”。

2. 本年度成立企业

本年度新成立企业，预计本年度资产总额、从业人数、从事行业符合小型微利企业条件且本期本表第9行“实际利润额 \ 按照上一纳税年度应纳税所得额平均额确定的应纳税所得额”填报的金额符合小型微利企业应纳税所得额条件的纳税人，选择“是”。

本年度新成立企业，预计本年度资产总额、从业人数、从事行业不符合小型微利企业条件或者本期本表第9行“实

际利润额 \ 按照上一纳税年度应纳税所得额平均额确定的应纳税所得额”填报的金额不符合小型微利企业应纳税所得额条件的纳税人，选择“否”。

3. 以前年度成立企业在本年度第一季度预缴企业所得税时，如未完成上一纳税年度汇算清缴，无法判断上一纳税年度是否符合小型微利企业条件的，可暂按照上一纳税年度第四季度的预缴企业所得税情况判别。

（二）科技型中小企业

本栏次为必报项目。

符合条件的纳税人可以按照《科技型中小企业评价办法》进行自主评价，并按照自愿原则到“全国科技型中小企业信息服务平台”填报企业信息，经公示无异议后纳入“全国科技型中小企业信息库”。凡是取得本年“科技型中小企业入库登记编号”且编号有效的纳税人，选择“是”；未取得本年“科技型中小企业入库登记编号”或者已取得本年“科技型中小企业入库登记编号”但被科技管理部门撤销登记编号的纳税人，选择“否”。

（三）高新技术企业

本栏次为必报项目。

根据《高新技术企业认定管理办法》《高新技术企业认定管理工作指引》等文件规定，符合条件的纳税人履行相关认定程序后取得“高新技术企业证书”。凡是取得“高新技术企业证书”且在有效期内的纳税人，选择“是”；未取得“高新技术企业证书”或者“高新技术企业证书”不在有效期内的纳税人，选择“否”。

（四）技术入股递延纳税事项

本栏次为必报项目。

根据《财政部 国家税务总局关于完善股权激励和技术入股有关所得税政策的通知》（财税〔2016〕101号）文件规定，企业以技术成果投资入股到境内居民企业，被投资企业支付的对价全部为股票（权）的，企业可以选择适用递延纳税优惠政策。本年内发生以技术成果投资入股且选择适用递延纳税优惠政策的纳税人，选择“是”；本年内未发生以技术成果投资入股或者以技术成果投资入股但选择继续按现行有关税收政策执行的纳税人，选择“否”。

（五）期末从业人数

本栏次为必报项目。

纳税人填报税款所属期期末从业人员的数量。从业人数是指与企业建立劳动关系的职工人数和企业接受的劳务派遣用工人数之和。汇总纳税企业总机构填报包括分支机构在内的所有从业人数。

五、表内表间关系

（一）表内关系

1. 预缴方式选择“按照实际利润额预缴”的纳税人，第9行=第3+4-5-6-7-8行。

2. 第11行=第9×10行。

3. 预缴方式选择“按照实际利润额预缴”“按照上一纳税年度应纳税所得额平均额预缴”的纳税人，第15行=第11-12-13-14行。当第11-12-13-14行<0时，第15行=0。

其中，企业所得税收入全额归属中央且按比例就地预缴企业的分支机构，以及在同一省、自治区、直辖市和计划单列市内的按比例就地预缴企业的分支机构，第15行=第11行×就地预缴比例-第12行×就地预缴比例-第13行-第14行。当第15行=第11行×就地预缴比例-第12行×就地预缴比例-第13行-第14行<0时，第15行=0。

4. 第16行=第17+18+19行。

5. 第17行=第15行×总机构分摊比例。

6. 第18行=第15行×财政集中分配比例。

7. 第19行=第15行×全部分支机构分摊比例×总机构具有主体生产经营职能部门分摊比例。

（二）表间关系

1. 第6行=表A201010第41行。

2. 第7行=表A201020第5行第5列。

3. 第12行=表A201030第30行。

4. 第15行=表A202000“应纳所得税额”栏次填报的金额。

5. 第17行=表A202000“总机构分摊所得税额”栏次填报的金额。

6. 第18行=表A202000“总机构财政集中分配所得税额”栏次填报的金额。

7. 第19行=表A202000“分支机构情况”中对应总机构独立生产经营部门行次的“分配所得税额”列次填报的金额。

减免所得税优惠明细表（附表三）

行次	项目	本年累计金额
1	一、符合条件的小型微利企业减免企业所得税	
2	二、国家需要重点扶持的高新技术企业减按15%的税率征收企业所得税	
3	三、经济特区和上海浦东新区新设立的高新技术企业在区内取得的所得定期减免企业所得税	
4	四、受灾地区农村信用社免征企业所得税	
5	五、动漫企业自主开发、生产动漫产品定期减免企业所得税	
6	六、线宽小于0.8微米（含）的集成电路生产企业减免所得税	
7	七、线宽小于0.25微米（含）的集成电路生产企业减按15%税率征收所得税	
8	八、投资额超过80亿元的集成电路生产企业减按15%税率征收所得税	
9	九、线宽小于0.25微米的集成电路生产企业减免企业所得税	
10	十、投资额超过80亿元的集成电路生产企业减免企业所得税	
11	十一、线宽小于130纳米的集成电路生产企业减免所得税	
12	十二、线宽小于65纳米或投资额超过150亿元的集成电路生产企业减免所得税	
13	十三、新办集成电路设计企业减免企业所得税	
14	十四、国家规划布局内集成电路设计企业可减按10%的税率征收企业所得税	
15	十五、符合条件的软件企业减免企业所得税	
16	十六、国家规划布局内重点软件企业可减按10%的税率征收企业所得税	
17	十七、符合条件的集成电路封装、测试企业定期减免企业所得税	
18	十八、符合条件的集成电路关键专用材料生产企业、集成电路专用设备生产企业定期减免企业所得税	
19	十九、经营性文化事业单位转制为企业的免征企业所得税	
20	二十、符合条件的生产和装配伤残人员专门用品企业免征企业所得税	
21	二十一、技术先进型服务企业（服务外包类）减按15%税率征收所得税	
22	二十二、技术先进型服务企业（服务贸易类）减按15%税率征收所得税	
23	二十三、设在西部地区的鼓励类产业企业减按15%税率征收所得税	
24	二十四、新疆困难地区新办企业定期减免企业所得税	
25	二十五、新疆喀什、霍尔果斯特殊经济开发区新办企业定期减免企业所得税	
26	二十六、广东横琴、福建平潭、深圳前海等地区的鼓励类产业企业减按15%税率征收所得税	
27	二十七、北京东奥组委、北京冬奥会测试赛赛事组委会免征企业所得税	
28	二十八、其他（28.1+28.2）	
28.1	1. 从事污染防治的第三方企业减按15%税率征收所得税	
28.2	2. 其他	
29	二十九、民族自治地方的自治机关对本民族自治地方的企业应缴纳的企业所得税中属于地方分享的部分减征或免征（□免征□减征：减征幅度0.00%）	
30	合计（1+2+3+4+5+6+…+28+29）	

填表说明：

本表为《中华人民共和国企业所得税月（季）度预缴纳税申报表（A类）》（A200000）附表，适用于享受减免所得税额优惠的实行查账征收企业所得税的居民企业纳税人填报。纳税人根据税收规定，填报本年发生的累计优惠情况。

一、有关项目填报说明

1. 第1行“一、符合条件的小型微利企业减免企业所得税”：根据相关税收政策规定的，从事国家非限制和禁止行业的企业，并符合应纳税所得额、从业人数、资产总额条件的，其所得减按50%计入应纳税所得额，按20%的税率缴纳企业所得税。本行填报本期《中华人民共和国企业所得税月（季）度预缴纳税申报表（A类）》（A200000）第9行×15%的金额。

2. 第2行“二、国家需要重点扶持的高新技术企业减按15%的税率征收企业所得税”：填报享受国家重点扶持的高新技术企业优惠的本年累计减免税额。

3. 第3行“三、经济特区和上海浦东新区新设立的高新技术企业在区内取得的所得定期减免企业所得税”：根据《国务院关于经济特区和上海浦东新区新设立高新技术企业实行过渡性税收优惠的通知》（国发〔2007〕40号）、《财政部 国家税务总局关于贯彻落实国务院关于实施企业所得税过渡优惠政策有关问题的通知》（财税〔2008〕21号）等规定，经济特区和上海浦东新区内，在2008年1月1日（含）之后完成登记注册的国家需要重点扶持的高新技术企业，在经济特区和上海浦东新区内取得的所得，自取得第一笔生产经营收入所属纳税年度起，第一年至第二年免征企业所得税，第三年至第五年按照25%法定税率减半征收企业所得税。本行填报免征、减征企业所得税的本年累计金额。

对于跨经济特区和上海浦东新区的高新技术企业，其区内所得优惠填写本行，区外所得优惠填报本表第2行。经济特区和上海浦东新区新设立的高新技术企业定期减免税期满后，只享受15%税率优惠的，填报本表第2行。

4. 第4行“四、受灾地区农村信用社免征企业所得税”：填报受灾地区农村信用社免征企业所得税的金额。鲁甸农村信用社按照《财政部 海关总署 国家税务总局关于支持鲁甸地震灾后恢复重建有关税收政策问题的通知》（财税〔2015〕27号）规定免征的所得税额，在本行填列。本行填报本期《中华人民共和国企业所得税月（季）度预缴纳税申报表（A类）》（A200000）第9行×25%的金额。

5. 第5行“五、动漫企业自主开发、生产动漫产品定期减免企业所得税”：根据《财政部　国家税务总局关于扶持动漫产业发展有关税收政策问题的通知》（财税〔2009〕65号）等规定，经认定的动漫企业自主开发、生产动漫产品，享受软件企业所得税优惠政策。即在2017年12月31日前自获利年度起，第一年至第二年免征所得税，第三年至第五年按照25%的法定税率减半征收所得税，并享受至期满为止。本行填报根据本期《中华人民共和国企业所得税月（季）度预缴纳税申报表（A类）》（A200000）第9行计算的免征、减征企业所得税的本年累计金额。

6. 第6行“六、线宽小于0.8微米（含）的集成电路生产企业减免企业所得税”：根据《财政部　国家税务总局关于进一步鼓励软件产业和集成电路产业发展企业所得税政策的通知》（财税〔2012〕27号）、《财政部 国家税务总局 发展改革委 工业和信息化部关于软件和集成电路产业企业所得税优惠政策有关问题的通知》（财税〔2016〕49号）、《财政部 税务总局 国家发展改革委 工业和信息化部关于集成电路生产企业有关企业所得税政策问题的通知》（财税〔2018〕27号）等规定，2017年12月31日前设立的线宽小于0.8微米（含）的集成电路生产企业，自获利年度起计算优惠期，第一年至第二年免征企业所得税，第三年至第五年按照25%的法定税率减半征收企业所得税，并享受至期满为止。本行填报根据本期《中华人民共和国企业所得税月（季）度预缴纳税申报表（A类）》（A200000）第9行计算的免征、减征企业所得税的本年累计金额。

7. 第7行“七、线宽小于0.25微米的集成电路生产企业减按15%税率征收企业所得税”：根据《财政部　国家税务总局关于进一步鼓励软件产业和集成电路产业发展企业所得税政策的通知》（财税〔2012〕27号）、《财政部 国家税务总局 发展改革委 工业和信息化部关于软件和集成电路产业企业所得税优惠政策有关问题的通知》（财税〔2016〕49号）等规定，线宽小于0.25微米的集成电路生产企业，享受15%税率。本行填报本期《中华人民共和国企业所得税月（季）度预缴纳税申报表（A类）》（A200000）第9行×10%的金额。

8. 第8行“八、投资额超过80亿元的集成电路生产企业减按15%税率征收企业所得税”：根据《财政部　国家税务总局关于进一步鼓励软件产业和集成电路产业发展企业所得税政策的通知》（财税〔2012〕27号）、《财政部 国家税务总局 发展改革委 工业和信息化部关于软件和集成电路产业企业所得税优惠政策有关问题的通知》（财税〔2016〕49号）等规定，投资额超过80亿元的集成电路生产企业，享受15%税率。本行填报本期《中华人民共和国企业所得税月（季）度预缴纳税申报表（A类）》（A200000）第9行×10%的金额。

9. 第9行“九、线宽小于0.25微米的集成电路生产企业减免企业所得税”：根据《财政部　国家税务总局关于进一步鼓励软件产业和集成电路产业发展企业所得税政策的通知》（财税〔2012〕27 号）、《财政部 国家税务总局 发展改革委 工业和信息化部关于软件和集成电路产业企业所得税优惠政策有关问题的通知》（财税〔2016〕49 号）、《财政部 税务总局 国家发展改革委 工业和信息化部关于集成电路生产企业有关企业所得税政策问题的通知》（财税〔2018〕27 号）等规定，2017 年 12 月 31 日前设立的线宽小于 0.25 微米的集成电路生产企业，经营期在 15 年以上的，自获利年度起计算优惠期，第一年至第五年免征企业所得税，第六年至第十年按照 25% 的法定税率减半征收企业所得税，并享受至期满为止。本行填报根据本期《中华人民共和国企业所得税月（季）度预缴纳税申报表（A 类）》（A200000）第 9 行计算的免征、减征企业所得税的本年累计金额。

10. 第 10 行："十、投资额超过 80 亿元的集成电路生产企业减免企业所得税"：根据《财政部 国家税务总局关于进一步鼓励软件产业和集成电路产业发展企业所得税政策的通知》（财税〔2012〕27 号）、《财政部 国家税务总局 发展改革委 工业和信息化部关于软件和集成电路产业企业所得税优惠政策有关问题的通知》（财税〔2016〕49 号）、《财政部 税务总局 国家发展改革委 工业和信息化部关于集成电路生产企业有关企业所得税政策问题的通知》（财税〔2018〕27 号）等规定，2017 年 12 月 31 日前设立的投资额超过 80 亿元的集成电路生产企业，经营期在 15 年以上的，自获利年度起计算优惠期，第一年至第五年免征企业所得税，第六年至第十年按照 25% 的法定税率减半征收企业所得税，并享受至期满为止。本行填报根据本期《中华人民共和国企业所得税月（季）度预缴纳税申报表（A 类）》（A200000）第 9 行计算的免征、减征企业所得税的本年累计金额。

11. 第 11 行"十一、线宽小于 130 纳米的集成电路生产企业减免企业所得税"：根据《财政部 国家税务总局 发展改革委 工业和信息化部关于软件和集成电路产业企业所得税优惠政策有关问题的通知》（财税〔2016〕49 号）、《财政部 税务总局 国家发展改革委 工业和信息化部关于集成电路生产企业有关企业所得税政策问题的通知》（财税〔2018〕27 号）等规定，2018 年 1 月 1 日后投资新设的集成电路线宽小于 130 纳米，且经营期在 10 年以上的集成电路生产企业，自获利年度起第一年至第二年免征企业所得税，第三年至第五年按照 25% 的法定税率减半征收企业所得税，并享受至期满为止。本行填报根据本期《中华人民共和国企业所得税月（季）度预缴纳税申报表（A 类）》（A200000）第 9 行计算的免征、减征企业所得税的本年累计金额。

12. 第 12 行"十二、线宽小于 65 纳米或投资额超过 150 亿元的集成电路生产企业减免企业所得税"：根据《财政部 国家税务总局 发展改革委 工业和信息化部关于软件和集成电路产业企业所得税优惠政策有关问题的通知》（财税〔2016〕49 号）、《财政部 税务总局 国家发展改革委 工业和信息化部关于集成电路生产企业有关企业所得税政策问题的通知》（财税〔2018〕27 号）等规定，2018 年 1 月 1 日后投资新设的集成电路线宽小于 65 纳米或投资额超过 150 亿元，且经营期在 15 年以上的集成电路生产企业，自获利年度起第一年至第五年免征企业所得税，第六年至第十年按照 25% 的法定税率减半征收企业所得税，并享受至期满为止。本行填报根据本期《中华人民共和国企业所得税月（季）度预缴纳税申报表（A 类）》（A200000）第 9 行计算的免征、减征企业所得税的本年累计金额。

13. 第 13 行"十三、新办集成电路设计企业减免企业所得税"：根据《财政部 国家税务总局关于进一步鼓励软件产业和集成电路产业发展企业所得税政策的通知》（财税〔2012〕27 号）、《财政部 国家税务总局 发展改革委 工业和信息化部关于软件和集成电路产业企业所得税优惠政策有关问题的通知》（财税〔2016〕49 号）等规定，我国境内新办的集成电路设计企业，在 2017 年 12 月 31 日前自获利年度起计算优惠期，第一年至第二年免征企业所得税，第三年至第五年按照 25% 的法定税率减半征收企业所得税，并享受至期满为止。本行填报根据本期《中华人民共和国企业所得税月（季）度预缴纳税申报表（A 类）》（A200000）第 9 行计算的免征、减征企业所得税的本年累计金额。

14. 第 14 行"十四、国家规划布局内集成电路设计企业可减按 10% 的税率征收企业所得税"：根据《财政部 国家税务总局关于进一步鼓励软件产业和集成电路产业发展企业所得税政策的通知》（财税〔2012〕27 号）、《财政部 国家税务总局 发展改革委 工业和信息化部关于软件和集成电路产业企业所得税优惠政策有关问题的通知》（财税〔2016〕49 号）等规定，国家规划布局内的集成电路设计企业，如当年未享受免税优惠的，可减按 10% 税率征收企业所得税。本行填报本期《中华人民共和国企业所得税月（季）度预缴纳税申报表（A 类）》（A200000）第 9 行 ×15% 的金额。

15. 第 15 行"十五、符合条件的软件企业减免企业所得税"：根据《财政部 国家税务总局关于进一步鼓励软件产业和集成电路产业发展企业所得税政策的通知》（财税〔2012〕27 号）、《财政部 国家税务总局 发展改革委 工业和信息化部关于软件和集成电路产业企业所得税优惠政策有关问题的通知》（财税〔2016〕49 号）等规定，我国境内新办的符合条件的软件企业，在 2017 年 12 月 31 日前自获利年度起计算优惠期，第一年至第二年免征企业所得税，第三年至第五年按照 25% 的法定税率减半征收企业所得税，并享受至期满为止。本行填报根据本期《中华人民共和国企业所得税月（季）度预缴纳税申报表（A 类）》（A200000）第 9 行计算的免征、减征企业所得税的本年累计金额。

16. 第 16 行“十六、国家规划布局内重点软件企业可减按 10% 的税率征收企业所得税”：根据《财政部　国家税务总局关于进一步鼓励软件产业和集成电路产业发展企业所得税政策的通知》（财税〔2012〕27 号）、《财政部 国家税务总局 发展改革委 工业和信息化部关于软件和集成电路产业企业所得税优惠政策有关问题的通知》（财税〔2016〕49 号）等规定，国家规划布局内的重点软件企业，如当年未享受免税优惠的，可减按 10% 税率征收企业所得税。本行填报本期《中华人民共和国企业所得税月（季）度预缴纳税申报表（A 类)》（A200000）第 9 行 ×15% 的金额。

17. 第 17 行“十七、符合条件的集成电路封装、测试企业定期减免企业所得税”：根据《财政部　国家税务总局　发展改革委　工业和信息化部关于进一步鼓励集成电路产业发展企业所得税政策的通知》（财税〔2015〕6 号）规定，符合条件的集成电路封装、测试企业，在 2017 年（含 2017 年）前实现获利的，自获利年度起第一年至第二年免征企业所得税，第三年至第五年按照 25% 的法定税率减半征收企业所得税，并享受至期满为止；2017 年前未实现获利的，自 2017 年起计算优惠期，享受至期满为止。本行填报根据本期《中华人民共和国企业所得税月（季）度预缴纳税申报表（A 类)》（A200000）第 9 行计算的免征、减征企业所得税的本年累计金额。

18. 第 18 行“十八、符合条件的集成电路关键专用材料生产企业、集成电路专用设备生产企业定期减免企业所得税”：根据《财政部　国家税务总局　发展改革委　工业和信息化部关于进一步鼓励集成电路产业发展企业所得税政策的通知》（财税〔2015〕6 号）规定，符合条件的集成电路关键专用材料生产企业、集成电路专用设备生产企业，在 2017 年（含 2017 年）前实现获利的，自获利年度起第一年至第二年免征企业所得税，第三年至第五年按照 25% 的法定税率减半征收企业所得税，并享受至期满为止；2017 年前未实现获利的，自 2017 年起计算优惠期，享受至期满为止。本行填报根据本期《中华人民共和国企业所得税月（季）度预缴纳税申报表（A 类)》（A200000）第 9 行计算的免征、减征企业所得税的本年累计金额。

19. 第 19 行“十九、经营性文化事业单位转制为企业的免征企业所得税”：根据《财政部　国家税务总局　中宣部关于继续实施文化体制改革中经营性文化事业单位转制为企业若干税收政策的通知》（财税〔2014〕84 号）等规定，从事新闻出版、广播影视和文化艺术的经营性文化事业单位转制为企业的，自转制注册之日起免征企业所得税。本行填报本期《中华人民共和国企业所得税月（季）度预缴纳税申报表（A 类)》（A200000）第 9 行 ×25% 的金额。

20. 第 20 行“二十、符合条件的生产和装配伤残人员专门用品企业免征企业所得税”：根据《财政部　国家税务总局　民政部关于生产和装配伤残人员专门用品企业免征企业所得税的通知》（财税〔2016〕111 号）等规定，符合条件的生产和装配伤残人员专门用品的企业免征企业所得税。本行填报本期《中华人民共和国企业所得税月（季）度预缴纳税申报表（A 类)》（A200000）第 9 行 ×25% 的金额。

21. 第 21 行“二十一、技术先进型服务企业减按 15% 的税率征收企业所得税”：根据《财政部　国家税务总局　商务部　科技部　国家发展改革委关于完善技术先进型服务企业有关企业所得税政策问题的通知》（财税〔2014〕59 号）、《财政部 国家税务总局 商务部 科技部 国家发展改革委关于新增中国服务外包示范城市适用技术先进型服务企业所得税政策的通知》（财税〔2016〕108 号）、《财政部 税务总局 商务部 科技部 国家发展改革委关于将技术先进型服务企业所得税政策推广至全国实施的通知》（财税〔2017〕79 号）等规定，对经认定的技术先进型服务企业，减按 15% 的税率征收企业所得税。本行填报本期《中华人民共和国企业所得税月（季）度预缴纳税申报表（A 类)》（A200000）第 9 行 × 10% 的金额。

22. 第 22 行“服务贸易类技术先进型服务企业减按 15% 的税率征收企业所得税”：根据相关政策规定，经认定的技术先进型服务企业（服务贸易类）减按 15% 的税率征收企业所得税。本行填报本期《中华人民共和国企业所得税月（季）度预缴纳税申报表（A 类)》（A200000）第 9 行 ×10% 的金额。

23. 第 23 行“二十三、设在西部地区的鼓励类产业企业减按 15% 的税率征收企业所得税”：根据《财政部　海关总署　国家税务总局关于深入实施西部大开发战略有关税收政策问题的通知》（财税〔2011〕58 号）、《国家税务总局关于深入实施西部大开发战略有关企业所得税问题的公告》（国家税务总局公告 2012 年第 12 号）、《财政部 海关总署 国家税务总局关于赣州市执行西部大开发税收政策问题的通知》（财税〔2013〕4 号）、《西部地区鼓励类产业目录》（中华人民共和国国家发展和改革委员会令第 15 号）、《国家税务总局关于执行〈西部地区鼓励类产业目录〉有关企业所得税问题的公告》（国家税务总局公告 2015 年第 14 号）等规定，对设在西部地区的鼓励类产业企业减按 15% 的税率征收企业所得税；对设在赣州市的鼓励类产业的内资和外商投资企业减按 15% 税率征收企业所得税。本行填报根据本期《中华人民共和国企业所得税月（季）度预缴纳税申报表（A 类)》（A200000）第 9 行计算的减征企业所得税的本年累计金额。

跨地区经营汇总纳税企业总机构和分支机构因享受该项优惠政策适用不同税率的，本行填报按照《国家税务总局关于印发〈跨地区经营汇总纳税企业所得税征收管理办法〉的公告》（国家税务总局公告 2012 年第 57 号）第十八条规定计算的减免税额。

24. 第24行“二十四、新疆困难地区新办企业定期减免企业所得税”：根据《财政部　国家税务总局关于新疆困难地区新办企业所得税优惠政策的通知》（财税〔2011〕53号）、《财政部 国家税务总局 国家发展改革委 工业和信息化部关于完善新疆困难地区重点鼓励发展产业企业所得税优惠目录的通知》（财税〔2016〕85号）等规定，对在新疆困难地区新办的属于《新疆困难地区重点鼓励发展产业企业所得税优惠目录》范围内的企业，自取得第一笔生产经营收入所属纳税年度起，第一年至第二年免征企业所得税，第三年至第五年减半征收企业所得税。本行填报根据本期《中华人民共和国企业所得税月（季）度预缴纳税申报表（A类）》（A200000）第9行计算的免征、减征企业所得税的本年累计金额。

25. 第25行“二十五、新疆喀什、霍尔果斯特殊经济开发区新办企业定期免征企业所得税”：根据《财政部　国家税务总局关于新疆喀什 霍尔果斯两个特殊经济开发区企业所得税优惠政策的通知》（财税〔2011〕112号）、《财政部 国家税务总局 国家发展改革委 工业和信息化部关于完善新疆困难地区重点鼓励发展产业企业所得税优惠目录的通知》（财税〔2016〕85号）等规定，对在新疆喀什、霍尔果斯两个特殊经济开发区内新办的属于《新疆困难地区重点鼓励发展产业企业所得税优惠目录》范围内的企业，自取得第一笔生产经营收入所属纳税年度起，五年内免征企业所得税。本行填报根据本期《中华人民共和国企业所得税月（季）度预缴纳税申报表（A类）》（A200000）第9行计算的免征企业所得税的本年累计金额。

26. 第26行“二十六、广东横琴、福建平潭、深圳前海等地区的鼓励类产业企业减按15%税率征收企业所得税”：根据《财政部　国家税务总局关于广东横琴新区、福建平潭综合实验区、深圳前海深港现代化服务业合作区企业所得税优惠政策及优惠目录的通知》（财税〔2014〕26号）、《财政部　税务总局关于平潭综合实验区企业所得税优惠目录增列有关旅游产业项目的通知》（财税〔2017〕75号）等规定，对设在广东横琴新区、福建平潭综合实验区和深圳前海深港现代服务业合作区的鼓励类产业企业减按15%的税率征收企业所得税。本行填报根据本期《中华人民共和国企业所得税月（季）度预缴纳税申报表（A类）》（A200000）第9行计算的减征企业所得税的本年累计金额。

27. 第27行“二十七、北京冬奥组委、北京冬奥会测试赛赛事组委会免征企业所得税”：根据《财政部　税务总局　海关总署关于北京2022年冬奥会和冬残奥会税收政策的通知》（财税〔2017〕60号）等规定，为支持发展奥林匹克运动，确保北京2022年冬奥会和冬残奥会顺利举办，对北京冬奥组委免征应缴纳的企业所得税，北京冬奥会测试赛赛事组委会取得的收入及发生的涉税支出比照执行北京冬奥组委的税收政策。本行填报本期《中华人民共和国企业所得税月（季）度预缴纳税申报表（A类）》（A200000）第9行×25%的金额。

28. 第28行“二十八、其他”：填报纳税人享受的本表未列明的减免企业所得税优惠的优惠事项名称、减免税代码及免征、减征企业所得税的本年累计金额。

29. 第29行“二十九、民族自治地方的自治机关对本民族自治地方的企业应缴纳的企业所得税中属于地方分享的部分免征或减征（免征减征：减征幅度______%）”：根据《中华人民共和国企业所得税法》《财政部 国家税务总局关于贯彻落实国务院关于实施企业所得税过渡优惠政策有关问题的通知》（财税〔2008〕21号）、《中华人民共和国民族区域自治法》等规定，实行民族区域自治的自治区、自治州、自治县的自治机关对本民族自治地方的企业应缴纳的企业所得税中属于地方分享的部分，可以决定免征或减征，自治州、自治县决定减征或者免征的，须报省、自治区、直辖市人民政府批准。

纳税人填报该行次时，根据享受政策的类型选择“免征”或“减征”，二者必选其一。选择“免征”是指免征企业所得税税收地方分享部分；选择“减征：减征幅度______%”是指减征企业所得税税收地方分享部分。此时需填写“减征幅度”，减征幅度填写范围为1至100，表示企业所得税税收地方分享部分的减征比例。通常情况下，本行填报［《中华人民共和国企业所得税月（季）度预缴纳税申报表（A类）》（A200000）第11行“应纳所得税额”－本表第1行至第28行合计金额］×40%×减征幅度。例如：地方分享部分减半征收，则选择“减征”，并在“减征幅度”后填写“50%”。

30. 第30行“合计”：根据相关行次计算结果填报。本行＝第1＋2＋3＋4＋5＋…＋29行。

二、表内、表间关系

（一）表内关系

第30行＝第1＋2＋3＋4＋5＋…＋29行。

（二）表间关系

第30行＝表A200000第12行。

任务四　完成重庆万君餐饮管理有限公司2020年汇算清缴

一、企业基础信息表

A000000　　　　　　**企业所得税年度纳税申报基础信息表**

<table>
<tr><td colspan="6">基本经营情况（必填项目）</td></tr>
<tr><td>101 纳税申报企业类型（填写代码）</td><td></td><td colspan="3">102 分支机构就地纳税比例（%）</td><td></td></tr>
<tr><td>103 资产总额（填写平均值，单位：万元）</td><td></td><td colspan="3">104 从业人数（填写平均值，单位：人）</td><td></td></tr>
<tr><td>105 所属国民经济行业（填写代码）</td><td></td><td colspan="3">106 从事国家限制或禁止行业</td><td>□是□否</td></tr>
<tr><td>107 适用会计准则或会计制度（填写代码）</td><td></td><td colspan="3">108 采用一般企业财务报表格式</td><td>□是□否</td></tr>
<tr><td>109 小型微利企业</td><td>□是□否</td><td colspan="3">110 上市公司</td><td>□是（□境内□境外）□否</td></tr>
<tr><td colspan="6">有关涉税情况（存在或者发生下列事项时必填）</td></tr>
<tr><td>201 从事股权投资业务</td><td>□是</td><td colspan="3">202 存在境外关联交易</td><td>□是</td></tr>
<tr><td>203 选择采用的境外所得抵免方式</td><td colspan="5">□分国（地区）不分项□不分国（地区）不分项□否）</td></tr>
<tr><td>204 有限合伙制创业投资企业的法人合伙人</td><td>□是</td><td colspan="3">205 创业投资企业</td><td>□是</td></tr>
<tr><td>206 技术先进型服务企业类型（填写代码）</td><td></td><td colspan="3">207 非营利组织</td><td>□是</td></tr>
<tr><td>208 软件、集成电路企业类型（填写代码）</td><td></td><td colspan="3">209 集成电路生产项目类型</td><td>□130 纳米
□65 纳米</td></tr>
<tr><td rowspan="2">210 科技型中小企业</td><td colspan="2">210－1　2018 年（申报所属期年度）入库编号 1</td><td></td><td>210－2 入库时间 1</td><td></td></tr>
<tr><td colspan="2">210－3　2019 年（所属期下一年度）入库编号 2</td><td></td><td>210－4 入库时间 2</td><td></td></tr>
<tr><td rowspan="2">211 高新技术企业申报所属期年度有效的高新技术企业证书</td><td colspan="2">211－1 证书编号 1</td><td></td><td>211－2 发证时间 1</td><td></td></tr>
<tr><td colspan="2">211－3 证书编号 2</td><td></td><td>211－4 发证时间 2</td><td></td></tr>
<tr><td>212 重组事项税务处理方式</td><td>□一般性□特殊性</td><td colspan="3">213 重组交易类型（填写代码）</td><td>□是</td></tr>
<tr><td>214 重组当事方类型（填写代码）</td><td></td><td colspan="3">215 政策性搬迁开始时间</td><td></td></tr>
</table>

续表

216 发生政策性搬迁且停止生产经营无所得年度			□是	217 政策性搬迁损失分期扣除年度		□是
218 发生非货币性资产对外投资递延纳税事项			□是	219 非货币性资产对外投资转让所得递延纳税年度		□是
220 发生技术成果投资入股递延纳税事项			□是	221 技术成果投资入股递延纳税年度		□是
222 发生资产（股权）划转特殊性税务处理事项			□是	223 债务重组所得递延纳税年度		□是
主要股东及分红（必填项目）						
股东名称	证件种类	证件号码	投资比例	当年（决议日）分配的股息、红利等权益性投资收益金额		国籍（注册地址）
其余股东合计						

纳税人在企业所得税年度纳税申报时应当向税务机关申报或者报告与确定应纳税额相关的信息。本表包括基本经营情况、有关涉税事项情况、主要股东及分红情况三部分内容。有关项目填报说明如下：

一、基本经营情况

本部分所列项目为纳税人必填（必选）内容。

1. “101 纳税申报企业类型”：纳税人根据申报所属期年度的企业经营方式情况，从《跨地区经营企业类型代码表》中选择相应的代码填入本项。

2. “102 分支机构就地纳税比例”：“101 纳税申报企业类型”为“分支机构（须进行完整年度申报并按比例纳税）”需要同时填报本项。分支机构填报年度纳税申报时应当就地缴纳企业所得税的比例。

3. “103 资产总额”：纳税人填报资产总额的全年季度平均值，单位为万元，保留小数点后 2 位。具体计算公式如下：

季度平均值 =（季初值 + 季末值）÷2

全年季度平均值 = 全年各季度平均值之和 ÷4

年度中间开业或者终止经营活动的，以其实际经营期作为一个纳税年度确定上述相关指标。

4. “104 从业人数”：纳税人填报从业人数的全年季度平均值，单位为人。从业人数是指与企业建立劳动关系的职工人数和企业接受的劳务派遣用工人数之和，依据和计算方法同“103 资产总额”。

5. “105 所属国民经济行业”：按照《国民经济行业分类》标准，纳税人填报所属的国民经济行业明细代码。

6. “106 从事国家限制或禁止行业”：纳税人从事行业为国家限制和禁止行业的，选择“是”；其他选择“否”。

7. “107 适用会计准则或会计制度”：纳税人根据会计核算采用的会计准则或会计制度从《会计准则或会计制度类型代码表》中选择相应的代码填入本项。

8. “108 采用一般企业财务报表格式（2018 年版）”：纳税人根据《财政部关于修订印发 2018 年度一般企业财务报表格式的通知》（财会〔2018〕15 号）规定的格式编制财务报表的，选择“是”，其他选择“否”。

9. “109 小型微利企业”：纳税人符合《中华人民共和国企业所得税法》及其实施条例、《财政部 税务总局关于进一步扩大小型微利企业所得税优惠政策范围的通知》（财税〔2018〕77 号）等文件规定的小型微利企业条件的，选择“是”，其他选择“否”。

10. “110 上市公司”：纳税人在中国境内上市的选择“境内”；在中国境外上市的选择“境外”；在境内外同时上市的可同时选择；其他选择“否”。纳税人在中国香港上市的，参照境外上市相关规定选择。

二、有关涉税事项情况

本部分所列项目为条件必填（必选）内容，当纳税人存在或发生下列事项时，必须填报。纳税人未填报的，视同不存在或未发生下列事项。

1. “201 从事股权投资业务”：纳税人从事股权投资业务的（包括集团公司总部、创业投资企业等），选择“是”。

2. “202 存在境外关联交易”：纳税人存在境外关联交易的，选择“是”。

3. “203 选择采用的境外所得抵免方式”：纳税人适用境外所得税收抵免政策，且根据《财政部　税务总局关于完善企业境外所得税收抵免政策问题的通知》（财税〔2017〕84 号）文件规定选择按国（地区）别分别计算其来源于境外的应纳税所得额，即“分国（地区）不分项”的，选择“分国（地区）不分项”；纳税人适用境外所得税收抵免政策，且根据财税〔2017〕84 号文件规定选择不按国（地区）别汇总计算其来源于境外的应纳税所得额，即“不分国（地区）不分项”的，选择“不分国（地区）不分项”。境外所得抵免方式一经选择，5 年内不得变更。

4. “204 有限合伙制创业投资企业的法人合伙人”：纳税人投资于有限合伙制创业投资企业且为其法人合伙人的，选择“是”。本项目中的有限合伙制创业投资企业的法人合伙人是指符合《中华人民共和国合伙企业法》《创业投资企业管理暂行办法》（国家发展和改革委员会令第 39 号）、《外商投资创业投资企业管理规定》（外经贸部、科技部、工商总局、税务总局、外汇管理局令 2003 年第 2 号发布，商务部令 2015 年第 2 号修改）、《私募投资基金监督管理暂行办法》（证监会令第 105 号）关于创业投资基金的特别规定等规定的创业投资企业法人合伙人。有限合伙制创业投资企业的法人合伙人无论是否享受企业所得税优惠政策，均应填报本项。

5. “205 创业投资企业”：纳税人为创业投资企业的，选择“是”。本项目中的创业投资企业是指依照《创业投资企业管理暂行办法》（国家发展和改革委员会令第 39 号）和《外商投资创业投资企业管理规定》（外经贸部、科技部、工商总局、税务总局、外汇管理局令 2003 年第 2 号发布，商务部令 2015 年第 2 号修改）、《私募投资基金监督管理暂行办法》（证监会令第 105 号）关于创业投资基金的特别规定等规定，在中华人民共和国境内设立的专门从事创业投资活动的企业或其他经济组织。创业投资企业无论是否享受企业所得税优惠政策，均应填报本项。

6. “206 技术先进型服务企业类型”：纳税人为经认定的技术先进型服务企业的，从《技术先进型服务企业类型代码表》中选择相应的代码填报本项。本项目中的经认定的技术先进型服务企业是指符合《财政部 税务总局 商务部 科技部 国家发展改革委关于将技术先进型服务企业所得税政策推广至全国实施的通知》（财税〔2017〕79 号）、《财政部 税务总局 商务部 科技部 国家发展改革委关于将服务贸易创新发展试点地区技术先进型服务企业所得税政策推广至全国实施的通知》（财税〔2018〕44 号）等文件规定的企业。经认定的技术先进型服务企业无论是否享受企业所得税优惠政策，均应填报本项。

7. “207 非营利组织”：纳税人为非营利组织的，选择“是”。

8. “208 软件、集成电路企业类型”：纳税人按照企业类型从《软件、集成电路企业类型代码表》中选择相应的代码填入本项。软件、集成电路企业若符合相关企业所得税优惠政策条件的，无论是否享受企业所得税优惠，均应填报本项。

9. “209 集成电路生产项目类型”：纳税人投资集成电路线宽小于 130 纳米或集成电路线宽小于 65 纳米或投资额超过 150 亿元的集成电路生产项目，项目符合《财政部 税务总局 国家发展改革委 工业和信息化部关于集成电路生产企业有关企业所得税政策问题的通知》（财税〔2018〕27 号）等文件规定的税收优惠政策条件，且按照项目享受企业所得税优惠政策的，应填报本项。纳税人投资线宽小于 130 纳米的集成电路生产项目的，选择“130 纳米”，投资线宽小于 65 纳米或投资额超过 150 亿元的集成电路生产项目的，选择“65 纳米”；同时投资上述两类项目的，可同时选择“130 纳米”和“65 纳米”。

纳税人既符合“208 软件、集成电路企业类型”项目又符合“209 集成电路生产项目类型”项目填报条件的，应当同时填报。

10. “210 科技型中小企业”：纳税人根据申报所属期年度和申报所属期下一年度取得的科技型中小企业入库登记编号情况，填报本项目下的“210－1”“210－2”“210－3”“210－4”。如，纳税人在进行 2018 年度企业所得税汇算清缴纳税申报时，“210－1 ______（申报所属期年度）入库编号”首先应当填列“2018（申报所属期年度）入库编号”，“210－3 ______（所属期下一年度）入库编号”首先应当填列“2019（所属期下一年度）入库编号”。若纳税人在 2018 年 1 月 1 日至 2018 年 12 月 31 日之间取得科技型中小企业入库登记编号的，将相应的“编号”及“入库时间”分别填入“210－1”和“210－2”项目中；若纳税人在 2019 年 1 月 1 日至 2018 年度汇算清缴纳税申报日之间取得科技型中小企业入库登记编号的，将相应的“编号”及“入库时间”分别填入“210－3”和“210－4”项目中。纳税人符合上述填报要求的，无论是否享受企业所得税优惠政策，均应填报本项。

11. “211 高新技术企业申报所属期年度有效的高新技术企业证书”：纳税人根据申报所属期年度拥有的有效期内的高新技术企业证书情况，填报本项目下的“211－1”“211－2”“211－3”“211－4”。在申报所属期年度，如企业同时拥有两个高新技术企业证书，则两个证书情况均应填报。如：纳税人 2015 年 10 月取得高新技术企业证书，有效期 3 年，2018 年再次参加认定并于 2018 年 11 月取得新高新技术企业证书，纳税人在进行 2018 年度企业所得税汇算清缴纳税申报时，应将两个证书的“编号”及“发证时间”分别填入“211－1”“211－2”“211－3”“211－4”项目中。纳税人符合上述填报要求的，无论是否享受企业所得税优惠政策，均应填报本项。

12. “212 重组事项税务处理方式”：纳税人在申报所属期年度发生重组事项的，应填报本项。纳税人重组事项按一般性税务处理的，选择“一般性”；重组事项按特殊性税务处理的，选择“特殊性”。

13. “213 重组交易类型”和“214 重组当事方类型”：填报“212 重组事项税务处理方式”的纳税人，应当同时填报“213 重组交易类型”和“214 重组当事方类型”。纳税人根据重组情况从《重组交易类型和当事方类型代码表》中选择相应代码分别填入对应项目中。重组交易类型和当事方类型根据《财政部　国家税务总局关于企业重组业务企业所得税处理若干问题的通知》（财税〔2009〕59 号）、《国家税务总局关于企业重组业务企业所得税征收管理若干问题的公告》（国家税务总局公告 2015 年第 48 号发布、国家税务总局公告 2018 年第 31 号修改）等文件规定判断。

14. “215 政策性搬迁开始时间”：纳税人发生政策性搬迁事项且申报所属期年度处在搬迁期内的，填报政策性搬迁开始的时间。

15 “216 发生政策性搬迁且停止生产经营无所得年度”：纳税人的申报所属期年度处于政策性搬迁期内，且停止生产经营无所得的，选择“是”。

16. “217 政策性搬迁损失分期扣除年度”：纳税人发生政策性搬迁事项出现搬迁损失，按照《企业政策性搬迁所得税管理办法》（国家税务总局公告 2012 年第 40 号发布）等有关规定选择自搬迁完成年度起分 3 个年度均匀在税前扣除的，且申报所属期年度处在分期扣除期间的，选择“是”。

17. “218 发生非货币性资产对外投资递延纳税事项”：纳税人在申报所属期年度发生非货币性资产对外投资递延纳税事项的，选择“是”。

18. “219 非货币性资产对外投资转让所得递延纳税年度”：纳税人以非货币性资产对外投资确认的非货币性资产转让所得，按照《财政部 国家税务总局关于非货币性资产投资企业所得税政策问题的通知》（财税〔2014〕116 号）、《国家税务总局关于非货币性资产投资企业所得税有关征管问题的公告》（国家税务总局公告 2015 年第 33 号）等文件规定，在不超过 5 年期限内分期均匀计入相应年度的应纳税所得额的，且申报所属期年度处在递延纳税期间的，选择“是”。

19. “220 发生技术成果投资入股递延纳税事项”：纳税人在申报所属期年度发生技术入股递延纳税事项的，选择“是”。

20. “221 技术成果投资入股递延纳税年度”：纳税人发生技术入股事项，按照《财政部 国家税务总局关于完善股权激励和技术入股有关所得税政策的通知》（财税〔2016〕101 号）、《国家税务总局关于股权激励和技术入股所得税征管问题的公告》（国家税务总局公告 2016 年第 62 号）等文件规定选择适用递延纳税政策，即在投资入股当期暂不纳税，递延至转让股权时按股权转让收入减去技术成果原值和合理税费后的差额计算缴纳所得税的，且申报所属期年度为转让股权年度的，选择“是”。

21. “222 发生资产（股权）划转特殊性税务处理事项”：纳税人在申报所属期年度发生《财政部 国家税务总局关于促进企业重组有关企业所得税处理问题的通知》（财税〔2014〕109 号）、《国家税务总局关于资产（股权）划转企业所得税征管问题的公告》（国家税务总局公告 2015 年第 40 号）等文件规定的资产（股权）划转特殊性税务处理事项的，选择“是”。

22. “223 债务重组所得递延纳税年度”：纳税人债务重组确认的应纳税所得额按照《财政部 国家税务总局关于企业重组业务企业所得税处理若干问题的通知》（财税〔2009〕59 号）等文件规定，在 5 个纳税年度的期间内，均匀计入各年度的应纳税所得额的，且申报所属期年度处在递延纳税期间的，选择“是”。

三、主要股东及分红情况

纳税人填报本企业投资比例位列前 10 位的股东情况。包括股东名称，证件种类（营业执照、税务登记证、组织机构代码证、身份证、护照等），证件号码（统一社会信用代码、纳税人识别号、组织机构代码号、身份证号、护照号等），投资比例，当年（决议日）分配的股息、红利等权益性投资收益金额，国籍（注册地址）。纳税人股东数量超过 10 位的，应将其余股东有关数据合计后填入“其余股东合计”行次。

纳税人股东为非居民企业的，证件种类和证件号码可不填报。

二、中华人民共和国企业所得税年度纳税申报表（A类）

A100000　　　　中华人民共和国企业所得税年度纳税申报表（A类）

行次	类别	项目	金额
1	利润总额计算	一、营业收入（填写A101010\101020\103000）	
2		减：营业成本（填写A102010\102020\103000）	
3		减：税金及附加	
4		减：销售费用（填写A104000）	
5		减：管理费用（填写A104000）	
6		减：财务费用（填写A104000）	
7		减：资产减值损失	
8		加：公允价值变动收益	
9		加：投资收益	
10		二、营业利润（1-2-3-4-5-6-7+8+9）	
11		加：营业外收入（填写A101010\101020\103000）	
12		减：营业外支出（填写A102010\102020\103000）	
13		三、利润总额（10+11-12）	
14	应纳税所得额计算	减：境外所得（填写A108010）	
15		加：纳税调整增加额（填写A105000）	
16		减：纳税调整减少额（填写A105000）	
17		减：免税、减计收入及加计扣除（填写A107010）	
18		加：境外应税所得抵减境内亏损（填写A108000）	
19		四、纳税调整后所得（13-14+15-16-17+18）	
20		减：所得减免（填写A107020）	
21		减：弥补以前年度亏损（填写A106000）	
22		减：抵扣应纳税所得额（填写A107030）	
23		五、应纳税所得额（19-20-21-22）	
24	应纳税额计算	税率（25%）	
25		六、应纳所得税额（23×24）	
26		减：减免所得税额（填写A107040）	
27		减：抵免所得税额（填写A107050）	
28		七、应纳税额（25-26-27）	
29		加：境外所得应纳所得税额（填写A108000）	
30		减：境外所得抵免所得税额（填写A108000）	
31		八、实际应纳所得税额（28+29-30）	
32		本年累计实际已缴纳的所得税额	
33		九、本年应补（退）所得额（31-32）	
34		其中：总机构分摊本年应补（退）所得税额（填写A109000）	
35		财政集中分配本年应补（退）所得税额（填写A109000）	
36		总机构主体生产经营部门分摊本年应补（退）所得税额（填写A109000）	

填表说明：

本表为企业所得税年度纳税申报表的主表，纳税人应当根据《中华人民共和国企业所得税法》及其实施条例（以下简称“税法”）、相关税收政策，以及国家统一会计制度（企业会计准则、小企业会计准则、企业会计制度、事业单位会计准则和民间非营利组织会计制度等）的规定，计算填报利润总额、应纳税所得额和应纳税额等有关项目。

纳税人在计算企业所得税应纳税所得额及应纳税额时，会计处理与税收规定不一致的，应当按照税收规定计算。税收规定不明确的，在没有明确规定之前，暂按国家统一会计制度计算。

一、有关项目填报说明

（一）表体项目

本表是在纳税人会计利润总额的基础上，加减纳税调整等金额后计算出“纳税调整后所得”。会计与税法的差异（包括收入类、扣除类、资产类等差异）通过《纳税调整项目明细表》（A105000）集中填报。

本表包括利润总额计算、应纳税所得额计算、应纳税额计算三个部分。

1. “利润总额计算”中的项目，按照国家统一会计制度规定计算填报。实行企业会计准则、小企业会计准则、企业会计制度、分行业会计制度的纳税人，其数据直接取自《利润表》（另有说明的除外）；实行事业单位会计准则的纳税人，其数据取自《收入支出表》；实行民间非营利组织会计制度的纳税人，其数据取自《业务活动表》；实行其他国家统一会计制度的纳税人，根据本表项目进行分析填报。

2. “应纳税所得额计算”和“应纳税额计算”中的项目，除根据主表逻辑关系计算以外，通过附表相应栏次填报。

（二）行次说明

第1－13行参照国家统一会计制度规定填写。本部分未设“研发费用”“其他收益”“资产处置收益”等项目，对于已执行《财政部关于修订印发2018年度一般企业财务报表格式的通知》（财会〔2018〕15号）的纳税人，在《利润表》中归集的“研发费用”通过《期间费用明细表》（A104000）第19行“十九、研究费用”的管理费用相应列次填报；在《利润表》中归集的“其他收益”“资产处置收益”“信用减值损失”“净敞口套期收益”项目则无需填报，同时第10行“二、营业利润”不执行“第10行＝第1－2－3－4－5－6－7＋8＋9行”的表内关系，按照《利润表》“营业利润”项目直接填报。

1. 第1行“营业收入”：填报纳税人主要经营业务和其他经营业务取得的收入总额。本行根据“主营业务收入”和“其他业务收入”的数额填报。一般企业纳税人根据《一般企业收入明细表》（A101010）填报；金融企业纳税人根据《金融企业收入明细表》（A101020）填报；事业单位、社会团体、民办非企业单位、非营利组织等纳税人根据《事业单位、民间非营利组织收入、支出明细表》（A103000）填报。

2. 第2行“营业成本”项目：填报纳税人主要经营业务和其他经营业务发生的成本总额。本行根据“主营业务成本”和“其他业务成本”的数额填报。一般企业纳税人根据《一般企业成本支出明细表》（A102010）填报；金融企业纳税人根据《金融企业支出明细表》（A102020）填报；事业单位、社会团体、民办非企业单位、非营利组织等纳税人，根据《事业单位、民间非营利组织收入、支出明细表》（A103000）填报。

3. 第3行“税金及附加”：填报纳税人经营活动发生的消费税、城市维护建设税、资源税、土地增值税和教育费附加等相关税费。本行根据纳税人相关会计科目填报。纳税人在其他会计科目核算的税金不得重复填报。

4. 第4行“销售费用”：填报纳税人在销售商品和材料、提供劳务的过程中发生的各种费用。本行根据《期间费用明细表》（A104000）中对应的“销售费用”填报。

5. 第5行“管理费用”：填报纳税人为组织和管理企业生产经营发生的管理费用。本行根据《期间费用明细表》（A104000）中对应的“管理费用”填报。

6. 第6行“财务费用”：填报纳税人为筹集生产经营所需资金等发生的筹资费用。本行根据《期间费用明细表》（A104000）中对应的“财务费用”填报。

7. 第7行“资产减值损失”：填报纳税人计提各项资产准备发生的减值损失。本行根据企业“资产减值损失”科目上的数额填报。实行其他会计制度的比照填报。

8. 第8行“公允价值变动收益”：填报纳税人在初始确认时划分为以公允价值计量且其变动计入当期损益的金融资产或金融负债（包括交易性金融资产或负债，直接指定为以公允价值计量且其变动计入当期损益的金融资产或金融负债），以及采用公允价值模式计量的投资性房地产、衍生工具和套期业务中公允价值变动形成的应计入当期损益的利得或损失。本行根据企业“公允价值变动损益”科目的数额填报，损失以“－”号填列。

9. 第9行“投资收益”：填报纳税人以各种方式对外投资所取得的收益或发生的损失。根据企业“投资收益”科目的数额计算填报，实行事业单位会计准则的纳税人根据“其他收入”科目中的投资收益金额分析填报，损失以“－”号填列。实行其他会计制度的纳税人比照填报。

10. 第10行“营业利润”：填报纳税人当期的营业利润。根据上述项目计算填报。已执行《财政部关于修订印发2018年度一般企业财务报表格式的通知》（财会〔2018〕15号）的纳税人，根据《利润表》对应项目填列。

11. 第 11 行“营业外收入”：填报纳税人取得的与其经营活动无直接关系的各项收入的金额。一般企业纳税人根据《一般企业收入明细表》（A101010）填报；金融企业纳税人根据《金融企业收入明细表》（A101020）填报；实行事业单位会计准则或民间非营利组织会计制度的纳税人根据《事业单位、民间非营利组织收入、支出明细表》（A103000）填报。

12. 第 12 行“营业外支出”：填报纳税人发生的与其经营活动无直接关系的各项支出的金额。一般企业纳税人根据《一般企业成本支出明细表》（A102010）填报；金融企业纳税人根据《金融企业支出明细表》（A102020）填报；实行事业单位会计准则或民间非营利组织会计制度的纳税人根据《事业单位、民间非营利组织收入、支出明细表》（A103000）填报。

13. 第 13 行“利润总额”：填报纳税人当期的利润总额。根据上述项目计算填报。

14. 第 14 行“境外所得”：填报纳税人取得的境外所得且已计入利润总额的金额。本行根据《境外所得纳税调整后所得明细表》（A108010）填报。

15. 第 15 行“纳税调整增加额”：填报纳税人会计处理与税收规定不一致，进行纳税调整增加的金额。本行根据《纳税调整项目明细表》（A105000）“调增金额”列填报。

16. 第 16 行“纳税调整减少额”：填报纳税人会计处理与税收规定不一致，进行纳税调整减少的金额。本行根据《纳税调整项目明细表》（A105000）“调减金额”列填报。

17. 第 17 行“免税、减计收入及加计扣除”：填报属于税收规定免税收入、减计收入、加计扣除金额。本行根据《免税、减计收入及加计扣除优惠明细表》（A107010）填报。

18. 第 18 行“境外应税所得抵减境内亏损”：当纳税人选择不用境外所得抵减境内亏损时，填报 0；当纳税人选择用境外所得抵减境内亏损时，填报境外所得抵减当年度境内亏损的金额。用境外所得弥补以前年度境内亏损的，还需填报《企业所得税弥补亏损明细表》（A106000）和《境外所得税收抵免明细表》（A108000）。

19. 第 19 行“纳税调整后所得”：填报纳税人经过纳税调整、税收优惠、境外所得计算后的所得额。

20. 第 20 行“所得减免”：填报属于税收规定的所得减免金额。本行根据《所得减免优惠明细表》（A107020）填报。

21. 第 21 行“弥补以前年度亏损”：填报纳税人按照税收规定可在税前弥补的以前年度亏损数额。本行根据《企业所得税弥补亏损明细表》（A106000）填报。

22. 第 22 行“抵扣应纳税所得额”：填报根据税收规定应抵扣的应纳税所得额。本行根据《抵扣应纳税所得额明细表》（A107030）填报。

23. 第 23 行“应纳税所得额”：填报第 19 - 20 - 21 - 22 行金额。按照上述行次顺序计算结果为负数的，本行按 0 填报。

24. 第 24 行“税率”：填报税收规定的税率 25%。

25. 第 25 行“应纳所得税额”：填报第 23 × 24 行金额。

26. 第 26 行“减免所得税额”：填报纳税人按税收规定实际减免的企业所得税额。本行根据《减免所得税优惠明细表》（A107040）填报。

27. 第 27 行“抵免所得税额”：填报企业当年的应纳所得税额中抵免的金额。本行根据《税额抵免优惠明细表》（A107050）填报。

28. 第 28 行“应纳税额”：填报第 25 - 26 - 27 行金额。

29. 第 29 行“境外所得应纳所得税额”：填报纳税人来源于中国境外的所得，按照我国税收规定计算的应纳所得税额。本行根据《境外所得税收抵免明细表》（A108000）填报。

30. 第 30 行“境外所得抵免所得税额”：填报纳税人来源于中国境外所得依照中国境外税收法律以及相关规定应缴纳并实际缴纳（包括视同已实际缴纳）的企业所得税性质的税款（准予抵免税款）。本行根据《境外所得税收抵免明细表》（A108000）填报。

31. 第 31 行“实际应纳所得税额”：填报第 28 + 29 - 30 行金额。其中，跨地区经营企业类型为“分支机构（须进行完整年度申报并按比例纳税）”的纳税人，填报（第 28 + 29 - 30 行）×“分支机构就地纳税比例”金额。

32. 第 32 行“本年累计实际已缴纳的所得税额”：填报纳税人按照税收规定本纳税年度已在月（季）度累计预缴的所得税额，包括按照税收规定的特定业务已预缴（征）的所得税额，建筑企业总机构直接管理的跨地区设立的项目部按规定向项目所在地主管税务机关预缴的所得税额。

33. 第 33 行“本年应补（退）的所得税额”：填报第 31 - 32 行金额。

34. 第 34 行“总机构分摊本年应补（退）所得税额”：填报汇总纳税的总机构按照税收规定在总机构所在地分摊本年应补（退）所得税额。本行根据《跨地区经营汇总纳税企业年度分摊企业所得税明细表》（A109000）填报。

35. 第 35 行“财政集中分配本年应补（退）所得税额”：填报汇总纳税的总机构按照税收规定财政集中分配本年应

补（退）所得税款。本行根据《跨地区经营汇总纳税企业年度分摊企业所得税明细表》（A109000）填报。

36. 第 36 行“总机构主体生产经营部门分摊本年应补（退）所得税额”：填报汇总纳税的总机构所属的具有主体生产经营职能的部门按照税收规定应分摊的本年应补（退）所得税额。本行根据《跨地区经营汇总纳税企业年度分摊企业所得税明细表》（A109000）填报。

二、表内、表间关系

（一）表内关系

1. 第 10 行 = 第 1 - 2 - 3 - 4 - 5 - 6 - 7 + 8 + 9 行。已执行财会〔2018〕15 号的纳税人，不执行本规则。

2. 第 13 行 = 第 10 + 11 - 12 行。

3. 第 19 行 = 第 13 - 14 + 15 - 16 - 17 + 18 行。

4. 第 23 行 = 第 19 - 20 - 21 - 22 行。

5. 第 25 行 = 第 23 × 24 行。

6. 第 28 行 = 第 25 - 26 - 27 行。

7. 第 31 行 = 第 28 + 29 - 30 行。其中，跨地区经营企业类型为“分支机构（须进行完整年度申报并按比例纳税）”的纳税人，第 31 行 = （第 28 + 29 - 30 行）× 表 A000000“102 分支机构就地纳税比例”。

8. 第 33 行 = 第 31 - 32 行。

（二）表间关系

1. 第 1 行 = 表 A101010 第 1 行或表 A101020 第 1 行或表 A103000 第 2 + 3 + 4 + 5 + 6 行或表 A103000 第 11 + 12 + 13 + 14 + 15 行。

2. 第 2 行 = 表 A102010 第 1 行或表 A102020 第 1 行或表 A103000 第 19 + 20 + 21 + 22 行或表 A103000 第 25 + 26 + 27 行。

3. 第 4 行 = 表 A104000 第 26 行第 1 列。

4. 第 5 行 = 表 A104000 第 26 行第 3 列。

5. 第 6 行 = 表 A104000 第 26 行第 5 列。

6. 第 9 行 = 表 A103000 第 8 行或者第 16 行（仅限于填报表 A103000 的纳税人，其他纳税人根据财务核算情况自行填写）。

7. 第 11 行 = 表 A101010 第 16 行或表 A101020 第 35 行或表 A103000 第 9 行或第 17 行。

8. 第 12 行 = 表 A102010 第 16 行或表 A102020 第 33 行或表 A103000 第 23 行或第 28 行。

9. 第 14 行 = 表 A108010 第 14 列合计 - 第 11 列合计。

10. 第 15 行 = 表 A105000 第 45 行第 3 列。

11. 第 16 行 = 表 A105000 第 45 行第 4 列。

12. 第 17 行 = 表 A107010 第 31 行。

13. 第 18 行：

（1）当第 13 - 14 + 15 - 16 - 17 行≥0，第 18 行 = 0；

（2）当第 13 - 14 + 15 - 16 - 17 < 0 且表 A108000 第 5 列合计行≥0，表 A108000 第 6 列合计行 > 0 时，第 18 行 = 表 A108000 第 5 列合计行与表 A100000 第 13 - 14 + 15 - 16 - 17 行绝对值的孰小值；

（3）当第 13 - 14 + 15 - 16 - 17 < 0 且表 A108000 第 5 列合计行≥0，表 A108000 第 6 列合计行 = 0 时，第 18 行 = 0。

14. 第 20 行：

当第 19 行≤0 时，第 20 行 = 0；

当第 19 行 > 0 时，

（1）第 19 行≥表 A107020 合计行第 11 列，第 20 行 = 表 A107020 合计行第 11 列；

（2）第 19 行 < 表 A107020 合计行第 11 列，第 20 行 = 第 19 行。

15. 第 21 行 = 表 A106000 第 11 行第 9 列。

16. 第 22 行 = 表 A107030 第 15 行第 1 列。

17. 第 26 行 = 表 A107040 第 33 行。

18. 第 27 行 = 表 A107050 第 7 行第 11 列。

19. 第 29 行 = 表 A108000 合计行第 9 列。

20. 第 30 行 = 表 A108000 合计行第 19 列。

21. 第 34 行 = 表 A109000 第 12 + 16 行。

22. 第 35 行 = 表 A109000 第 13 行。

23. 第 36 行 = 表 A109000 第 15 行。

三、一般企业收入明细表

A101010 一般企业收入明细表

行次	项　　目	金额
1	一、营业收入（2+9）	
2	（一）主营业务收入（3+5+6+7+8）	
3	1. 销售商品收入	
4	其中：非货币性资产交换收入	
5	2. 提供劳务收入	
6	3. 建造合同收入	
7	4. 让渡资产使用权收入	
8	5. 其他	
9	（二）其他业务收入（10+12+13+14+15）	
10	1. 销售材料收入	
11	其中：非货币性资产交换收入	
12	2. 出租固定资产收入	
13	3. 出租无形资产收入	
14	4. 出租包装物和商品收入	
15	5. 其他	
16	二、营业外收入（17+18+19+20+21+22+23+24+25+26）	
17	（一）非流动资产处置利得	
18	（二）非货币性资产交换利得	
19	（三）债务重组利得	
20	（四）政府补助利得	
21	（五）盘盈利得	
22	（六）捐赠利得	
23	（七）罚没利得	
24	（八）确实无法偿付的应付款项	
25	（九）汇兑收益	
26	（十）其他	

填表说明：

本表适用于执行除事业单位会计准则、非营利企业会计制度以外的其他国家统一会计制度的非金融居民纳税人填报。纳税人应根据国家统一会计制度的规定，填报“主营业务收入”“其他业务收入”和“营业外收入”。

一、有关项目填报说明

1. 第1行“营业收入”：根据主营业务收入、其他业务收入的数额计算填报。

2. 第2行“主营业务收入”：根据不同行业的业务性质分别填报纳税人核算的主营业务收入。

3. 第3行“销售商品收入”：填报从事工业制造、商品流通、农业生产以及其他商品销售的纳税人取得的主营业务收入。房地产开发企业销售开发产品（销售未完工开发产品除外）取得的收入也在此行填报。

4. 第 4 行“其中：非货币性资产交换收入”：填报纳税人发生的非货币性资产交换按照国家统一会计制度应确认的主营业务收入。

5. 第 5 行“提供劳务收入”：填报纳税人从事建筑安装、修理修配、交通运输、仓储租赁、邮电通信、咨询经纪、文化体育、科学研究、技术服务、教育培训、餐饮住宿、中介代理、卫生保健、社区服务、旅游、娱乐、加工以及其他劳务活动取得的主营业务收入。

6. 第 6 行“建造合同收入”：填报纳税人建造房屋、道路、桥梁、水坝等建筑物，以及生产船舶、飞机、大型机械设备等取得的主营业务收入。

7. 第 7 行“让渡资产使用权收入”：填报纳税人在主营业务收入核算的，让渡无形资产使用权而取得的使用费收入以及出租固定资产、无形资产、投资性房地产取得的租金收入。

8. 第 8 行“其他”：填报纳税人按照国家统一会计制度核算、上述未列举的其他主营业务收入。

9. 第 9 行：“其他业务收入”：填报根据不同行业的业务性质分别填报纳税人核算的其他业务收入。

10. 第 10 行“材料销售收入”：填报纳税人销售材料、下脚料、废料、废旧物资等取得的收入。

11. 第 11 行“其中：非货币性资产交换收入”：填报纳税人发生的非货币性资产交换按照国家统一会计制度应确认的其他业务收入。

12. 第 12 行“出租固定资产收入”：填报纳税人将固定资产使用权让与承租人获取的其他业务收入。

13. 第 13 行“出租无形资产收入”：填报纳税人让渡无形资产使用权取得的其他业务收入。

14. 第 14 行“出租包装物和商品收入”：填报纳税人出租、出借包装物和商品取得的其他业务收入。

15. 第 15 行“其他”：填报纳税人按照国家统一会计制度核算、上述未列举的其他业务收入。

16. 第 16 行“营业外收入”：填报纳税人计入本科目核算的与生产经营无直接关系的各项收入。

17. 第 17 行“非流动资产处置利得”：填报纳税人处置固定资产、无形资产等取得的净收益。

18. 第 18 行“非货币性资产交换利得”：填报纳税人发生非货币性资产交换应确认的净收益。

19. 第 19 行“债务重组利得”：填报纳税人发生的债务重组业务确认的净收益。

20. 第 20 行“政府补助利得”：填报纳税人从政府无偿取得货币性资产或非货币性资产应确认的净收益。

21. 第 21 行“盘盈利得”：填报纳税人在清查财产过程中查明的各种财产盘盈应确认的净收益。

22. 第 22 行“捐赠利得”：填报纳税人接受的来自企业、组织或个人无偿给予的货币性资产、非货币性资产捐赠应确认的净收益。

23. 第 23 行“罚没利得”：填报纳税人在日常经营管理活动中取得的罚款、没收收入应确认的净收益。

24. 第 24 行“确实无法偿付的应付款项”：填报纳税人因确实无法偿付的应付款项而确认的收入。

25. 第 25 行“汇兑收益”：填报纳税人取得企业外币货币性项目因汇率变动形成的收益应确认的收入。（该项目为执行小企业准则企业填报）

26. 第 26 行“其他”：填报纳税人取得的上述项目未列举的其他营业外收入，包括执行《企业会计准则》纳税人按权益法核算长期股权投资对初始投资成本调整确认的收益，执行《小企业会计准则》纳税人取得的出租包装物和商品的租金收入、逾期未退包装物押金收益等。

二、表内、表间关系

（一）表内关系

1. 第 1 行 = 第 2 + 9 行。

2. 第 2 行 = 第 3 + 5 + 6 + 7 + 8 行。

3. 第 9 行 = 第 10 + 12 + 13 + 14 + 15 行。

4. 第 16 行 = 第 17 + 18 + 19 + 20 + 21 + 22 + 23 + 24 + 25 + 26 行。

（二）表间关系

1. 第 1 行 = 表 A100000 第 1 行。

2. 第 16 行 = 表 A100000 第 11 行。

四、一般企业成本支出明细表

A102010 一般企业成本支出明细表

行次	项　　目	金额
1	一、营业成本（2+9）	
2	（一）主营业务成本（3+5+6+7+8）	
3	1. 销售商品成本	
4	其中：非货币性资产交换成本	
5	2. 提供劳务成本	
6	3. 建造合同成本	
7	4. 让渡资产使用权成本	
8	5. 其他	
9	（二）其他业务成本（10+12+13+14+15）	
10	1. 销售材料成本	
11	其中：非货币性资产交换成本	
12	2. 出租固定资产成本	
13	3. 出租无形资产成本	
14	4. 包装物出租成本	
15	5. 其他	
16	二、营业外成本（17+18+19+20+21+22+23+24+25+26）	
17	（一）非流动资产处置损失	
18	（二）非货币性资产交换损失	
19	（三）债务重组损失	
20	（四）非常损失	
21	（五）捐赠支出	
22	（六）赞助支出	
23	（七）罚没支出	
24	（八）坏账损失	
25	（九）无法收回的债券股权投资损失	
26	（十）其他	

填表说明：

本表适用于除金融企业、事业单位和民间非营利组织外的企业填报。纳税人应根据国家统一会计制度的规定，填报“主营业务成本”“其他业务成本”和“营业外支出”

一、有关项目填报说明

1. 第1行“营业成本”：填报纳税人主要经营业务和其他经营业务发生的成本总额。本行根据“主营业务成本”和“其他业务成本”的数额计算填报。

2. 第2行“主营业务成本”：根据不同行业的业务性质分别填报纳税人核算的主营业务成本。

3. 第3行“销售商品成本”：填报纳税人从事工业制造、商品流通、农业生产以及其他商品销售活动发生的主营业务成本。房地产开发企业销售开发产品（销售未完工开发产品除外）发生的成本也在此行填报。

4. 第4行“其中：非货币性资产交换成本”：填报纳税人发生的非货币性资产交换按照国家统一会计制度应确认的销售商品成本。

5. 第5行“提供劳务成本”：填报纳税人从事建筑安装、修理修配、交通运输、仓储租赁、邮电通信、咨询经纪、文化体育、科学研究、技术服务、教育培训、餐饮住宿、中介代理、卫生保健、社区服务、旅游、娱乐、加工以及其他劳务活动发生的主营业务成本。

6. 第6行“建造合同成本”：填报纳税人建造房屋、道路、桥梁、水坝等建筑物，以及生产船舶、飞机、大型机械设备等发生的主营业务成本。

7. 第7行“让渡资产使用权成本”：填报纳税人在主营业务成本核算的，让渡无形资产使用权而发生的使用费成本以及出租固定资产、无形资产、投资性房地产发生的租金成本。

8. 第8行“其他”：填报纳税人按照国家统一会计制度核算、上述未列举的其他主营业务成本。

9. 第9行“其他业务成本”：根据不同行业的业务性质分别填报纳税人按照国家统一会计制度核算的其他业务成本。

10. 第10行“销售材料成本”：填报纳税人销售材料、下脚料、废料、废旧物资等发生的成本。

11. 第11行“其中：非货币性资产交换成本”：填报纳税人发生的非货币性资产交换按照国家统一会计制度应确认的材料销售成本。

12. 第12行“出租固定资产成本”：填报纳税人将固定资产使用权让与承租人形成的出租固定资产成本。

13. 第13行“出租无形资产成本”：填报纳税人让渡无形资产使用权形成的出租无形资产成本。

14. 第14行“包装物出租成本”：填报纳税人出租、出借包装物形成的包装物出租成本。

15. 第15行“其他”：填报纳税人按照国家统一会计制度核算，上述未列举的其他业务成本。

16. 第16行“营业外支出”：填报纳税人计入本科目核算的与生产经营无直接关系的各项支出。

17. 第17行“非流动资产处置损失”：填报纳税人处置非流动资产形成的净损失。

18. 第18行“非货币性资产交换损失”：填报纳税人发生非货币性资产交换应确认的净损失。

19. 第19行“债务重组损失”：填报纳税人进行债务重组应确认的净损失。

20. 第20行“非常损失”：填报纳税人在营业外支出中核算的各项非正常的财产损失。

21. 第21行“捐赠支出”：填报纳税人无偿给予其他企业、组织或个人的货币性资产、非货币性资产的捐赠支出。

22. 第22行“赞助支出”：填报纳税人发生的货币性资产、非货币性资产赞助支出。

23. 第23行“罚没支出”：填报纳税人在日常经营管理活动中对外支付的各项罚款、没收收入的支出。

24. 第24行“坏账损失”：填报纳税人发生的各项坏账损失（该项目为使用小企业会计准则企业填报）。

25. 第25行“无法收回的债券股权投资损失”：填报纳税人各项无法收回的债券股权投资损失（该项目为使用小企业会计准则企业填报）。

26. 第26行“其他”：填报纳税人本期实际发生的在营业外支出核算的其他损失及支出。

二、表内、表间关系

（一）表内关系

1. 第1行=第2+9行。

2. 第2行=第3+5+6+7+8行。

3. 第9行=第10+12+13+14+15行。

4. 第16行=第17+18+…+26行。

（二）表间关系

1. 第1行=表A100000第2行。

2. 第16行=表A100000第12行。

五、期间费用明细表

A104000 期间费用明细表

行次	项目	销售费用	其中：境外支付	管理费用	其中：境外支付	财务费用	其中：境外支付
		1	2	3	4	5	6
1	一、职工薪酬						
2	二、劳务费						
3	三、咨询顾问费						
4	四、业务招待费						
5	五、广告费和业务宣传费						
6	六、佣金和手续费						
7	七、资产折旧摊销费						
8	八、财产损耗、盘亏及毁损损失						
9	九、办公费						
10	十、董事会费						
11	十一、租赁费						
12	十二、诉讼费						
13	十三、差旅费						
14	十四、保险费						
15	十五、运输、仓储费						
16	十六、修理费						
17	十七、包装费						
18	十八、技术转让费						
19	十九、研究费用						
20	二十、各项税费						
21	二十一、利息收支						
22	二十二、汇兑差额						
23	二十三、现金折扣						
24	二十四、党组织工作经费						
25	二十五、其他						
26	合计（1+2+3+…+25）						

填表说明：

本表适用于执行企业会计准则、小企业会计准则、企业会计制度、分行业会计制度的查账征收居民纳税人填报。纳税人应根据企业会计准则、小企业会计准则、企业会计、分行业会计制度规定，填报“销售费用”“管理费用”和“财务费用”等项目。

一、有关项目填报说明

1. 第1列“销售费用”：填报在销售费用科目进行核算的相关明细项目的金额，其中金融企业填报在业务及管理费科目进行核算的相关明细项目的金额。

2. 第 2 列“其中：境外支付”：填报在销售费用科目进行核算的向境外支付的相关明细项目的金额，其中金融企业填报在业务及管理费科目进行核算的相关明细项目的金额。

3. 第 3 列“管理费用”：填报在管理费用科目进行核算的相关明细项目的金额。

4. 第 4 列“其中：境外支付”：填报在管理费用科目进行核算的向境外支付的相关明细项目的金额。

5. 第 5 列“财务费用”：填报在财务费用科目进行核算的有关明细项目的金额。

6. 第 6 列“其中：境外支付”：填报在财务费用科目进行核算的向境外支付的有关明细项目的金额。

7. 第 1 行至第 25 行：根据费用科目核算的具体项目金额进行填报，如果贷方发生额大于借方发生额，应填报负数。

8. 第 26 行第 1 列：填报第 1 行至第 25 行第 1 列的合计金额。

9. 第 26 行第 2 列：填报第 1 行至第 25 行第 2 列的合计金额。

10. 第 26 行第 3 列：填报第 1 行至第 25 行第 3 列的合计金额。

11. 第 26 行第 4 列：填报第 1 行至第 25 行第 4 列的合计金额。

12. 第 26 行第 5 列：填报第 1 行至第 25 行第 5 列的合计金额。

13. 第 26 行第 6 列：填报第 1 行至第 25 行第 6 列的合计金额。

二、表内、表间关系

（一）表内关系

1. 第 26 行第 1 列 = 第 1 列第 1 + 2 + … + 20 + 25 行。

2. 第 26 行第 2 列 = 第 2 列第 2 + 3 + 6 + 11 + 15 + 16 + 18 + 19 + 25 行。

3. 第 26 行第 3 列 = 第 3 列第 1 + 2 + … + 20 + 24 + 25 行。

4. 第 26 行第 4 列 = 第 4 列第 2 + 3 + 6 + 11 + 15 + 16 + 18 + 19 + 25 行。

5. 第 26 行第 5 列 = 第 5 列第 6 + 21 + 22 + 23 + 25 行。

6. 第 26 行第 6 列 = 第 6 列第 6 + 21 + 22 + 25 行。

（二）表间关系

1. 第 26 行第 1 列 = 表 A100000 第 4 行。

2. 第 26 行第 3 列 = 表 A100000 第 5 行。

3. 第 26 行第 5 列 = 表 A100000 第 6 行。

六、纳税调整项目明细表

A105000 纳税调整项目明细表

行次	项目	账载金额	税收金额	调整金额	调减金额
1	一、收入调整项目（2 + 3 + 4 + 5 + 6 + 7 + 8 + 10 + 11）				
2	（一）视同销售收入（填写 A105010）				
3	（二）未按权责发生制原则确认的收入（填写 A105020）				
4	（三）投资收益（填写 A105030）				
5	（四）按权益法核算长期股权投资对初始投资成本调整确认收益				
6	（五）交易性金融资产初始投资调整				
7	（六）公允价值变动净损益				
8	（七）不征税收入				
9	其中：专项用途财政性资金（填写 A105040）				
10	（八）销售折扣、折让和退回				

续表

行次	项　目	账载金额	税收金额	调整金额	调减金额
11	（九）其他				
12	二、扣除类调整项目（13+14+…+24+26+27+28+29+30）				
13	（一）视同销售成本（填写A105010）				
14	（二）职工薪酬（填写A105050）				
15	（三）业务招待费支出				
16	（四）广告费和业务宣传费支出（填写A105060）				
17	（五）捐赠支出（填写A105070）				
18	（六）利息支出				
19	（七）罚金、罚款和被没收财物的损失				
20	（八）税收滞纳金、加收利息				
21	（九）赞助支出				
22	（十）与未实现融资收益相关在当期确认的财务费用				
23	（十一）佣金和手续费支出				
24	（十二）不征税收入用于支出所形成的费用				
25	其中：专项用途财政性资金用于支出所形成的费用（填写A105040）				
26	（十三）跨期扣除项目				
27	（十四）与取得收入无关的支出				
28	（十五）境外所得分摊的共同支出				
29	（十六）党组织工作经费				
30	（十七）其他				
31	三、资产类调整项目（32+33+34+35）				
32	（一）资产折旧、摊销（填写A105080）				
33	（二）资产减值准备金				
34	（三）资产损失（填写A105090）				
35	（四）其他				
36	四、特殊事项调整项目（37+38+…+42）				
37	（一）企业重组及递延纳税事项（填写A105100）				
38	（二）政策性搬迁（填写A105110）				
39	（三）特殊行业准备金（填写A105120）				
40	（四）房地产开发企业特定业务计算的纳税调整额（填写A105010）				
41	（五）合伙企业法人合伙人应分得的应纳税所得额				
42	（六）其他				
43	五、特别纳税调整应税所得				
44	六、其他				
45	合计（1+12+31+36+43+44）				

填表说明：

本表由纳税人根据税法、相关税收规定以及国家统一会计制度的规定，填报企业所得税涉税事项的会计处理、税务处理以及纳税调整情况。

一、有关项目填报说明

纳税人按照“收入类调整项目”“扣除类调整项目”“资产类调整项目”“特殊事项调整项目”“特别纳税调整应税所得”“其他”六类分项填报，汇总计算出纳税“调增金额”和“调减金额”的合计金额。

数据栏分别设置“账载金额”“税收金额”“调增金额”“调减金额”四个栏次。“账载金额”是指纳税人按照国家统一会计制度规定核算的项目金额。“税收金额”是指纳税人按照税收规定计算的项目金额。

对需填报下级明细表的纳税调整项目，其“账载金额”“税收金额”“调增金额”“调减金额”根据相应附表进行计算填报。

（一）收入类调整项目

1. 第1行“一、收入类调整项目”：根据第2行至第11行（不含第9行）进行填报。

2. 第2行“（一）视同销售收入”：根据《视同销售和房地产开发企业特定业务纳税调整明细表》（A105010）填报。第2列“税收金额”填报表A105010第1行第1列金额。第3列“调增金额”填报表A105010第1行第2列金额。

3. 第3行“（二）未按权责发生制原则确认的收入”：根据《未按权责发生制确认收入纳税调整明细表》（A105020）填报。第1列“账载金额”填报表A105020第14行第2列金额。第2列“税收金额”填报表A105020第14行第4列金额。若表A105020第14行第6列≥0，第3列“调增金额”填报表A105020第14行第6列金额。若表A105020第14行第6列<0，第4列“调减金额”填报表A105020第14行第6列金额的绝对值。

4. 第4行“（三）投资收益”：根据《投资收益纳税调整明细表》（A105030）填报。第1列“账载金额”填报表A105030第10行第1+8列的合计金额。第2列“税收金额”填报表A105030第10行第2+9列的合计金额。若表A105030第10行第11列≥0，第3列“调增金额”填报表A105030第10行第11列金额。若表A105030第10行第11列<0，第4列“调减金额”填报表A105030第10行第11列金额的绝对值。

5. 第5行“（四）按权益法核算长期股权投资对初始投资成本调整确认收益”：第4列“调减金额”填报纳税人采取权益法核算，初始投资成本小于取得投资时应享有被投资单位可辩认净资产公允价值份额的差额计入取得投资当期营业外收入的金额。

6. 第6行“（五）交易性金融资产初始投资调整”：第3列“调增金额”填报纳税人根据税收规定确认交易性金融资产初始投资金额与会计核算的交易性金融资产初始投资账面价值的差额。

7. 第7行“（六）公允价值变动净损益”：第1列“账载金额”填报纳税人会计核算的以公允价值计量的金融资产、金融负债以及投资性房地产类项目，计入当期损益的公允价值变动金额。若第1列≤0，第3列“调增金额”填报第1列金额的绝对值。若第1列>0，第4列“调减金额”填报第1列金额。

8. 第8行“（七）不征税收入”：填报纳税人计入收入总额但属于税收规定不征税的财政拨款、依法收取并纳入财政管理的行政事业性收费以及政府性基金和国务院规定的其他不征税收入。第3列“调增金额”填报纳税人以前年度取得财政性资金且已作为不征税收入处理，在5年（60个月）内未发生支出且未缴回财政部门或其他拨付资金的政府部门，应计入应税收入额的金额。第4列“调减金额”填报符合税收规定不征税收入条件并作为不征税收入处理，且已计入当期损益的金额。

9. 第9行“专项用途财政性资金”：根据《专项用途财政性资金纳税调整明细表》（A105040）填报。第3列“调增金额”填报表A105040第7行第14列金额。第4列“调减金额”填报表A105040第7行第4列金额。

10. 第10行“（八）销售折扣、折让和退回”：填报不符合税收规定的销售折扣、折让应进行纳税调整的金额和发生的销售退回因会计处理与税收规定有差异需纳税调整的金额。第1列“账载金额”填报纳税人会计核算的销售折扣、折让金额和销货退回的追溯处理的净调整额。第2列“税收金额”填报根据税收规定可以税前扣除的折扣、折让的金额和销货退回业务影响当期损益的金额。若第1列≥第2列，第3列“调增金额”填报第1－2列金额。若第1列<第2列，第4列“调减金额”填报第1－2列金额的绝对值，第4列仅为销货退回影响损益的跨期时间性差异。

11. 第11行“（九）其他”：填报其他因会计处理与税收规定有差异需纳税调整的收入类项目金额。若第2列≥第1列，第3列“调增金额”填报第2－1列金额。若第2列<第1列，第4列“调减金额”填报第2－1列金额的绝对值。

（二）扣除类调整项目

12. 第12行“二、扣除类调整项目”：根据第13行至第30行（不含第25行）填报。

13. 第13行“（一）视同销售成本”：根据《视同销售和房地产开发企业特定业务纳税调整明细表》（A105010）填报。第2列“税收金额”填报表A105010第11行第1列金额。第4列“调减金额”填报表A105010第11行第2列的绝对值。

14. 第14行“（二）职工薪酬”：根据《职工薪酬支出及纳税调整明细表》（A105050）填报。第1列“账载金额”填报表A105050第13行第1列金额。第2列“税收金额”填报表A105050第13行第5列金额。若表A105050第13行第6列≥0，第3列“调增金额”填报表A105050第13行第6列金额。若表A105050第13行第6列<0，第4列“调减金额”填报表A105050第13行第6列金额的绝对值。

15. 第15行“（三）业务招待费支出”：第1列“账载金额”填报纳税人会计核算计入当期损益的业务招待费金额。第2列“税收金额”填报按照税收规定允许税前扣除的业务招待费支出的金额。第3列“调增金额”填报第1－2列金额。

16. 第16行“（四）广告费和业务宣传费支出”：根据《广告费和业务宣传费跨年度纳税调整明细表》（A105060）填报。若表A105060第12行≥0，第3列“调增金额”填报表A105060第12行金额。若表A105060第12行<0，第4列“调减金额”填报表A105060第12行金额的绝对值。

17. 第17行“（五）捐赠支出”：根据《捐赠支出及纳税调整明细表》（A105070）填报。第1列“账载金额”填报表A105070第8行第1列金额。第2列“税收金额”填报表A105070第8行第4列金额。第3列“调增金额”填报表A105070第8行第5列金额。第4列“调减金额”填报表A105070第8行第6列金额。

18. 第18行“（六）利息支出”：第1列“账载金额”填报纳税人向非金融企业借款，会计核算计入当期损益的利息支出的金额。第2列“税收金额”填报按照税收规定允许税前扣除的利息支出的金额。若第1列≥第2列，第3列“调增金额”填报第1－2列金额。若第1列<第2列，第4列“调减金额”填报第1－2列金额的绝对值。

19. 第19行“（七）罚金、罚款和被没收财物的损失”：第1列“账载金额”填报纳税人会计核算计入当期损益的罚金、罚款和被没收财物的损失，不包括纳税人按照经济合同规定支付的违约金（包括银行罚息）、罚款和诉讼费。第3列“调增金额”填报第1列金额。

20. 第20行“（八）税收滞纳金、加收利息”：第1列“账载金额”填报纳税人会计核算计入当期损益的税收滞纳金、加收利息。第3列“调增金额”填报第1列金额。

21. 第21行“（九）赞助支出”：第1列“账载金额”填报纳税人会计核算计入当期损益的不符合税收规定的公益性捐赠的赞助支出的金额，包括直接向受赠人的捐赠、赞助支出等（不含广告性的赞助支出，广告性的赞助支出在表A105060中填报）。第3列“调增金额”填报第1列金额。

22. 第22行“（十）与未实现融资收益相关在当期确认的财务费用”：第1列“账载金额”填报纳税人会计核算的与未实现融资收益相关并在当期确认的财务费用的金额。第2列“税收金额”填报按照税收规定允许税前扣除的金额。若第1列≥第2列，第3列“调增金额”填报第1－2列金额。若第1列<第2列，第4列“调减金额”填报第1－2列金额的绝对值。

23. 第23行“（十一）佣金和手续费支出”：第1列“账载金额”填报纳税人会计核算计入当期损益的佣金和手续费金额。第2列“税收金额”填报按照税收规定允许税前扣除的佣金和手续费支出金额。第3列“调增金额”填报第1－2列金额。

24. 第24行“（十二）不征税收入用于支出所形成的费用”：第3列“调增金额”填报符合条件的不征税收入用于支出所形成的计入当期损益的费用化支出金额。

25. 第25行“专项用途财政性资金用于支出所形成的费用”：根据《专项用途财政性资金纳税调整明细表》（A105040）填报。第3列“调增金额”填报表A105040第7行第11列金额。

26. 第26行“（十三）跨期扣除项目”：填报维简费、安全生产费用、预提费用、预计负债等跨期扣除项目调整情况。第1列“账载金额”填报纳税人会计核算计入当期损益的跨期扣除项目金额。第2列“税收金额”填报按照税收规定允许税前扣除的金额。若第1列≥第2列，第3列“调增金额”填报第1－2列金额。若第1列<第2列，第4列“调减金额”填报第1－2列金额的绝对值。

27. 第27行“（十四）与取得收入无关的支出”：第1列“账载金额”填报纳税人会计核算计入当期损益的与取得收入无关的支出的金额。第3列“调增金额”填报第1列金额。

28. 第28行“（十五）境外所得分摊的共同支出”：根据《境外所得纳税调整后所得明细表》（A108010）填报。第3列“调增金额”填报表A108010合计行第16＋17列金额。

29. 第29行“（十六）党组织工作经费”：填报纳税人根据有关文件规定，为创新基层党建工作、建立稳定的经费保障制度发生的党组织工作经费及纳税调整情况。

30. 第30行"（十七）其他"：填报其他因会计处理与税收规定有差异需纳税调整的扣除类项目金额。若第1列≥第2列，第3列"调增金额"填报第1－2列金额。若第1列<第2列，第4列"调减金额"填报第1－2列金额的绝对值。

（三）资产类调整项目

31. 第31行"三、资产类调整项目"：填报资产类调整项目第32行至第35行的合计金额。

32. 第32行"（一）资产折旧、摊销"：根据《资产折旧、摊销及纳税调整明细表》（A105080）填报。第1列"账载金额"填报表A105080第36行第2列金额。第2列"税收金额"填报表A105080第36行第5列金额。若表A105080第36行第9列≥0，第3列"调增金额"填报表A105080第36行第9列金额。若表A105080第36行第9列<0，第4列"调减金额"填报表A105080第36行第9列金额的绝对值。

33. 第33行"（二）资产减值准备金"：填报坏账准备、存货跌价准备、理赔费用准备金等不允许税前扣除的各类资产减值准备金纳税调整情况。第1列"账载金额"填报纳税人会计核算计入当期损益的资产减值准备金金额（因价值恢复等原因转回的资产减值准备金应予以冲回）。若第1列≥0，第3列"调增金额"填报第1列金额。若第1列<0，第4列"调减金额"填报第1列金额的绝对值。

34. 第34行"（三）资产损失"：根据《资产损失税前扣除及纳税调整明细表》（A105090）填报。第1列"账载金额"填报表A105090第28行第1列金额。第2列"税收金额"填报表A105090第28行第5列金额。若表A105090第28行第6列≥0，第3列"调增金额"填报表A105090第28行第6列金额。若表A105090第28行第6列<0，第4列"调减金额"填报表A105090第28行第6列金额的绝对值。

35. 第35行"（四）其他"：填报其他因会计处理与税收规定有差异需纳税调整的资产类项目金额。若第1列≥第2列，第3列"调增金额"填报第1－2列金额。若第1列<第2列，第4列"调减金额"填报第1－2列金额的绝对值。

（四）特殊事项调整项目

36. 第36行"四、特殊事项调整项目"：填报特殊事项调整项目第37行至第42行的合计金额。

37. 第37行"（一）企业重组及递延纳税事项"：根据《企业重组及递延纳税事项纳税调整明细表》（A105100）填报。第1列"账载金额"填报表A105100第16行第1＋4列金额。第2列"税收金额"填报表A105100第16行第2＋5列金额。若表A105100第16行第7列≥0，第3列"调增金额"填报表A105100第16行第7列金额。若表A105100第16行第7列<0，第4列"调减金额"填报表A105100第16行第7列金额的绝对值。

38. 第38行"（二）政策性搬迁"：根据《政策性搬迁纳税调整明细表》（A105110）填报。若表A105110第24行≥0，第3列"调增金额"填报表A105110第24行金额。若表A105110第24行<0，第4列"调减金额"填报表A105110第24行金额的绝对值。

39. 第39行"（三）特殊行业准备金"：根据《特殊行业准备金及纳税调整明细表》（A105120）填报。第1列"账载金额"填报表A105120第43行第1列金额。第2列"税收金额"填报表A105120第43行第2列金额。若表A105120第43行第3列≥0，第3列"调增金额"填报表A105120第43行第3列金额。若表A105120第43行第3列<0，第4列"调减金额"填报表A105120第43行第3列金额的绝对值。

40. 第40行"（四）房地产开发企业特定业务计算的纳税调整额"：根据《视同销售和房地产开发企业特定业务纳税调整明细表》（A105010）填报。第2列"税收金额"填报表A105010第21行第1列金额。若表A105010第21行第2列≥0，第3列"调增金额"填报表A105010第21行第2列金额。若表A105010第21行第2列<0，第4列"调减金额"填报表A105010第21行第2列金额的绝对值。

41. 第41行"（五）合伙企业法人合伙人分得的应纳税所得额"：第1列"账载金额"填报合伙企业法人合伙人本年会计核算上确认的对合伙企业的投资所得。第2列"税收金额"填报纳税人按照"先分后税"原则和《财政部 国家税务总局关于合伙企业合伙人所得税问题的通知》（财税〔2008〕159号）文件第四条规定计算的从合伙企业分得的法人合伙人应纳税所得额。若第1列≤第2列，第3列"调增金额"填报第2－1列金额。若第1列>第2列，第4列"调减金额"填报第2－1列金额的绝对值。

42. 第42行"（六）其他"：填报其他因会计处理与税收规定有差异需纳税调整的特殊事项金额。

（五）特殊纳税调整所得项目

43. 第43行"五、特别纳税调整应税所得"：第3列"调增金额"填报纳税人按特别纳税调整规定自行调增的当年应税所得。第4列"调减金额"填报纳税人依据双边预约定价安排或者转让定价相应调整磋商结果的通知，需要调减的当年应税所得。

（六）其他

44. 第 44 行“六、其他”：填报其他会计处理与税收规定存在差异需纳税调整的项目金额，包括企业执行《企业会计准则第 14 号——收入》（财会〔2017〕22 号发布）产生的税会差异纳税调整金额。

45. 第 45 行“合计”：填报第 1 + 12 + 31 + 36 + 43 + 44 行的合计金额。

二、表内、表间关系

（一）表内关系

1. 第 1 行 = 第 2 + 3 + 4 + 5 + 6 + 7 + 8 + 10 + 11 行。

2. 第 12 行 = 第 13 + 14 + … + 23 + 24 + 26 + 27 + 28 + 29 + 30 行。

3. 第 31 行 = 第 32 + 33 + 34 + 35 行。

4. 第 36 行 = 第 37 + 38 + 39 + 40 + 41 + 42 行。

5. 第 45 行 = 第 1 + 12 + 31 + 36 + 43 + 44 行。

（二）表间关系

1. 第 2 行第 2 列 = 表 A105010 第 1 行第 1 列；第 2 行第 3 列 = 表 A105010 第 1 行第 2 列。

2. 第 3 行第 1 列 = 表 A105020 第 14 行第 2 列；第 3 行第 2 列 = 表 A105020 第 14 行第 4 列；若表 A105020 第 14 行第 6 列 ≥0，第 3 行第 3 列 = 表 A105020 第 14 行第 6 列；若表 A105020 第 14 行第 6 列 <0，第 3 行第 4 列 = 表 A105020 第 14 行第 6 列的绝对值。

3. 第 4 行第 1 列 = 表 A105030 第 10 行第 1 + 8 列；第 4 行第 2 列 = 表 A105030 第 10 行第 2 + 9 列；若表 A105030 第 10 行第 11 列 ≥0，第 4 行第 3 列 = 表 A105030 第 10 行第 11 列；若表 A105030 第 10 行第 11 列 <0，第 4 行第 4 列 = 表 A105030 第 10 行第 11 列的绝对值。

4. 第 9 行第 3 列 = 表 A105040 第 7 行第 14 列；第 9 行第 4 列 = 表 A105040 第 7 行第 4 列。

5. 第 13 行第 2 列 = 表 A105010 第 11 行第 1 列；第 13 行第 4 列 = 表 A105010 第 11 行第 2 列的绝对值。

6. 第 14 行第 1 列 = 表 A105050 第 13 行第 1 列；第 14 行第 2 列 = 表 A105050 第 13 行第 5 列；若表 A105050 第 13 行第 6 列 ≥0，第 14 行第 3 列 = 表 A105050 第 13 行第 6 列；若表 A105050 第 13 行第 6 列 <0，第 14 行第 4 列 = 表 A105050 第 13 行第 6 列的绝对值。

7. 若表 A105060 第 12 行 ≥0，第 16 行第 3 列 = 表 A105060 第 12 行，若表 A105060 第 12 行 <0，第 16 行第 4 列 = 表 A105060 第 12 行的绝对值。

8. 第 17 行第 1 列 = 表 A105070 第 8 行第 1 列；第 17 行第 2 列 = 表 A105070 第 8 行第 4 列；第 17 行第 3 列 = 表 A105070 第 8 行第 5 列；第 17 行第 4 列 = 表 A105070 第 8 行第 6 列。

9. 第 25 行第 3 列 = 表 A105040 第 7 行第 11 列。

10. 第 28 行第 3 列 = 表 A108010 第 10 行第 16 + 17 列。

11. 第 32 行第 1 列 = 表 A105080 第 36 行第 2 列；第 32 行第 2 列 = 表 A105080 第 36 行第 5 列；若表 A105080 第 36 行第 9 列 ≥0，第 32 行第 3 列 = 表 A105080 第 36 行第 9 列；若表 A105080 第 36 行第 9 列 <0，第 32 行第 4 列 = 表 A105080 第 36 行第 9 列的绝对值。

12. 第 34 行第 1 列 = 表 A105090 第 28 行第 1 列；第 34 行第 2 列 = 表 A105090 第 28 行第 5 列；若表 A105090 第 28 行第 6 列 ≥0，第 34 行第 3 列 = 表 A105090 第 28 行第 6 列；若表 A105090 第 28 行第 6 列 <0，第 34 行第 4 列 = 表 A105090 第 28 行第 6 列的绝对值。

13. 第 37 行第 1 列 = 表 A105100 第 16 行第 1 + 4 列；第 37 行第 2 列 = 表 A105100 第 16 行第 2 + 5 列；若表 A105100 第 16 行第 7 列 ≥0，第 37 行第 3 列 = 表 A105100 第 16 行第 7 列；若表 A105100 第 16 行第 7 列 <0，第 37 行第 4 列 = 表 A105100 第 16 行第 7 列的绝对值。

14. 若表 A105110 第 24 行 ≥0，第 38 行第 3 列 = 表 A105110 第 24 行；若表 A105110 第 24 行 <0，第 38 行第 4 列 = 表 A105110 第 24 行的绝对值。

15. 第 39 行第 1 列 = 表 A105120 第 43 行第 1 列；第 39 行第 2 列 = 表 A105120 第 43 行第 2 列；若表 A105120 第 43 行第 3 列 ≥0，第 39 行第 3 列 = 表 A105120 第 43 行第 3 列；若表 A105120 第 43 行第 3 列 <0，第 39 行第 4 列 = 表 A105120 第 43 行第 3 列的绝对值。

16. 第 40 行第 2 列 = 表 A105010 第 21 行第 1 列；若表 A105010 第 21 行第 2 列 ≥0，第 40 行第 3 列 = 表 A105010 第 21 行第 2 列；若表 A105010 第 21 行第 2 列 <0，第 40 行第 4 列 = 表 A105010 第 21 行第 2 列的绝对值。

17. 第 45 行第 3 列 = 表 A100000 第 15 行；第 45 行第 4 列 = 表 A100000 第 16 行。

七、职工薪酬支出及纳税调整明细表

A105050　　　　职工薪酬支出及纳税调整明细表

行次	项目	账载金额	实际发生额	税收规定扣除率	以前年度累计结转扣除额	税收金额	纳税调整金额	累计结转以后年度扣除额
		1	2	3	4	5	6 (1－5)	7 (2＋4－5)
1	一、工资薪金支出							
2	其中：股权激励							
3	二、职工福利费支出							
4	三、职工教育经费支出							
5	其中：按税收规定比例扣除的职工教育经费							
6	按税收规定全额扣除的职工培训费用							
7	四、工会经费支出							
8	五、各类基本社会保障性缴款							
9	六、住房公积金							
10	七、补充养老保险							
11	八、补充医疗保险							
12	九、其他							
13	合计（1＋3＋4＋7＋8＋9＋10＋11＋12）							

填报说明：

纳税人根据税法、《国家税务总局关于企业工资薪金及职工福利费扣除问题的通知》（国税函〔2009〕3号）、《财政部 国家税务总局关于扶持动漫产业发展有关税收政策问题的通知》（财税〔2009〕65号）、《财政部 国家税务总局关于进一步鼓励软件产业和集成电路产业发展企业所得税政策的通知》（财税〔2012〕27号）、《国家税务总局关于我国居民企业实行股权激励计划有关企业所得税处理问题的公告》（国家税务总局公告2012年第18号）、《财政部 国家税务总局 商务部 科技部 国家发展改革委关于完善技术先进型服务企业有关企业所得税政策问题的通知》（财税〔2014〕59号）、《国家税务总局关于企业工资薪金和职工福利费等支出税前扣除问题的公告》（国家税务总局公告2015年第34号）、《财政部 税务总局关于企业职工教育经费税前扣除政策的通知》（财税〔2018〕51号）等相关规定，以及国家统一企业会计制度，填报纳税人职工薪酬会计处理、税收规定，以及纳税调整情况。纳税人只要发生相关支出，不论是否纳税调整，均需填报。

一、有关项目填报说明

1. 第1行“一、工资薪金支出”：填报纳税人本年度支付给在本企业任职或者受雇的员工的所有现金形式或非现金形式的劳动报酬及其会计核算、纳税调整等金额，具体如下：

（1）第1列“账载金额”：填报纳税人会计核算计入成本费用的职工工资、奖金、津贴和补贴金额。

（2）第2列“实际发生额”：分析填报纳税人“应付职工薪酬”会计科目借方发生额（实际发放的工资薪金）。

（3）第5列“税收金额”：填报纳税人按照税收规定允许税前扣除的金额，按照第1列和第2列分析填报。

（4）第6列“纳税调整金额”：填报第1－5列金额。

2. 第2行“股权激励”：适用于执行《上市公司股权激励管理办法》（中国证券监督管理委员会令第126号）的纳税人填报，具体如下：

（1）第 1 列“账载金额”：填报纳税人按照国家有关规定建立职工股权激励计划，会计核算计入成本费用的金额。

（2）第 2 列“实际发生额”：填报纳税人根据本年实际行权时股权的公允价格与激励对象实际行权支付价格的差额和数量计算确定的金额。

（3）第 5 列“税收金额”：填报行权时按照税收规定允许税前扣除的金额，按第 2 列金额填报。

（4）第 6 列“纳税调整金额”：填报第 1 – 5 列金额。

3. 第 3 行“二、职工福利费支出”：填报纳税人本年度发生的职工福利费及其会计核算、纳税调整等金额，具体如下：

（1）第 1 列“账载金额”：填报纳税人会计核算计入成本费用的职工福利费的金额。

（2）第 2 列“实际发生额”：分析填报纳税人“应付职工薪酬”会计科目下的职工福利费实际发生额。

（3）第 3 列“税收规定扣除率”：填报税收规定的扣除比例。

（4）第 5 列“税收金额”：填报按照税收规定允许税前扣除的金额，按第 1 行第 5 列“工资薪金支出 \ 税收金额”×税收规定扣除率与第 1 列、第 2 列三者孰小值填报。

（5）第 6 列“纳税调整金额”：填报第 1 – 5 列金额。

4. 第 4 行“三、职工教育经费支出”：填报第 5 行金额或者第 5 + 6 行金额。

5. 第 5 行“按税收规定比例扣除的职工教育经费”：适用于按照税收规定职工教育经费按比例税前扣除的纳税人填报，填报纳税人本年度发生的按税收规定比例扣除的职工教育经费及其会计核算、纳税调整等金额，具体如下：

（1）第 1 列“账载金额”填报纳税人会计核算计入成本费用的按税收规定比例扣除的职工教育经费金额，不包括第 6 行“按税收规定全额扣除的职工培训费用”金额。

（2）第 2 列“实际发生额”：分析填报纳税人“应付职工薪酬”会计科目下的职工教育经费实际发生额，不包括第 6 行“按税收规定全额扣除的职工培训费用”金额。

（3）第 3 列“税收规定扣除率”：填报税收规定的扣除比例。

（4）第 4 列“以前年度累计结转扣除额”：填报纳税人以前年度累计结转准予扣除的职工教育经费支出余额。

（5）第 5 列“税收金额”：填报纳税人按照税收规定允许税前扣除的金额（不包括第 6 行“按税收规定全额扣除的职工培训费用”金额），按第 1 行第 5 列“工资薪金支出 \ 税收金额”×税收规定扣除率与第 2 + 4 列的孰小值填报。

（6）第 6 列“纳税调整金额”：填报第 1 – 5 列金额。

（7）第 7 列“累计结转以后年度扣除额”：填报第 2 + 4 – 5 列金额。

6. 第 6 行“按税收规定全额扣除的职工培训费用”：适用于按照税收规定职工培训费用允许全额税前扣除的纳税人填报，填报纳税人本年度发生的按税收规定全额扣除的职工培训费用及其会计核算、纳税调整等金额，具体如下：

（1）第 1 列“账载金额”：填报纳税人会计核算计入成本费用的按税收规定全额扣除的职工培训费用金额。

（2）第 2 列“实际发生额”：分析填报纳税人“应付职工薪酬”会计科目下的职工教育经费本年实际发生额中可全额扣除的职工培训费用金额。

（3）第 3 列“税收规定扣除率”：填报税收规定的扣除比例（100%）。

（4）第 5 列“税收金额”：填报按照税收规定允许税前扣除的金额，按第 2 列金额填报。

（5）第 6 列“纳税调整金额”：填报第 1 – 5 列金额。

7. 第 7 行“四、工会经费支出”：填报纳税人本年度拨缴工会经费及其会计核算、纳税调整等金额，具体如下：

（1）第 1 列“账载金额”：填报纳税人会计核算计入成本费用的工会经费支出金额。

（2）第 2 列“实际发生额”：分析填报纳税人“应付职工薪酬”会计科目下的工会经费本年实际发生额。

（3）第 3 列“税收规定扣除率”：填报税收规定的扣除比例。

（4）第 5 列“税收金额”：填报按照税收规定允许税前扣除的金额，按第 1 行第 5 列“工资薪金支出 \ 税收金额”×税收规定扣除率与第 1 列、第 2 列三者孰小值填报。

（5）第 6 列“纳税调整金额”：填报第 1 – 5 列金额。

8. 第 8 行“五、各类基本社会保障性缴款”：填报纳税人依照国务院有关主管部门或者省级人民政府规定的范围和标准为职工缴纳的基本社会保险费及其会计核算、纳税调整等金额，具体如下：

（1）第 1 列“账载金额”：填报纳税人会计核算的各类基本社会保障性缴款的金额。

（2）第 2 列“实际发生额”：分析填报纳税人“应付职工薪酬”会计科目下的各类基本社会保障性缴款本年实际发生额。

（3）第5列“税收金额”：填报按照税收规定允许税前扣除的各类基本社会保障性缴款的金额，按纳税人依照国务院有关主管部门或者省级人民政府规定的范围和标准计算的各类基本社会保障性缴款的金额、第1列及第2列孰小值填报。

（4）第6列“纳税调整金额”：填报第1－5列金额。

9. 第9行“六、住房公积金”：填报纳税人依照国务院有关主管部门或者省级人民政府规定的范围和标准为职工缴纳的住房公积金及其会计核算、纳税调整等金额，具体如下：

（1）第1列“账载金额”：填报纳税人会计核算的住房公积金金额。

（2）第2列“实际发生额”：分析填报纳税人“应付职工薪酬”会计科目下的住房公积金本年实际发生额。

（3）第5列“税收金额”：填报按照税收规定允许税前扣除的住房公积金金额，按纳税人依照国务院有关主管部门或者省级人民政府规定的范围和标准计算的住房公积金金额、第1列及第2列三者孰小值填报。

（4）第6列“纳税调整金额”：填报第1－5列金额。

10. 第10行“七、补充养老保险”：填报纳税人为投资者或者职工支付的补充养老保险费及其会计核算、纳税调整等金额，具体如下：

（1）第1列“账载金额”：填报纳税人会计核算的补充养老保险金额。

（2）第2列“实际发生额”：分析填报纳税人“应付职工薪酬”会计科目下的补充养老保险本年实际发生额。

（3）第3列“税收规定扣除率”：填报税收规定的扣除比例。

（4）第5列“税收金额”：填报按照税收规定允许税前扣除的补充养老保险的金额，按第1行第5列“工资薪金支出\税收金额”×税收规定扣除率与第1列、第2列三者孰小值填报。

（5）第6列“纳税调整金额”：填报第1－5列金额。

11. 第11行“八、补充医疗保险”：填报纳税人为投资者或者职工支付的补充医疗保险费及其会计核算、纳税调整等金额，具体如下：

（1）第1列“账载金额”：填报纳税人会计核算的补充医疗保险金额。

（2）第2列“实际发生额”：分析填报纳税人“应付职工薪酬”会计科目下的补充医疗保险本年实际发生额。

（3）第3列“税收规定扣除率”：填报税收规定的扣除比例。

（4）第5列“税收金额”：填报按照税收规定允许税前扣除的补充医疗保险的金额，按第1行第5列“工资薪金支出\税收金额”×税收规定扣除率与第1列、第2列三者孰小值填报。

（5）第6列“纳税调整金额”：填报第1－5列金额。

12. 第12行“九、其他”：填报其他职工薪酬的金额及其会计核算、纳税调整等金额。

13. 第13行“合计”：填报第1+3+4+7+8+9+10+11+12行金额。

二、表内、表间关系

（一）表内关系

1. 第4行=第5行或第5+6行。

2. 第13行=第1+3+4+7+8+9+10+11+12行。

3. 第6列=第1－5列。

4. 第7列=第2+4－5列。

（二）表间关系

1. 第13行第1列=表A105000第14行第1列。

2. 第13行第5列=表A105000第14行第2列。

3. 若第13行第6列≥0，第13行第6列=表1105000第14行第3列；若第13行第6列<0，第13行第6列的绝对值=表A105000第14行第4列。

八、广告费和业务宣传费跨年度纳税调整明细表

A105060 广告费和业务宣传费跨年度纳税调整明细表

行次	项　　目	金额
1	一、本年广告费和业务宣传费支出	
2	减：不允许扣除的广告费和业务宣传费支出	
3	二、本年符合条件的广告费和业务宣传费支出（1-2）	
4	三、本年计算广告费和业务宣传费扣除限额的销售（营业）收入	
5	乘：税收规定扣除率	
6	四、本企业计算的广告费和业务宣传费扣除限额（4×5）	
7	五、本年结转以后年度扣除额（3>6，本行=3-6；3≤6，本行=0）	
8	加：以前年度累计结转扣除额	
9	减：本年扣除的以前年度结转额［3>6，本行=0；3≤6，本行=8与（6-3）孰小值］	
10	六、按照分摊协议归集至其他关联方的广告费和业务宣传费（10≤3与6孰小值）	
11	按照分摊协议从其他关联方归集至本企业的广告费和业务宣传费	
12	七、本年广告费和业务宣传费支出纳税调整金额（3>6，本行=2+3-6+10-11；3≤6，本行=2+10-11-9）	
13	八、累计结转以后年度扣除额（7+8-9）	

一、填报说明

1. 第1行“一、本年广告费和业务宣传费支出”：填报纳税人会计核算计入本年损益的广告费和业务宣传费用金额。

2. 第2行“减：不允许扣除的广告费和业务宣传费支出”：填报税收规定不允许扣除的广告费和业务宣传费支出金额。

3. 第3行“二、本年符合条件的广告费和业务宣传费支出”：填报第1-2行的余额。

4. 第4行“三、本年计算广告费和业务宣传费扣除限额的销售（营业）收入”：填报按照税收规定计算广告费和业务宣传费扣除限额的当年销售（营业）收入。

5. 第5行“税收规定扣除率”：填报税收规定的扣除比例。

6. 第6行“四、本企业计算的广告费和业务宣传费扣除限额”：填报第4×5行的金额。

7. 第7行“五、本年结转以后年度扣除额”：若第3行>第6行，填报第3-6行的余额；若第3行≤第6行，填报0。

8. 第8行“加：以前年度累计结转扣除额”：填报以前年度允许税前扣除但超过扣除限额未扣除、结转扣除的广告费和业务宣传费的金额。

9. 第9行“减：本年扣除的以前年度结转额”：若第3行>第6行，填0；若第3行≤第6行，填报第6-3行与第8行的孰小值。

10. 第10行“六、按照分摊协议归集至其他关联方的广告费和业务宣传费”：填报签订广告费和业务宣传费分摊协议（以下简称分摊协议）的关联企业的一方，按照分摊协议，将其发生的不超过当年销售（营业）收入税前扣除限额比例内的广告费和业务宣传费支出归集至其他关联方扣除的广告费和业务宣传费，本行应≤第3行与第6行的孰小值。

11. 第11行“按照分摊协议从其他关联方归集至本企业的广告费和业务宣传费”：填报签订广告费和业务宣传费分摊协议（以下简称分摊协议）的关联企业的一方，按照分摊协议，从其他关联方归集至本企业的广告费和业务宣传费。

12. 第12行“七、本年广告费和业务宣传费支出纳税调整金额”：若第3行>第6行，填报第2+3-6+10-11行的金额；若第3行≤第6行，填报第2+10-11-9行的金额。

13. 第13行“八、累计结转以后年度扣除额”：填报第7+8-9行的金额。

二、表内、表间关系

（一）表内关系

1. 第3行=第1-2行。

2. 第6行=第4×5行。

3. 若第3>6行，第7行=第3-6行；若第3≤6行，第7行=0。

4. 若第3>6行，第9行=0；若第3≤6行，第9行=第8行与第6-3行的孰小值。

5. 若第3>6行，第12行=2+3-6+10-11行；若第3≤6行，第12行=第2-9+10-11行。

6. 第13行=第7+8-9行。

（二）表间关系

若第12行≥0，第12行=表A105000第16行第3列；若第12行<0，第12行的绝对值=表A105000第16行第3列。

九、资产折旧、摊销及纳税调整明细表

A105080

资产折旧、摊销及纳税调整明细表

行次	项目		账载金额			税收金额					纳税调整额
			资产原值	本年折旧、摊销额	累计折旧、摊销额	资产计税基础	税收折旧、摊销额	享受加速政策的资产按税收一般规定计算的本年折旧、摊销额	加速折旧、摊销统计额	累计折旧、摊销额	
			1	2	3	4	5	6	7 = 5 - 6	8	9（2 - 5）
1	一、固定资产（2 + 3 + 4 + 5 + 6 + 7）										
2	所有固定资产	（一）房屋、建筑物									
3		（二）飞机、火车、轮船、机器、机械和其他生产设备									
4		（三）与生产经营活动有关的器具、工具、家具等									
5		（四）飞机、火车、轮船以外的运输工具									
6		（五）电子设备									
7		（六）其他									
8	其中：享受固定资产加速折旧及一次性扣除政策的资产加速折旧额大于一般折旧额的部分	（一）重要行业固定资产加速折旧（不含一次性扣除）									
9		（二）其他行业研发设备加速折旧									
10		（三）固定资产一次性扣除									
11		（四）技术进步、更新换代固定资产									
12		（五）常年强震动、高腐蚀固定资产									
13		（六）外购软件折旧									
14		（七）集成电路企业生产设备									

续表

行次	项目	账载金额			税收金额					纳税调整额
		资产原值	本年折旧、摊销额	累计折旧、摊销额	资产计税基础	税收折旧、摊销额	享受加速政策的资产按税收一般规定计算的本年折旧、摊销额	加速折旧、摊销统计额	累计折旧、摊销额	
		1	2	3	4	5	6	7 = 5 - 6	8	9（2 - 5）
15	二、生产性生物资产									
16	（一）林木类									
17	（二）畜类									
18	三、无形资产									
19	（一）专利权									
20	（二）商标权									
21	（三）著作权									
22	（四）土地使用权									
23	（五）非专利技术									
24	（六）特许权使用费									
25	（七）软件									
26	其中：享受企业外购软件加速摊销政策									
27	（八）其他									
28	四、长期待摊费用									
29	（一）已足额提取折旧的固定资产的改建支出									
30	（二）租入固定资产的改建支出									
31	（三）固定资产的大修理支出									
32	（四）开办费									
33	（五）其他									
34	五、油气勘探投资									
35	六、油气开发投资									
36	合计（1 + 15 + 18 + 28 + 34 + 35）									
附列资料	全民所有制企业公司制资产评估增值政策资产									

填写说明：

本表适用于发生资产折旧、摊销的纳税人填报。纳税人根据税法、《国家税务总局关于企业固定资产加速折旧所得税处理有关问题的通知》（国税发〔2009〕81号）、《国家税务总局关于融资性售后回租业务中承租方出售资产行为有关税收问题的公告》（国家税务总局公告2010年第13号）、《国家税务总局关于企业所得税若干问题的公告》（国家税务总局公告2011年第34号）、《国家税务总局关于发布〈企业所得税政策性搬迁所得税管理办法〉的公告》（国家税务总局公告2012年第40号）、《财政部 国家税务总局关于进一步鼓励软件产业和集成电路产业发展企业所得税政策的通知》（财税〔2012〕27号）、《国家税务总局关于企业所得税应纳税所得额若干问题的公告》（国家税务总局公告2014年第29号）、《财政部 国家税务总局关于完善固定资产加速折旧税收政策有关问题的通知》（财税〔2014〕75号）、《财政部 国家税务总局关于进一步完善固定资产加速折旧企业所得税政策的通知》（财税〔2015〕106号）、《国家税务总局关于全民所有制企业公司制改制企业所得税处理问题的公告》（国家税务总局公告2017年第34号）、《财政部 税务总局关于设备器具扣除有关企业所得税政策的通知》（财税〔2018〕54号）、《国家税务总局关于设备器具扣除有关企业所得税政策执行问题的公告》（国家税务总局公告2018年第46号）等相关规定，以及国家统一企业会计制度，填报资产折旧、摊销的会计处理、税收规定，以及纳税调整情况。纳税人只要发生相关事项，均需填报本表。

一、有关项目填报说明

（一）列次填报

对于不征税收入形成的资产，其折旧、摊销额不得税前扣除。第4列至第8列税收金额不包含不征税收入所形成资产的折旧、摊销额。

1. 第1列“资产原值”：填报纳税人会计处理计提折旧、摊销的资产原值（或历史成本）的金额。

2. 第2列“本年折旧、摊销额”：填报纳税人会计核算的本年资产折旧、摊销额。

3. 第3列“累计折旧、摊销额”：填报纳税人会计核算的累计（含本年）资产折旧、摊销额。

4. 第4列“资产计税基础”：填报纳税人按照税收规定据以计算折旧、摊销的资产原值（或历史成本）的金额。

5. 第5列“税收折旧、摊销额”：填报纳税人按照税收规定计算的允许税前扣除的本年资产折旧、摊销额。

第8行至第14行、第26行第5列“税收折旧、摊销额”：填报享受相关加速折旧、摊销优惠政策的资产，采取税收加速折旧、摊销或一次性扣除方式计算的税收折旧额合计金额、摊销额合计金额。本列仅填报“税收折旧、摊销额”大于“享受加速折旧政策的资产按税收一般规定计算的折旧、摊销额”月份的金额合计。如，享受加速折旧、摊销优惠政策的资产，发生本年度某些月份其“税收折旧、摊销额”大于“享受加速折旧政策的资产按税收一般规定计算的折旧、摊销额”，其余月份其“税收折旧、摊销额”小于“享受加速折旧政策的资产按税收一般规定计算的折旧、摊销额”的情形，仅填报“税收折旧、摊销额”大于“享受加速折旧政策的资产按税收一般规定计算的折旧、摊销额”月份的税收折旧额合计金额、摊销额合计金额。

6. 第6列“享受加速折旧政策的资产按税收一般规定计算的折旧、摊销额”：仅适用于第8行至第14行、第26行，填报纳税人享受加速折旧、摊销优惠政策的资产，按照税收一般规定计算的折旧额合计金额、摊销额合计金额。按照税收一般规定计算的折旧、摊销额，是指该资产在不享受加速折旧、摊销优惠政策情况下，按照税收规定的最低折旧年限以直线法计算的折旧额、摊销额。本列仅填报“税收折旧、摊销额”大于“享受加速折旧政策的资产按税收一般规定计算的折旧、摊销额”月份的按税收一般规定计算的折旧额合计金额、摊销额合计金额。

7. 第7列“加速折旧、摊销统计额”：用于统计纳税人享受各类固定资产加速折旧政策的优惠金额，按第5－6列金额填报。

8. 第8列“累计折旧、摊销额”：填报纳税人按照税收规定计算的累计（含本年）资产折旧、摊销额。

9. 第9列“纳税调整金额”：填报第2－5列金额。

（二）行次填报

1. 第2行至第7行、第16行至第17行、第19行至第25行、第27行、第29行至第35行：填报各类资产有关情况。

2. 第 8 行至第 14 行、第 26 行：填报纳税人享受相关加速折旧、摊销优惠政策的资产有关情况及优惠统计情况。

第 8 行“（一）重要行业固定资产加速折旧”：适用于符合财税〔2014〕75 号和财税〔2015〕106 号文件规定的生物药品制造业，专用设备制造业，铁路、船舶、航空航天和其他运输设备制造业，计算机、通信和其他电子设备制造业，仪器仪表制造业，信息传输、软件和信息技术服务业 6 个行业，以及轻工、纺织、机械、汽车四大领域 18 个行业（简称“重要行业”）的企业填报，填报新购进固定资产享受加速折旧政策的有关情况及优惠统计情况。重要行业纳税人按照上述文件规定享受固定资产一次性扣除政策的资产情况在第 10 行“（三）固定资产一次性扣除”中填报。

第 9 行“（二）其他行业研发设备加速折旧”：适用于重要行业以外的其他企业填报，填报单位价值超过 100 万元以上专用研发设备采取缩短折旧年限或加速折旧方法的有关情况及优惠统计情况。

第 10 行“（三）固定资产一次性扣除”：填报新购进单位价值不超过 500 万元的设备、器具等，按照税收规定一次性扣除的有关情况及优惠统计情况。

第 11 行“（四）技术进步、更新换代固定资产”：填报固定资产因技术进步、产品更新换代较快而按税收规定享受固定资产加速折旧政策的有关情况及优惠统计情况。

第 12 行“（五）常年强震动、高腐蚀固定资产”：填报常年处于强震动、高腐蚀状态的固定资产按税收规定享受固定资产加速折旧政策的有关情况及优惠统计情况。

第 13 行“（六）外购软件折旧”：填报企业外购软件作为固定资产处理，按财税〔2012〕27 号文件规定享受加速折旧政策的有关情况及优惠统计情况。

第 14 行“（七）集成电路企业生产设备”：填报集成电路生产企业的生产设备，按照财税〔2012〕27 号文件规定享受加速折旧政策的有关情况及优惠统计情况。

第 26 行“享受企业外购软件加速摊销政策”：填报企业外购软件作无形资产处理，按财税〔2012〕27 号文件规定享受加速摊销政策的有关情况及优惠统计情况。

附列资料“全民所有制企业公司制改制资产评估增值政策资产”：填报企业按照国家税务总局公告 2017 年第 34 号文件规定，执行“改制中资产评估增值不计入应纳税所得额，资产的计税基础按其原有计税基础确定，资产增值部分的折旧或者摊销不得在税前扣除”政策的有关情况。本行不参与计算，仅用于统计享受全民所有制企业公司制改制资产评估增值政策资产的有关情况，相关资产折旧、摊销情况及调整情况在第 1 行至第 36 行填报。

二、表内、表间关系

（一）表内关系

1. 第 1 行 = 第 2 + 3 + … + 7 行。

2. 第 15 行 = 第 16 + 17 行。

3. 第 18 行 = 第 19 + 20 + 21 + 22 + 23 + 24 + 25 + 27 行。

4. 第 28 行 = 第 29 + 30 + 31 + 32 + 33 行。

5. 第 36 行 = 第 1 + 15 + 18 + 28 + 34 + 35 行。（其中第 36 行第 6 列 = 第 8 + 9 + 10 + 11 + 12 + 13 + 14 + 26 行第 6 列；第 36 行第 7 列 = 第 8 + 9 + 10 + 11 + 12 + 13 + 14 + 26 行第 7 列）。

6. 第 7 列 = 第 5 − 6 列。

7. 第 9 列 = 第 2 − 5 列。

（二）表间关系

1. 第 36 行第 2 列 = 表 A105000 第 32 行第 1 列。

2. 第 36 行第 5 列 = 表 A105000 第 32 行第 2 列。

3. 若第 36 行第 9 列 ≥ 0，第 36 行第 9 列 = 表 A105000 第 32 行第 3 列；若第 36 行第 9 列 < 0，第 36 行第 9 列的绝对值 = 表 A105000 第 32 行第 4 列。

十、企业所得税弥补亏损明细表

A106000

企业所得税弥补亏损明细表

行次	项目	年度	当年境内所得额	分立转出的亏损额	合并、分立转入的亏损额		弥补亏损企业类型	当年亏损额	当年待弥补的亏损额	用本年度所得额弥补的以前年度亏损额		当年可结转以后年度弥补的亏损额
					可弥补年限5年	可弥补年限10年				使用境内所得弥补	使用境外所得弥补	
		1	2	3	4	5	6	7	8	9	10	11
1	前五年度						一般企业					
2	前四年度						一般企业					
3	前三年度						一般企业					
4	前二年度						一般企业					
5	前一年度						一般企业					
6	本年度											
7	可结转以后年度弥补的亏损额合计											

填表说明：

本表适用于发生弥补亏损、亏损结转等事项的纳税人填报。纳税人应当根据税法、《财政部 税务总局关于延长高新技术企业和科技型中小企业亏损结转年限的通知》（财税〔2018〕76号）、《国家税务总局关于延长高新技术企业和科技型中小企业亏损结转弥补年限有关企业所得税处理问题的公告》（国家税务总局公告2018年第45号）等相关规定，填报本表。

一、有关项目填报说明

纳税人弥补以前年度亏损时，应按照“先到期亏损先弥补、同时到期亏损先发生的先弥补”的原则处理。

1. 第1列“年度”：填报公历年度。纳税人应首先填报第11行“本年度”对应的公历年度，再依次从第10行往第1行倒推填报以前年度。纳税人发生政策性搬迁事项，如停止生产经营活动年度可以从法定亏损结转弥补年限中减除，则按可弥补亏损年度进行填报。本年度是指申报所属期年度，如：纳税人在2019年5月10日进行2018年度企业所得税年度纳税申时，本年度（申报所属期年度）为2018年。

2. 第2列“当年境内所得额”：第11行填报表A100000第19－20行金额。第1行至第10行填报以前年度主表第23行（2013年及以前纳税年度）、以前年度表A106000第6行第2列（2014至2017纳税年度）、以前年度表A106000第11行第2列的金额（亏损以“－”号填列）。发生查补以前年度应纳税所得额、追补以前年度未能税前扣除的实际资产损失等情况的，按照相应调整后的金额填报。

3. 第3列“分立转出的亏损额”：填报本年度企业分立按照企业重组特殊性税务处理规定转出的符合条件的亏损额。分立转出的亏损额按亏损所属年度填报，转出亏损的亏损额以正数表示。

4. 第4列“合并、分立转入的亏损额－可弥补年限5年”：填报企业符合企业重组特殊性税务处理规定，因合并或分立本年度转入的不超过5年亏损弥补年限规定的亏损额。合并、分立转入的亏损额按亏损所属年度填报，转入亏损以负数表示。

5. 第5列“合并、分立转入的亏损额－可弥补年限10年”：填报企业符合企业重组特殊性税务处理规定，因合并或分立本年度转入的不超过10年亏损弥补年限规定的亏损额。合并、分立转入的亏损额按亏损所属年度填报，转入亏损以负数表示。

6. 第6列“弥补亏损企业类型”：纳税人根据不同年度情况从《弥补亏损企业类型代码表》中选择相应的代码填入本项。不同类型纳税人的亏损结转年限不同，纳税人选择“一般企业”是指亏损结转年限为5年的纳税人；“符合条件的高新技术企业”“符合条件的科技型中小企业”是指符合《财政部 税务总局关于延长高新技术企业和科技型中小企业亏损结转年限的通知》（财税〔2018〕76号）、《国家税务总局关于延长高新技术企业和科技型中小企业亏损结转弥补年限有关企业所得税处理问题的公告》（国家税务总局公告2018年第45号）等文件规定的，亏损结转年限为10年的纳税人。

弥补亏损企业类型代码表

代码类型

100 一般企业

200 符合条件的高新技术企业

300 符合条件的科技型中小企业

7. 第7列“当年亏损额”：填报纳税人各年度可弥补亏损额的合计金额。

8. 第8列“当年待弥补的亏损额”：填报在用本年度（申报所属期年度）所得额弥补亏损前，当年度尚未被弥补的亏损额。

9. 第9列“用本年度所得额弥补的以前年度亏损额－使用境内所得弥补”：第1行至第10行，当第11行第2列本年度（申报所属期年度）的“当年境内所得额”>0时，填报各年度被本年度（申报所属期年度）境内所得依次弥补的亏损额。本列第11行，填报本列第1行至第10行的合计金额，表A100000第21行填报本项金额。

10. 第10列“用本年度所得额弥补的以前年度亏损额－使用境外所得弥补”：第1行至第10行，当纳税人选择用境外所得弥补境内以前年度亏损的，填报各年度被本年度（申报所属期年度）境外所得依次弥补的亏损额。本列第11行，填报本列第1行至第10行的合计金额。

11. 第11列“当年可结转以后年度弥补的亏损额”：第1行至第11行，填报各年度尚未弥补完的且准予结转以后年度弥补的亏损额。本列第12行，填报本列第1行至第11行的合计金额。

二、表内、表间关系

（一）表内关系

1. 当第2列<0且第3列>0时，第3列<第2列的绝对值；当第2列≥0时，则第3列=0。

2. 第9列第11行=第9列第1+2+3+4+5+6+7+8+9+10行；当第2列第11行≤0时，第9列第1行至第11行=0；当第2列第11行>0时，第9列第11行≤第2列第11行。

3. 第10列第11行=第10列第1+2+3+4+5+6+7+8+9+10行。

4. 第11列第12行=第11列第1+2+3+4+5+6+7+8+9+10+11行。

5. 第1行第11列=0；第2至10行第11列=第8－9－10列；第11行第11列=第8列。

（二）表间关系

1. 第11行第2列=表A100000第19－20行。

2. 第11行第9列=表A100000第21行。

3. 第11行第10列=表A108000第10行第6列－表A100000第18行。

十一、减免所得税优惠明细表

A107040 减免所得税优惠明细表

行次	项　　目	金额
1	一、符合条件的小型微利企业减免企业所得税	
2	二、国家需要重点扶持的高新技术企业减按15%的税率征收企业所得税（填写A107041）	
3	三、经济特区和上海浦东新区新设立的高新技术企业在区内取得的所得定期减免企业所得税（填写A107041）	
4	四、受灾地区农村信用社免征企业所得税	
5	五、动漫企业自主开发、生产动漫产品定期减免企业所得税	
6	六、线宽小于0.8微米（含）的集成电路生产企业减免所得税（填写A107042）	
7	七、线宽小于0.25微米的集成电路生产企业减按15%税率征收企业所得税（填写A107042）	
8	八、投资额超过80亿元的集成电路生产企业减按15%税率征收企业所得税（填写A107042）	
9	九、线宽小于0.25微米的集成电路生产企业减免企业所得税（填写A107042）	
10	十、投资额超过80亿元的集成电路生产企业减免企业所得税（填写A107042）	
11	十一、新办集成电路设计企业减免企业所得税（填写A107042）	
12	十二、国家规划布局内集成电路设计企业可减按10%的税率征收企业所得税（填写A107042）	
13	十三、符合条件的软件企业减免企业所得税（填写A107042）	
14	十四、国家规划布局内重点软件企业可减按10%的税率征收企业所得税（填写A107042）	
15	十五、符合条件的集成电路封装、测试企业定期减免企业所得税（填写A107042）	
16	十六、符合条件的集成电路关键专用材料生产企业、集成电路专用设备生产企业定期减免企业所得税（填写A107042）	
17	十七、经营性文化事业单位转制为企业的免征企业所得税	
18	十八、符合条件的生产和装配伤残人员专门用品企业免征企业所得税	
19	十九、技术先进型服务企业减按15%的税率征收企业所得税	
20	二十、服务贸易类技术先进型服务企业减按15%的税率征收企业所得税	
21	二十一、设在西部地区的鼓励类产业企业减按15%税率征收所得税	
22	二十二、新疆困难地区新办企业定期减免企业所得税	
23	二十三、新疆喀什、霍尔果斯特殊经济开发区新办企业定期减免企业所得税	
24	二十四、广东横琴、福建平潭、深圳前海等地区的鼓励类产业企业减按15%税率征收所得税	
25	二十五、北京东奥组委、北京冬奥会测试赛赛事组委会免征企业所得税	
26	二十六、线宽小于130纳米的集成电路生产企业减免企业所得税（填写A107042）	
27	二十七、线宽小于65纳米或投资额超过150亿元的集成电路生产企业减免企业所得税（填写A107042）	
28	二十八、其他	
29	二十九、减：项目所得额按法定税率减半征收企业所得税叠加享受减免税优惠	
30	三十、支持和促进重点群体创业就业企业限额减征企业所得税（30.1+30.2）	

续表

行次	项　　目	金额
30.1	（一）下岗失业人员再就业	
30.2	（二）高校毕业生就业	
31	三十一、扶持自主就业退役士兵创业就业企业限额减征企业所得税	
32	三十二、民族自治地方的自治机关对本民族自治地方的企业应缴纳的企业所得税中属于地方分享的部分减征或免征（□免征□减征：减征幅度0.00%）	
33	合计（1+2+…+28-29+30+31+32）	

填表说明：

本表适用于享受减免所得税优惠政策的纳税人填报。纳税人根据税法和相关税收政策规定，填报本年享受减免所得税优惠情况。

一、有关项目填报说明

1. 第1行"一、符合条件的小型微利企业减免所得税"：根据税法、《财政部 税务总局关于进一步扩大小型微利企业所得税优惠政策范围的通知》（财税〔2018〕77号）、《国家税务总局关于贯彻落实进一步扩大小型微利企业所得税优惠政策范围有关征管问题的公告》（国家税务总局公告2018年第40号）等相关税收政策规定，从事国家非限制和禁止行业的企业，并符合工业企业，年度应纳税所得额不超过100万元（含100万元），从业人数不超过100人，资产总额不超过3000万元；其他企业，年度应纳税所得额不超过100万元（含100万元），从业人数不超过80人，资产总额不超过1000万元条件的，其所得减按50%计入应纳税所得额，按20%的税率缴纳企业所得税。本行填报《中华人民共和国企业所得税年度纳税申报表（A类）》（A100000）第23行×15%的金额。

2. 第2行"二、国家需要重点扶持的高新技术企业减按15%的税率征收企业所得税"：根据税法、《国家税务总局关于实施高新技术企业所得税优惠政策有关问题的公告》（国家税务总局公告2017年第24号）等规定，国家需要重点扶持的高新技术企业减按15%的税率征收企业所得税。本行填报表A107041第31行金额。

3. 第3行"三、经济特区和上海浦东新区新设立的高新技术企业在区内取得的所得定期减免企业所得税"：根据《国务院关于经济特区和上海浦东新区新设立高新技术企业实行过渡性税收优惠的通知》（国发〔2007〕40号）、《财政部 国家税务总局关于贯彻落实国务院关于实施企业所得税过渡优惠政策有关问题的通知》（财税〔2008〕21号）等规定，经济特区和上海浦东新区内，在2008年1月1日（含）之后完成登记注册的国家需要重点扶持的高新技术企业，在经济特区和上海浦东新区内取得的所得，自取得第一笔生产经营收入所属纳税年度起，第一年至第二年免征企业所得税，第三年至第五年按照25%法定税率减半征收企业所得税。本行填报表A107041第32行金额。

4. 第4行"四、受灾地区农村信用社免征企业所得税"：根据《财政部　海关总署　国家税务总局关于支持鲁甸地震灾后恢复重建有关税收政策问题的通知》（财税〔2015〕27号）规定，鲁甸受灾地区农村信用社，在规定期限内免征企业所得税。本行填报根据表A100000第23行计算的免征企业所得税金额。

5. 第5行"五、动漫企业自主开发、生产动漫产品定期减免企业所得税"：根据《财政部　国家税务总局关于扶持动漫产业发展有关税收政策问题的通知》（财税〔2009〕65号）、《文化部 财政部 国家税务总局关于印发〈动漫企业认定管理办法（试行）〉的通知》（文市发〔2008〕51号）、《文化部 财政部 国家税务总局关于实施〈动漫企业认定管理办法（试行）〉有关问题的通知》（文产发〔2009〕18号）等规定，经认定的动漫企业自主开发、生产动漫产品，享受软件企业所得税优惠政策。即在2017年12月31日前自获利年度起，第一年至第二年免征所得税，第三年至第五年按照25%的法定税率减半征收所得税，并享受至期满为止。本行填报根据表A100000第23行计算的免征、减征企业所得税金额。

6. 第6行"六、线宽小于0.8微米（含）的集成电路生产企业减免企业所得税"：根据《财政部　国家税务总局关于进一步鼓励软件产业和集成电路产业发展企业所得税政策的通知》（财税〔2012〕27号）、《财政部 国家税务总局 发展改革委 工业和信息化部关于软件和集成电路产业企业所得税优惠政策有关问题的通知》（财税〔2016〕49号）、《财政部 税务总局 国家发展改革委 工业和信息化部关于集成电路生产企业有关企业所得税政策问题的通知》（财税〔2018〕27号）等规定，2017年12月31日前设立的集成电路线宽小于0.8微米（含）的集成电路生产企业，自获利年度起第一年至第二年免征企业所得税，第三年至第五年按照25%的法定税率减半征收企业所得税，并享受至期满为止。表A000000"208软件、集成电路企业类型"填报"110集成电路生产企业（线宽小于0.8微米（含）的企业）"的纳税人可以填报本项，本行填报表 A107042 第 22 行金额。

7. 第 7 行“七、线宽小于 0.25 微米的集成电路生产企业减按 15% 税率征收企业所得税”：根据财税〔2012〕27 号、财税〔2016〕49 号等规定，线宽小于 0.25 微米的集成电路生产企业，可减按 15% 的税率征收企业所得税。表 A000000“208 软件、集成电路企业类型”填报“120 集成电路生产企业（线宽小于 0.25 微米的企业）”且表 A107042“减免方式”填报“400 企业减按 15% 税率征收企业所得税”的纳税人可以填报本项，本行填报表 A107042 第 22 行金额。

8. 第 8 行“八、投资额超过 80 亿元的集成电路生产企业减按 15% 税率征收企业所得税”：根据财税〔2012〕27 号、财税〔2016〕49 号等规定，投资额超过 80 亿元的集成电路生产企业，可减按 15% 的税率征收企业所得税。表 A000000“208 软件、集成电路企业类型”填报“130 集成电路生产企业（投资额超过 80 亿元的企业）”且表 A107042“减免方式”填报“400 企业减按 15% 税率征收企业所得税”的纳税人可以填报本项，本行填报表 A107042 第 22 行金额。

9. 第 9 行“九、线宽小于 0.25 微米的集成电路生产企业减免企业所得税”：根据财税〔2012〕27 号、财税〔2016〕49 号、财税〔2018〕27 号等规定，2017 年 12 月 31 日前设立的线宽小于 0.25 微米的集成电路生产企业，经营期在 15 年以上的，自获利年度起计算优惠期，第一年至第五年免征企业所得税，第六年至第十年按照 25% 的法定税率减半征收企业所得税，并享受至期满为止。表 A000000“208 软件、集成电路企业类型”填报“120 集成电路生产企业（线宽小于 0.25 微米的企业）”且表 A107042“减免方式”填报“210 企业五免五减半——免税”“220 企业五免五减半——减半征税”的纳税人可以填报本项，本行填报表 A107042 第 22 行金额。

10. 第 10 行：“十、投资额超过 80 亿元的集成电路生产企业减免企业所得税”：根据财税〔2012〕27 号、财税〔2016〕49 号、财税〔2018〕27 号等规定，2017 年 12 月 31 日前设立的投资额超过 80 亿元的集成电路生产企业，经营期在 15 年以上的，自获利年度起计算优惠期，第一年至第五年免征企业所得税，第六年至第十年按照 25% 的法定税率减半征收企业所得税，并享受至期满为止。表 A000000“208 软件、集成电路企业类型”填报“130 集成电路生产企业（投资额超过 80 亿元的企业）”且表 A107042“减免方式”填报“210 企业五免五减半——免税”“220 企业五免五减半——减半征税”的纳税人可以填报本项，本行填报表 A107042 第 22 行金额。

11. 第 11 行“十一、新办集成电路设计企业减免企业所得税”：根据财税〔2012〕27 号、财税〔2016〕49 号等规定，我国境内新办的集成电路设计企业，在 2017 年 12 月 31 日前自获利年度起计算优惠期，第一年至第二年免征企业所得税，第三年至第五年按照 25% 的法定税率减半征收企业所得税，并享受至期满为止。表 A000000“208 软件、集成电路企业类型”填报“210 集成电路设计企业（新办符合条件企业）”的纳税人可以填报本项，本行填报表 A107042 第 22 行金额。

12. 第 12 行“十二、国家规划布局内集成电路设计企业可减按 10% 的税率征收企业所得税”：根据财税〔2012〕27 号、财税〔2016〕49 号等规定，国家规划布局内的重点集成电路设计企业，如当年未享受免税优惠的，可减按 10% 税率征收企业所得税。表 A000000“208 软件、集成电路企业类型”填报“220 集成电路设计企业（符合规模条件的重点集成电路设计企业）”“230 集成电路设计企业（符合领域的重点集成电路设计企业）”的纳税人可以填报本项，本行填报表 A107042 第 22 行金额。

13. 第 13 行“十三、符合条件的软件企业减免企业所得税”：根据财税〔2012〕27 号、财税〔2016〕49 号等规定，我国境内新办的符合条件的企业，在 2017 年 12 月 31 日前自获利年度起计算优惠期，第一年至第二年免征企业所得税，第三年至第五年按照 25% 的法定税率减半征收企业所得税，并享受至期满为止。表 A000000“208 软件、集成电路企业类型”填报“311 软件企业（一般软件企业——新办符合条件企业）”“321 软件企业（嵌入式或信息系统集成软件——新办符合条件企业）”的纳税人可以填报本项，本行填报表 A107042 第 22 行金额。

14. 第 14 行“十四、国家规划布局内重点软件企业可减按 10% 的税率征收企业所得税”：根据财税〔2012〕27 号、财税〔2016〕49 号等规定，国家规划布局内的重点软件企业，如当年未享受免税优惠的，可减按 10% 税率征收企业所得税。表 A000000“208 软件、集成电路企业类型”填报“312 软件企业（一般软件企业——符合规模条件的重点软件企业）”“313 软件企业（一般软件企业——符合领域条件的重点软件企业）”“314 软件企业（一般软件企业——符合出口条件的重点软件企业）”“322 软件企业（嵌入式或信息系统集成软件——符合规模条件的重点软件企业）”“323 软件企业（嵌入式或信息系统集成软件——符合领域条件的重点软件企业）”“324 软件企业（嵌入式或信息系统集成软件——符合出口条件的重点软件企业）”的纳税人可以填报本项，本行填报表 A107042 第 22 行金额。

15. 第 15 行“十五、符合条件的集成电路封装、测试企业定期减免企业所得税”：根据《财政部 国家税务总局 发展改革委 工业和信息化部关于进一步鼓励集成电路产业发展企业所得税政策的通知》（财税〔2015〕6 号）规定，符合条件的集成电路封装、测试企业，在 2017 年（含 2017 年）前实现获利的，自获利年度起第一年至第二年免征企业所得税，第三年至第五年按照 25% 的法定税率减半征收企业所得税，并享受至期满为止；2017 年前未实现获利的，自 2017 年起计算优惠期，享受至期满为止。表 A000000“208 软件、集成电路企业类型”填报“400 集成电路封装测试企业”的纳税人可以填报本项，本行填报表 A107042 第 22 行金额。

16. 第 16 行“十六、符合条件的集成电路关键专用材料生产企业、集成电路专用设备生产企业定期减免企业所得税”：根据财税〔2015〕6 号规定，符合条件的集成电路关键专用材料生产企业、集成电路专用设备生产企业，在 2017 年（含 2017 年）前实现获利的，自获利年度起第一年至第二年免征企业所得税，第三年至第五年按照 25% 的法定税率减半征收企业所得税，并享受至期满为止；2017 年前未实现获利的，自 2017 年起计算优惠期，享受至期满为止。表 A000000“208 软件、集成电路企业类型”填报“500 集成电路关键专用材料生产企业”“600 集成电路专用设备生产企业”的纳税人可以填报本项，本行填报表 A107042 第 22 行金额。

17. 第 17 行“十七、经营性文化事业单位转制为企业的免征企业所得税”：根据《财政部　国家税务总局　中宣部关于继续实施文化体制改革中经营性文化事业单位转制为企业若干税收政策的通知》（财税〔2014〕84 号）等规定，从事新闻出版、广播影视和文化艺术的经营性文化事业单位转制为企业的，自转制注册之日起免征企业所得税。本行填报根据表 A100000 第 23 行计算的免征企业所得税金额。

18. 第 18 行“十八、符合条件的生产和装配伤残人员专门用品企业免征企业所得税”：根据《财政部　国家税务总局　民政部关于生产和装配伤残人员专门用品企业免征企业所得税的通知》（财税〔2016〕111 号）等规定，符合条件的生产和装配伤残人员专门用品的企业免征企业所得税。本行填报根据表 A100000 第 23 行计算的免征企业所得税金额。

19. 第 19 行“十九、技术先进型服务企业减按 15% 的税率征收企业所得税”：根据《财政部　国家税务总局　商务部　科技部　国家发展改革委关于完善技术先进型服务企业有关企业所得税政策问题的通知》（财税〔2014〕59 号）、《财政部 国家税务总局 商务部 科学技术部 国家发展和改革委员会关于新增中国服务外包示范城市适用技术先进型服务企业所得税政策的通知》（财税〔2016〕108 号）、《财政部 税务总局 商务部 科技部 国家发展改革委关于将技术先进型服务企业所得税政策推广至全国实施的通知》（财税〔2017〕79 号）等规定，对经认定的技术先进型服务企业，减按 15% 的税率征收企业所得税。表 A000000“206 技术先进型服务企业类型”填报“110 信息技术外包服务（ITO）”“120 技术性业务流程外包服务（BPO）”“130 技术性知识流程外包服务（KPO）”的纳税人可以填报本项，本行填报根据表 A100000 第 23 行计算的减征企业所得税金额。

20. 第 20 行“二十、服务贸易类技术先进型服务企业减按 15% 的税率征收企业所得税”：根据《财政部　税务总局　商务部　科技部　国家发展改革委关于将服务贸易创新发展试点地区技术先进型服务企业所得税政策推广至全国实施的通知》（财税〔2018〕44 号）规定，对经认定的技术先进型服务企业（服务贸易类），减按 15% 的税率征收企业所得税。表 A000000“206 技术先进型服务企业类型”填报“210 计算机和信息服务”“220 研究开发和技术服务”“230 文化技术服务”“240 中医药医疗服务”的纳税人可以填报本项，本行填报根据表 A100000 第 23 行计算的减征企业所得税金额。

21. 第 21 行“二十一、设在西部地区的鼓励类产业企业减按 15% 的税率征收企业所得税”：根据《财政部　海关总署　国家税务总局关于深入实施西部大开发战略有关税收政策问题的通知》（财税〔2011〕58 号）、《国家税务总局关于深入实施西部大开发战略有关企业所得税问题的公告》（国家税务总局公告 2012 年第 12 号）、《财政部 海关总署 国家税务总局关于赣州市执行西部大开发税收政策问题的通知》（财税〔2013〕4 号）、《西部地区鼓励类产业目录》（中华人民共和国国家发展和改革委员会令第 15 号）、《国家税务总局关于执行〈西部地区鼓励类产业目录〉有关企业所得税问题的公告》（国家税务总局公告 2015 年第 14 号）等规定，对设在西部地区的鼓励类产业企业减按 15% 的税率征收企业所得税；对设在赣州市的鼓励类产业的内资和外商投资企业减按 15% 税率征收企业所得税。本行填报根据表 A100000 第 23 行计算的减征企业所得税金额。

22. 第 22 行“二十二、新疆困难地区新办企业定期减免企业所得税”：根据《财政部　国家税务总局关于新疆困难地区新办企业所得税优惠政策的通知》（财税〔2011〕53 号）、《财政部 国家税务总局 国家发展改革委 工业和信息化部关于完善新疆困难地区重点鼓励发展产业企业所得税优惠目录的通知》（财税〔2016〕85 号）等规定，对在新疆困难地区新办的属于《新疆困难地区重点鼓励发展产业企业所得税优惠目录》范围内的企业，自取得第一笔生产经营收入所属纳税年度起，第一年至第二年免征企业所得税，第三年至第五年减半征收企业所得税。本行填报根据表 A100000 第 23 行计算的免征、减征企业所得税金额。

23. 第 23 行“二十三、新疆喀什、霍尔果斯特殊经济开发区新办企业定期免征企业所得税”：根据《财政部　国家税务总局关于新疆喀什霍尔果斯两个特殊经济开发区企业所得税优惠政策的通知》（财税〔2011〕112 号）、《财政部 国家税务总局 国家发展改革委 工业和信息化部关于完善新疆困难地区重点鼓励发展产业企业所得税优惠目录的通知》（财税〔2016〕85 号）等规定，对在新疆喀什、霍尔果斯两个特殊经济开发区内新办的属于《新疆困难地区重点鼓励发展产业企业所得税优惠目录》范围内的企业，自取得第一笔生产经营收入所属纳税年度起，五年内免征企业所得税。本行填报根据表 A100000 第 23 行计算的免征企业所得税金额。

24. 第24行“二十四、广东横琴、福建平潭、深圳前海等地区的鼓励类产业企业减按15%税率征收企业所得税”：根据《财政部　国家税务总局关于广东横琴新区、福建平潭综合实验区、深圳前海深港现代化服务业合作区企业所得税优惠政策及优惠目录的通知》（财税〔2014〕26号）、《财政部 税务总局关于平潭综合实验区企业所得税优惠目录增列有关旅游产业项目的通知》（财税〔2017〕75号）等规定，对设在广东横琴新区、福建平潭综合实验区和深圳前海深港现代服务业合作区的鼓励类产业企业减按15%的税率征收企业所得税。本行填报根据表A100000第23行计算的减征企业所得税金额。

25. 第25行“二十五、北京冬奥组委、北京冬奥会测试赛赛事组委会免征企业所得税”：根据《财政部　税务总局　海关总署关于北京2022年冬奥会和冬残奥会税收政策的通知》（财税〔2017〕60号）等规定，为支持发展奥林匹克运动，确保北京2022年冬奥会和冬残奥会顺利举办，对北京冬奥组委免征应缴纳的企业所得税，北京冬奥会测试赛赛事组委会取得的收入及发生的涉税支出比照执行北京冬奥组委的税收政策。本行填报北京冬奥组委、北京冬奥会测试赛赛事组委会根据表A100000第23行计算的免征企业所得税金额。

26. 第26行“二十六、线宽小于130纳米的集成电路生产企业减免企业所得税”：根据财税〔2018〕27号规定，集成电路线宽小于130纳米，且经营期在10年以上的集成电路生产企业，自企业获利年度起，第一年至第二年免征企业所得税，第三年至第五年按照25%的法定税率减半征收企业所得税。表A000000“208软件、集成电路企业类型”填报“140集成电路生产企业（线宽小于130纳米的企业）”的纳税人可以填报本项，本行填报表A107042第22行金额。

27. 第27行“二十七、线宽小于65纳米或投资额超过150亿元的集成电路生产企业减免企业所得税”：根据财税〔2018〕27号规定，集成电路线宽小于65纳米或投资额超过150亿元，且经营期在15年以上的集成电路生产企业，自企业获利年度起，第一年至第五年免征企业所得税，第六年至第十年按照25%的法定税率减半征收企业所得税。表A000000“208软件、集成电路企业类型”填报“150集成电路生产企业（线宽小于65纳米或投资额超过150亿元的企业）”的纳税人可以填报本项，本行填报表A107042第22行金额。

28. 第28行“二十八、其他”：填报国务院根据税法授权制定的及本表未列明的其他税收优惠政策，需填报项目名称、减免税代码及免征、减征企业所得税金额。

29. 第29行“二十九、项目所得额按法定税率减半征收企业所得税叠加享受减免税优惠”：纳税人同时享受优惠税率和所得项目减半情形下，在填报本表低税率优惠时，所得项目按照优惠税率减半计算多享受优惠的部分。

企业从事农林牧渔业项目、国家重点扶持的公共基础设施项目、符合条件的环境保护、节能节水项目、符合条件的技术转让、集成电路生产项目、其他专项优惠等所得额应按法定税率25%减半征收，同时享受小型微利企业、高新技术企业、技术先进型服务企业、集成电路线生产企业、国家规划布局内重点软件企业和集成电路设计企业等优惠税率政策，由于申报表填报顺序，按优惠税率减半叠加享受减免税优惠部分，应在本行对该部分金额进行调整。本行应大于等于0且小于等于第1+2+…+20+22+…+28行的值。

计算公式：本行=减半项目所得额×50%×（25%－优惠税率）。

30. 第30行“三十、支持和促进重点群体创业就业企业限额减征企业所得税”：根据《财政部　税务总局　人力资源社会保障部关于继续实施支持和促进重点群体创业就业有关税收政策的通知》（财税〔2017〕49号）等规定，商贸企业、服务型企业、劳动就业服务企业中的加工型企业和街道社区具有加工性质的小型企业实体，在新增加的岗位中，当年新招用在人力资源社会保障部门公共就业服务机构登记失业半年以上且持《就业创业证》或《就业失业登记证》（注明“企业吸纳税收政策”）人员，与其签订1年以上期限劳动合同并依法缴纳社会保险费的，在3年内按实际招用人数予以定额依次扣减增值税、城市维护建设税、教育费附加、地方教育附加和企业所得税优惠。定额标准为每人每年4000元，最高可上浮30%。本行填报企业纳税年度终了时实际减免的增值税、城市维护建设税、教育费附加和地方教育附加小于核定的减免税总额部分，在企业所得税汇算清缴时扣减的企业所得税金额。当年扣减不完的，不再结转以后年度扣减。本行填报第30.1+30.2行的合计金额。

安置下岗失业人员再就业、高校毕业生就业扣减的企业所得税，分别填报第30.1行、第30.2行。

31. 第31行“三十一、扶持自主就业退役士兵创业就业企业限额减征企业所得税”：根据《财政部　税务总局　民政部关于继续实施扶持自主就业退役士兵创业就业有关税收政策的通知》（财税〔2017〕46号）等规定，对商贸企业、服务型企业、劳动就业服务企业中的加工型企业和街道社区具有加工性质的小型企业实体，在新增加的岗位中，当年新招用自主就业退役士兵，与其签订1年以上期限劳动合同并依法缴纳社会保险费的，在3年内按实际招用人数予以定额依次扣减增值税、城市维护建设税、教育费附加、地方教育附加和企业所得税优惠。定额标准为每人每年4000元，最高可上浮50%。本行填报企业纳税年度终了时实际减免的增值税、城市维护建设税、教育费附加和地方教育附加小于核定的减免税总额部分，在企业所得税汇算清缴时扣减的企业所得税金额。当年扣减不完的，不再结转以后年度扣减。

32. 第32行“三十二、民族自治地方的自治机关对本民族自治地方的企业应缴纳的企业所得税中属于地方分享的部分减征或免征（免征减征：减征幅度______%）”：根据税法、《财政部 国家税务总局关于贯彻落实国务院关于实施企业所得税过渡优惠政策有关问题的通知》（财税〔2008〕21 号）、《中华人民共和国民族区域自治法》的规定，实行民族区域自治的自治区、自治州、自治县的自治机关对本民族自治地方的企业应缴纳的企业所得税中属于地方分享的部分，可以决定减征或者免征，自治州、自治县决定减征或者免征的，须报省、自治区、直辖市人民政府批准。

纳税人填报该行次时，根据享受政策的类型选择“免征”或“减征”填报，二者必选其一。选择“免征”是指企业所得税款地方分成40%部分全部免征；选择“减征：减征幅度______%”需填报“减征幅度”，减征幅度范围是 1 至 100，表示企业所得税地方分成部分减征的百分比。如，地方分享部分减半征收，则选择“减征”，并在“减征幅度”后填写“50%”。本行填报（应纳所得税额 - 本表以上行次优惠合计）×40% ×减征幅度的金额，以上行次不包括第 30.1 行、第 30.2 行。

33. 第 33 行“合计”：填报第 1 +2 + … +28 -29 +30 +31 +32 行的合计金额。

二、表内、表间关系

（一）表内关系

1. 第 30 行 = 第 30.1 +30.2 行。

2. 第 33 行 = 第 1 +2 + … +28 -29 +30 +31 +32 行。

（二）表间关系

1. 第 2 行 = 表 A107041 第 31 行。

2. 第 3 行 = 表 A107041 第 32 行。

3. 当表 A000000“208 软件、集成电路企业类型”填报“110 集成电路生产企业（线宽小于 0.8 微米（含）的企业）”时，第 6 行 = 表 A107042 第 22 行。

4. 当表 A000000“208 软件、集成电路企业类型”填报“120 集成电路生产企业（线宽小于 0.25 微米的企业）”且“减免方式”填报“400 企业减按 15% 税率征收企业所得税”的，第 7 行 = 表 A107042 第 22 行。

5. 当表 A000000“208 软件、集成电路企业类型”填报“130 集成电路生产企业（投资额超过 80 亿元的企业）”且“减免方式”填报“400 企业减按 15% 税率征收企业所得税”的，第 8 行 = 表 A107042 第 22 行。

6. 当表 A000000“208 软件、集成电路企业类型”填报“120 集成电路生产企业（线宽小于 0.25 微米的企业）”且“减免方式”填报“210 企业五免五减半——免税”“220 企业五免五减半——减半征税”的，第 9 行 = 表 A107042 第 22 行。

7. 当表 A000000“208 软件、集成电路企业类型”填报“130 集成电路生产企业（投资额超过 80 亿元的企业）”且“减免方式”填报“210 企业五免五减半——免税”“220 企业五免五减半——减半征税”的，第 10 行 = 表 A107042 第 22 行。

8. 当表 A000000“208 软件、集成电路企业类型”填报“210 集成电路设计企业（新办符合条件企业）”时，第 11 行 = 表 A107042 第 22 行。

9. 当表 A000000“208 软件、集成电路企业类型”填报“220 集成电路设计企业（符合规模条件的重点集成电路设计企业）”“230 集成电路设计企业（符合领域的重点集成电路设计企业）”时，第 12 行 = 表 A107042 第 22 行。

10. 当表 A000000“208 软件、集成电路企业类型”填报“311 软件企业（一般软件企业—新办符合条件企业）”“321 软件企业（嵌入式或信息系统集成软件—新办符合条件企业）”时，第 13 行 = 表 A107042 第 22 行。

11. 当表 A000000“208 软件、集成电路企业类型”填报“312 软件企业（一般软件企业—符合规模条件的重点软件企业）”“313 软件企业（一般软件企业—符合领域条件的重点软件企业）”“314 软件企业（一般软件企业—符合出口条件的重点软件企业）”“322 软件企业（嵌入式或信息系统集成软件—符合规模条件的重点软件企业）”“323 软件企业（嵌入式或信息系统集成软件—符合领域条件的重点软件企业）”“324 软件企业（嵌入式或信息系统集成软件—符合出口条件的重点软件企业）”时，第 14 行 = 表 A107042 第 22 行。

12. 当表 A000000“208 软件、集成电路企业类型”填报“400 集成电路封装测试企业”时，第 15 行 = 表 A107042 第 22 行。

13. 当表 A000000“208 软件、集成电路企业类型”填报“500 集成电路关键专用材料生产企业”“600 集成电路专用设备生产企业”时，第 16 行 = 表 A107042 第 22 行。

14. 当表 A000000“208 软件、集成电路企业类型”填报“140 集成电路生产企业（线宽小于 130 纳米的企业）”时，第 26 行 = 表 A107042 第 22 行。

15. 当表 A000000“208 软件、集成电路企业类型”填报“150 集成电路生产企业（线宽小于 65 纳米或投资额超过 150 亿元的企业）”时，第 27 行 = 表 A107042 第 22 行。

16. 第 32 行 = （表 A100000 第 25 行 - 本表第 1 +2 +3 +4 +5 + … +30 +31 行）×40% ×减征幅度。

17. 第 33 行 = 表 A100000 第 26 行。

十二、税额抵免优惠明细表

A107050 **税额抵免优惠明细表**

行次	项目	年度	本年 抵免前应纳税额	本年允许抵免的专用设备投资额	本年可抵免税额	以前年度已抵免额						本年度实际抵免的各年度税额	可结转以后年度抵免的税额
						前五年度	前四年度	前三年度	前二年度	前一年度	小计		
		1	2	3	4 = 3 × 10%	5	6	7	8	9	10（5 + … +9）	11	12（4 − 10 − 11）
1	前五年度												
2	前四年度												
3	前三年度												
4	前二年度												
5	前一年度												
6	本年度												
7	本年实际抵免税额合计												
8	可结转以后年度抵免的税额合计												
9	专用设备投资情况	本年允许抵免的环境保护专用设备投资额											
10	专用设备投资情况	本年允许抵免节能节水的专用设备投资额											
11	专用设备投资情况	本年允许抵免的安全生产专用设备投资额											

填表说明：

一、有关项目填报说明

1. 第 1 列“年度”：填报公历年份。第 6 行为本年，第 5 行至第 1 行依次填报。

2. 第 2 列“本年抵免前应纳税额”：填报纳税人《中华人民共和国企业所得税年度纳税申报表（A 类）》（表 A100000）第 25 行“应纳所得税额”减第 26 行“减免所得税额”后的额。2012 和 2013 年度的“当年抵免前应纳税额”：填报《企业所得税年度纳税申报表（A 类）》（2008 年版）第 27 行“应纳所得税额”减第 28 行“减免所得税额”后的余额。2014、2015 和 2016 年度的“当年抵免前应纳税额”：填报纳税人《中华人民共和国企业所得税年度纳税申报表（A 类）》（2014 年版）第 25 行“应纳所得税额”减第 26 行“减免所得税额”后的余额。

3. 第 3 列“本年允许抵免的专用设备投资额”：填报纳税人本年购置并实际使用《环境保护专用设备企业所得税优惠目录》《节能节水专用设备企业所得税优惠目录》和《安全生产专用设备企业所得税优惠目录》规定的环境保护、节能节水、安全生产等专用设备的发票价税合计金额，但不包括允许抵扣的增值税进项税额、按有关规定退还的增值税税款以及设备运输、安装和调试等费用。

4. 第 4 列“本年可抵免税额”：填报第 3 列 ×10% 的金额。

5. 第 5 列至第 9 列“以前年度已抵免额”：填报纳税人以前年度已抵免税额，其中前五年度、前四年度、前三年度、前二年度、前一年度与“项目”列中的前五年度、前四年度、前三年度、前二年度、前一年度相对应。

6. 第 10 列“以前年度已抵免额—小计”：填报第 5 +6 +7 +8 +9 列的合计金额。

7. 第 11 列“本年实际抵免的各年度税额”：第 1 行至第 6 行填报纳税人用于依次抵免前 5 个年度及本年尚未抵免的税额，第 11 列小于等于第 4 –10 列，且第 11 列第 1 行至第 6 行合计金额不得大于第 6 行第 2 列的金额。

8. 第 12 列“可结转以后年度抵免的税额”：填报第 4 –10 –11 列的余额。

9. 第 7 行第 11 列“本年实际抵免税额合计”：填报第 11 列第 1 +2 + … +6 行的合计金额。

10. 第 8 行第 12 列“可结转以后年度抵免的税额合计”：填报第 12 列第 2 +3 + … +6 行的合计金额。

11. 第 9 行“本年允许抵免的环境保护专用设备投资额”：填报纳税人本年购置并实际使用《环境保护专用设备企业所得税优惠目录》规定的环境保护专用设备的发票价税合计价格，但不包括允许抵扣的增值税进项税额、按有关规定退还的增值税税款以及设备运输、安装和调试等费用。

12. 第 10 行“本年允许抵免节能节水的专用设备投资额”：填报纳税人本年购置并实际使用《节能节水专用设备企业所得税优惠目录》规定的节能节水等专用设备的发票价税合计价格，但不包括允许抵扣的增值税进项税额、按有关规定退还的增值税税款以及设备运输、安装和调试等费用。

13. 第 11 行“本年允许抵免的安全生产专用设备投资额”：填报纳税人本年购置并实际使用《安全生产专用设备企业所得税优惠目录》规定的安全生产等专用设备的发票价税合计价格，但不包括允许抵扣的增值税进项税额、按有关规定退还的增值税税款以及设备运输、安装和调试等费用。

二、表内、表间关系

（一）表内关系

1. 第 4 列 = 第 3 列 ×10%。

2. 第 10 列 = 第 5 +6 + … +9 列。

3. 第 11 列≤第 4 –10 列。

4. 第 12 列 = 第 4 –10 –11 列。

5. 第 6 行第 3 列 = 第 9 +10 +11 行。

6. 第 7 行第 11 列 = 第 11 列第 1 +2 + … +6 行。

7. 第 8 行第 12 列 = 第 12 列第 2 +3 + … +6 行。

（二）表间关系

1. 第 7 行第 11 列≤表 A100000 第 25 –26 行。

2. 第 7 行第 11 列 = 表 A100000 第 27 行。

3. 第 2 列 = 表 A100000 第 25 行 – 表 A100000 第 26 行。

2012 和 2013 年度：第 2 列 =《中华人民共和国企业所得税年度纳税申报表（A 类）》（2008 年版）第 27 –28 行。

2014、2015 和 2016 年度：第 2 列 =《中华人民共和国企业所得税年度纳税申报表（A 类）》（2014 年版）第 25 –26 行。